거침 없는 **인도**하심

말씀과 만나는
내러티브 설교
시 리 즈

여 호 수 아

두려워 떨고 있는 당신에게

거침없는 인도하심

김귀보 지음

킹덤처치연구소

감사의 글

먼저 목회의 여정 가운데 함께 걸어 주신 하나님께 감사하다. 하나님은 성경으로 말을 걸어 주시고 말씀으로 인도해 주셨으며, 크고 두려운 인생의 광야를 지나 여기까지 인도하셨다.

두 번째로 부족한 목사와 믿음의 여정을 함께 걸어 준 큰나무 성도들에게 감사하다. 매주 말씀을 기다리는 성도들이 있기 때문에 성경 연구를 게을리할 수 없었다. 예배를 사모하고 말씀을 듣길 간절히 바라는 성도들의 눈빛을 보면서 매주 설교에 최선을 다했다. 이 책은 그 결과물이다. 이제 우리 성도들은 말씀을 듣는 것을 넘어 하나님의 말씀이 현재도 살아 역사하고 있다는 것을 삶으로 증명하고 있다. 이것이 목사인 나를 가장 행복하게 만드는 열매이다.

마지막으로 23년 동안 아내로, 동역자로서 믿음의 여정을 함께한 아내 전지원에게 감사한다. 아내는 가장 따뜻한 격려자임과 동시에 뛰어난 조언자로 언제나 나를 빛나게 해 주는 사람이다. 사랑하는 딸 지우에게도 감사한다. 대학 진학으로 처음 부모와 떨어진 지우에게도 나를 만나 주시고 함께 걸어 주신 그 하나님이 동일하게 만나 주시고 걸어 주시길 바란다.

추천사

추천의 글 1

이 책의 저자이신 김귀보 목사님께 추천사를 부탁받았을 때 부담감이 컸습니다. 제가 존경하는 목사님의 저서에 대해 감히 추천사를 쓴다는 것에 더하여 책을 읽지 않고는 추천사를 쓸 수 없었습니다. 게다가 당시 책 읽을 틈이 없을 정도로 일이 너무나 바빴고, 촉박하게 해결해야 할 문제들도 산적해 있었기 때문입니다.

새로운 프로젝트를 기획하고 가보지 않은 길을 가야 할 시점에서 신경이 날카로워지고 두려움과 걱정이 앞선 가운데 추천사를 어떻게 써야 할지 부담이 되었습니다. 하지만 책의 첫 장을 펼치자마자 끝장까지 집중할 수밖에 없었습니다. 이 책은 바로 나를 향하신 하나님의 음성이었기 때문입니다.

"문제 해결 능력은 하나님으로부터 나온다."
"하나님의 함께하심의 능력을 봐야 한다."
"두려운 일에 대한 대처 방식은 '강하고 담대하라'라는 하나님의 말씀이다."

이 책은 여호수아서 내용을 어떻게 나의 삶에 적용할 것인지 길라잡이 역할을 해 주었습니다. 한계 상황에 맞닥뜨리는 것을 두려워하면서 걱정하던 나를 향해 꼭 필요한 하나님의 말씀으로 믿음 안에서 평강을 누리는 법을 깨닫게 해 주었습니다.

어려움 가운데 있더라도 하나님이 내 인생의 지휘관이심을 믿고 그분의 섭리를 깨닫는다면 이는 더 이상 두려움이나 걱정거리가 될 수 없었습니다. 두려워하고 걱정한다고 상황이 달라지지 않기 때문입니다.

이제 나는 걱정 없는 인생을 바라는 것이 아니라 걱정에 물들지 않는 연습을 시작했습니다. 문제를 해결할 힘과 지혜는 하나님으로부터 나오기 때문에 하나님께 더 많이 이야기하기로 결심했습니다.

말씀의 능력으로 내 생각과 마음을 새롭게 할 수 있도록 이끌어 주신 『거침 없는 인도하심』의 저자 김귀보 목사님께 감사드리며, 이 책을 통해 역사하신 하나님에 대한 나의 작은 간증으로 추천사를 대신합니다.

인생 가운데 한계를 느끼면 실패할까 봐 두려워하고 걱정하는 분이 계시면 꼭 이 책을 읽어보기를 추천드립니다.

김민정 | 텍사스크리스천뉴스신문사 · DK미디어그룹 대표

나이가 들면서 좋은 설교를 하기 위해서는 몇 가지 요건이 충족되어야 함을 절실히 느끼게 된다.

첫째, 설교자는 성경 해석에 탁월한 재능이 있어야 한다. 특히 내러티브 설교는 내러티브적 성경 읽기(해석)가 되지 않으면 결코 할 수 없다. 많은 분이 이 설교에 매력을 느껴 출발하지만, 중도에 그만두는 이유가 여기에 있다. 둘째, 하나님을 잘 알아야 한다. 내러티브 예술(Narrative art)로 기록된 성경은 하나님의 이야기를 기록한 책이다. 그러므로 성경 읽기나 해석은 하나님을 찾아가는 여행이라 하겠다. 성경을 읽고도 하나님을 잘 모른다면 그것은 성경을 헛되게 읽은 탓이다. 그리고 설교자는 하나님과 함께 살아본 경험이 있어야 한다. 아무리 지식으로 성경을 이해한다고 하지만, 하나님과 함께 살아본 경험이 없는 사람은 소경이 문고리 잡는 격이 될 수밖에 없다.

여기 세 가지 요건을 다 갖춘 설교집이 출간되었다. 『거침 없는 인도하심』이란 여호수아 설교집이다. 먼저 저자가 얼마나 성경을 깊이 이해하고 있는지에 대한 예를 들고 싶다. 여호수아 5장 13~15절이다.

"우리를 위하느냐? 적들을 위하느냐?" "아니라 나는 여호와의 군대 대장으로 지금 왔느니라" 여기서 '아니라'는 영어로 'neither'이다. 양면을 모두 부정하는 접속사다. 여호수아 군대 편도 아니고 적의 편도 아니라는 의미다. 더 정확하게 말하면 하나님은 우리를 돕는 분이 아니라는 뜻이다. 그렇다면 그는 누구이며 무엇을 하러 왔다는 말인가?

또 그런 분에게 여호수아는 왜 엎드려 절하고 "무슨 말씀을 하려 하시나이까?"라고 말했을까? 이 구절은 위대한 신앙의 진수를 보여주는 말씀이다. 이런 구절들을 분명하게 읽기란 쉽지 않다.

본서는 처음부터 끝까지 말씀에 활기가 넘친다. 문장이 짧고 단순하고 명확하다. 그래서 말에 힘이 주어진다. 이것은 저자가 하나님을 경험해 보았고, 하나님과 함께 살아 왔다라는 증거라 하겠다. 저자의 외침을 직접 들어보자. 다음 대목에서도 하나님의 임재를 격하게 느끼게 해 준다.

"성경 곳곳에서는 하나님이 성경의 인물들을 만나시고 자신을 계시하실 뿐 아니라 약속을 주시는 이야기들로 넘쳐난다. 하나님을 만난 사람들은 힘을 얻었고, 자신에게 닥친 인생의 고난을 이겼다. 하나님과의 만남은 사랑이자 위로였고, 능력이었다. 성경은 이런 하나님과 자기 백성들 사이에서 일어난 생생한 스토리이다."

저자는 약속했다. 이번을 계기로 일 년에 한 권씩 설교집을 내겠다고. 그래서 기대가 된다. 이런 설교집은 한번 읽고 덮어 버려도 되는 책이 아니다. 두고두고 읽어야 하는 책이다. 저자의 수고를 진심으로 치하하고, 또 이 한 권의 책으로 바른 하나님의 말씀을 선포하는 설교가 우리 강단 곳곳에서 일어나기를 기대하는 바이다.

이연길 | 말씀목회공동체 대표, 빛내리교회 원로목사

이 책은 여호수아서를 현대적 시각에서 재해석하여 우리 삶에 적용할 수 있는 교훈을 전해 준다. 특히 인생의 어려운 순간에도 하나님을 신뢰하고 따를 때 얻을 수 있는 평안과 기쁨을 생생하게 묘사하고 있다. 또한 저자는 여호수아서를 통해 인생의 지혜나 목회의 길을 걸어감에 있어 필요한 교훈을 핵심적으로 알려주고 있다.

독자로 하여금 신앙의 길을 더욱 굳건히 다질 수 있도록 도와주는 이 책은 목회자들에게 설교의 좋은 자료가 될 것이며, 성도들에게는 영적인 성장을 위한 지침서가 되리라 확신한다.

이인규 | 목사, 기독일보(Christianity Daily) 사장

코로나 이후 우리 안에 이야기가 끊어졌다. 교회 안에 무수히 많던 이야기가 사라졌다. 우리를 지켜온 이야기가 식어진 것이다. 바로 이때 우리에게 이야기를 건네는 김귀보 목사님의 저서는 얼마나 흥미진진한지 모른다. 내러티브로 성경을 오랫동안 연구해 온 목사님이기에 더욱 여호수아서가 오래전 옛날 사건이나 이야기가 아니라 우리 삶 속에 오늘도 말씀하시는 이야기이다. 저서를 통해 한국 교회와 세계 교회 위에 다시 하나님의 역사가 이야기되어 가슴 뛰기를 바란다. 인간의 옷을 입은 성경이 우리의 삶으로 연결되어 누구든 일어나 하나님의 약속을 이루어가길 소망한다.

이재학 | 하늘땅교회 담임목사, 작은교회연구소소장,
『우리는 날마다 교회가 무엇인지 묻는다』 저자

김귀보 목사, 그가 드디어 책을 냈다. 그것도 내가 가장 사랑하는 여호수아서 강해설교집이다. 내가 기쁘게 김 목사님의 책을 추천하는 이유는 그가 살아온 삶, 그가 목회를 통해 보여준 것, 그 바탕에서 말씀이 체화된 인격을 증언할 수 있기 때문이다. 내가 본 것뿐만 아니라 그에 대한 많은 이들의 증언은 김 목사님이 하나님의 사람임을 확증한다. 댈러스에서 그에 대해 물어 보라. 아니, 김귀보 목사님을 아는 모든 이들에게 그에 대해 들어보라. 대체로 그에게 감동된 사람들일 것이다. 따라서 그의 설교집은 진짜다. 목회자들에게는 귀한 참고서가 될 것이며, 성도들에게는 바로 먹을 수 있게 요리된 말씀이 될 것이다.

그는 성경을 내러티브(이야기) 방식으로 읽는다. 성경 전체를 읽고 우리 삶에 녹여 낸다. 그는 평생 말씀과 씨름했고, 지금도 계속 말씀과 씨름하고 있다. 나아가 성경에 기록된 말씀이 지금도 그대로 이루어진다고 믿고 매주 강단에서 선포하고 있다.

그의 글을 읽고 나면 사람의 말이 남지 않고 말씀만이 남아서 우리 생각과 마음에 새겨진다. 하나님이 말씀으로 우리와 함께하신다는 것이 무엇인지 알게 된다. 말이 필요 없다. 꼭 읽고 그를 만나보길 강력히 추천한다.

이종필 | 세상의빛교회 담임목사, 칼빈대 교수,
킹덤처치연구소 대표

인생의 여정을 그림으로 그린다면 길 하나를 그리겠다. 아마 꼬불꼬불하고 재미있는 길이지 않을까 싶다. 김귀보 목사님이 쓰신 강해설교집을 읽다 보면 삶의 여정 속에 놓인 길 하나가 그려진다. 하나님이 스케치하고 채색을 입힌 말씀이 간결한 언어로 설명되어 있다. 쉽게 해석되었다. 여러 편의 설교가 한 편의 설교로 들릴 정도로 간결하다.

보통 성경 강해서는 평신도들이 읽기 어렵고 딱딱해서 쉽게 접할 수 없는 게 사실이다. 이 책을 처음 접했을 때 그런 것이 염려되어 쉽게 놓지 않을까 생각했다. 하지만 챕터 하나하나를 읽으며 그 여정을 따라가다 보면 여호수아서 한 권 속에 하나님이 만드시고자 하는 길이 보인다. 말씀은 길이며 하나님의 언어이다. 이 책은 그것을 가장 쉽게 해석해 놓은 책이다.

'두려워하지 말라'고 말씀하실 정도로 지금 이 시대는 불안과 두려움이 팽배한 시대이다. 영적으로 가뭄인 시대라는 것이다. 세상 문화가 성도들의 삶을 지배하면서 어디를 가야 할지 몰라 헤매는 성도들에게 단비같이 시원하게 내리는 책이 될 것이다. 적절한 시기에 이 책이 출판되어 참으로 기쁘다. 여호수아를 사용하여 하나님의 계획을 이루어 간 그 섭리들이 우리에게 적용되는 계기가 될 것이다. 과거의 이야기가 아닌, 현재 우리의 삶에 적용되는 이야기가 될 것이다.

이효경 | 작가, 『지우고 싶은 시간도 선물이었습니다』 저자

바야흐로 요즘은 음식이 넘쳐나는 시대입니다. TV를 켜면 맛집을 소개하는 방송이 나오고, 식욕을 자극하는 '먹방'이 온라인 매체를 통해 쏟아져 나옵니다. 자연스럽게 사람들의 입맛은 자극적인 음식에 길들여지게 되었고, 계속해서 뭔가 색다른 음식을 찾게 되었습니다. 영의 양식이라고 하는 설교도 마찬가지입니다.

코로나19 팬데믹 이후 온라인 매체를 통해 언제든지 다양한 목회자의 설교를 들을 수 있게 되었습니다. 교파를 초월하여 다양한 방식의 설교가 넘쳐나고 있습니다. 이러한 시대의 흐름 속에서 『거침 없는 인도하심』은 마치 집밥처럼 건강한 음식이라고 할 수 있습니다. 조미료를 최대한 아끼고 음식 본연의 풍미를 살리고자 애쓴 건강 밥상입니다.

이를 위해 저자는 내러티브 설교 방식을 통하여 성경이 성경을 말하도록 했습니다. 본문의 역사적 · 문화적인 배경과 함께 글자 속에 숨어 있는 하나님의 뜻을 발견하도록 이끕니다. 특별히 저자는 미국에 거주하고 있는 한인 교회 목회자로서 다양한 부류의 성도들에게 설교한 경험이 녹아져 있습니다. 그래서 설교가 어렵지 않습니다. 성경 지식이 없는 사람도 말씀을 한 절 한 절 따라 읽다 보면 본문이 무슨 이야기를 하고 있는지 이해할 수 있습니다. 그러므로 성경의 기초를 다지면서 말씀의 은혜를 받기 원하는 독자들에게 이 책을 추천합니다. 또한 내러티브 설교를 고민하는 설교자에게도 좋은 설교 샘플이 될 것입니다.

한미연 | 한빛교회 담임목사, 『건빵 전도 일기』 저자

문자 안에 갇힌 하나님의 이야기를 살아나게 하라

내러티브는 하나님의 언어다. 하나님이 자기 백성에게 자신을 드러
내시는 방식이다. 성경 곳곳에는 하나님이 성경의 인물들을 만나시고,
자신을 계시하시고, 약속을 주시는 이야기들로 넘쳐난다. 하나님을 만
난 사람들은 힘을 얻었고, 자신에게 닥친 인생의 고난을 이겼다. 하나
님과의 만남은 사랑이자 위로였고, 능력이었다. 성경은 이런 하나님과
자기 백성들 사이에서 일어난 생생한 스토리이다.

이 스토리는 입에서 입으로 전해지면서 듣는 이들로 하여금 자신들
과 함께하시는 하나님을 만나게 해 주었다. 하나님의 이야기가 들려질
때 그것은 그들의 이야기에 머물지 않고 나와 하나님의 이야기가 되
어 가슴이 뛰고, 현실을 박차고 일어나게 한다.

그런데 성경이 문자로 기록되면서 이런 감동과 생동감이 문자 안에
갇혀 버렸다. 성경을 연구한다는 명목 아래 문자를 분해하고 파헤쳐서
앙상한 뼈만 남았다. 설교자들을 통해서 생생하게 들려야 할 하나님의
음성이 지루한 강의와 논설이 되어 버렸다. 더 이상 힘내라고 외치시는
하나님의 따뜻한 사랑의 음성을 들을 수 없다. 대신 설교자의 지식과 생

각, 그리고 세상을 사는 지혜가 하나님의 음성을 대신하고 있다. 사람의 말과 생각은 아무리 아름답고 감동이 되어도 생명을 주지 못한다.

이제 다시 문자 안에 갇힌 하나님의 이야기를 살아나게 해야 한다. 하나님의 따뜻한 외침, 격려, 호통, 간절한 아버지의 마음의 소리를 찾아야 한다. 생명을 주시는 하나님의 말씀이 들리게 해야 한다. 내러티브는 그 이야기를 찾으려는 노력이다. 문자화된 성경의 행간을 읽고, 글자 속에 숨어 있는 하나님의 숨결을 되찾는 것이다. 그 당시 성경의 인물들이 들었던 그 생동감으로 되찾는 것이다.

이 책이 매주 말씀과 씨름하는 설교자들에게 조금이라도 도움이 되길 바란다. 내러티브 강의는 많은데 설교 샘플이 없어서 고민하는 목회자들에게 좋은 자료가 되면 좋겠다. 설교의 홍수 속에서 맑고 깨끗한 말씀의 생수를 갈망하는 성도들이 말씀을 통해서 하나님의 음성을 듣고 위로와 격려를 얻길 바란다.

여호수아를 시작으로 계속해서 「말씀과 만나는 내러티브 설교」 시리즈로 책을 낼 계획이다. 요단강을 건너서 새로운 시대를 연 여호수아서가 시리즈를 시작하기에 딱 알맞은 책이다.

여호수아서는 이스라엘 백성들이 요단강을 건너서 가나안 땅을 정복한 이야기다. 가나안에는 이미 일곱 부족과 31명의 왕들이 있었다. 이들은 이스라엘 백성들이 정복해야 하는 문제와 대적들이기도 하다. 군사 훈련을 받지 않은 이스라엘 백성들이 가나안 땅을 정복할 수 있었던 이유는 의외로 간단하다. 그것은 하나님을 따라 끝까지 믿음의 도전을 멈추지 않았기 때문이다.

하나님의 언약을 붙잡고 지시하는 방법대로 끝까지 따라간 결과이다.

여호수아서는 과거의 전쟁 이야기가 아니다. 지금 우리가 겪는 문제와 사건을 이길 수 있는 영적인 원리가 담긴 책이다. 우리 삶의 현장에도 복음으로 이겨야 할 일곱 개 부족과 31명의 왕들이 존재한다. 우리 인생, 가정, 삶의 터전에서 끊임없이 싸워 이겨야 하는 문제와 사건들이다. 이런 문제와 사건을 이기려면 원인을 제대로 진단하고, 하나님이 말씀하시는 원리를 따라야 한다. 여호수아서 설교가 진행되는 동안 우리 문제가 하나님 앞에서 드러나고 하나님의 능력으로 해결되는 역사가 일어나길 바란다.

2024년 9월,

김귀보

차례

1 부

마음을 열면 길이 보인다

아벨싯딤[Abel Shittim] | '아카시아 나무의 목장'이란 뜻 모압의 한 평야 지역으로 출애굽한 이스라엘이 요단강을 건너기 전 마지막으로 진을 친 곳(민 33:49).

1. 읽으라, 들어라, 행동하라

여호수아 1장 1~9절

인간의 역사는 실패로부터

하나님의 역사는 항상 인간의 한계와 실패에서부터 시작된다. 왜냐하면 하나님의 역사는 기본적으로 구원의 역사이기 때문이다. 믿음의 가장 드라마틱한 이야기는 바로의 압제에서 해방되는 출애굽의 이야기와 죄와 사망, 사탄의 권세를 이기신 예수님의 십자가와 부활 이야기다. 우리는 절망하고, 무너질 이유가 없다. 실패와 죽음의 권세를 무너뜨리고 우리를 구원하시는 하나님이 함께하시고, 그 하나님을 우리가 믿기 때문이다.

1~2절을 보자.

"여호와의 종 모세가 죽은 후에 여호와께서 모세의 수종자 눈의 아들 여호수아에게 말씀하여 이르시되 내 종 모세가 죽었으니 이제 너는 이 모든 백성과 더불어 일어나 이 요단을 건너 내가 그들 곧 이스라엘 자손에게 주는 그 땅으로 가라"

모세가 죽었다는 것을 두 번 강조한다. 불가능을 가능하게 하고 능력을 행하고 이스라엘 백성들에게 없어서는 안 될 절대적인 존재인 모세가 죽었다. 그것도 가나안 땅 정복을 코앞에 두고 말이다. 그의 죽음은 이스라엘의 든든한 뒷배가 사라졌다는 의미였다.

이스라엘 백성들이 출애굽하여 요단강을 건너기까지는 예선전에 불과했다. 요단강을 건너는 것부터가 본선이고 결승전이다. 앞으로 정복해야 하는 일곱 부족은 강력한 적들인데 정작 본선을 치르기도 전에 모세가 사라진 것이다. 모세의 죽음은 두려움과 실패를 암시하는 것이었다. 더 이상 희망이 보이지 않음을 의미했다.

그런데 하나님의 생각은 여호수아와 이스라엘 백성들과는 완전히 다른 것처럼 보인다.

"내 종 모세가 죽었으니 이제 너는 이 모든 백성과 더불어 일어나 이 요단을 건너 내가 그들 곧 이스라엘 자손에게 주는 그 땅으로 가라"(2절)

하나님은 가능성이자 시작이다

하나님은 마치 모세가 죽었으니 이제 정복할 때가 되었다고 이야기하시는 것 같다. 하나님의 방법은 늘 이러하신 것 같다. 절망에서 소망을, 실패에서 가능성을 이야기하신다. 끝난 것 같은 상황에서 새로운 시작을 말씀하신다. 왜냐하면 하나님 자신이 소망이고, 가능성이자 시작이시기 때문이다.

하나님은 모세가 죽었다고 계획을 변경하거나 축소하지 않으셨다.

3절과 4절을 보자.

"내가 모세에게 말한 바와 같이 너희 발바닥으로 밟는 곳은 모두 내가
너희에게 주었노니 곧 광야와 이 레바논에서부터 큰 강 곧 유브라데 강
까지 헷 족속의 온 땅과 또 해 지는 쪽 대해까지 너희의 영토가 되리라"

광야는 남쪽 경계, 레바논은 북쪽 경계다. 유브라데는 동쪽 경계, 대
해는 서쪽 경계다. 하나님이 모세에게 약속해 주신 땅에서 동서남북
한 뼘의 땅도 줄이지 않고 다 차지하게 하신다고 선포하신다.

하나님은 모세가 죽었다고 슬퍼하고 두려워하는 여호수아에게 새로
운 시작을 말씀하셨다. 모세는 죽었지만 너는 요단강을 건너서 내가 약
속한 땅으로 가라. 절망의 자리에서 일어나라, 두려움의 자리에서 일어
나라, 실패한 자리에서 일어나라, 걱정하고 염려하는 자리에서 일어나
하나님의 말씀을 따르라는 것이다. 모세가 소망을 주는 것이 아니라 하
나님이 소망을 주시고, 하나님이 시작을 주시고, 하나님이 승리를 주시
는 것이다.

괜찮다. 실패해도 괜찮다. 나에게 힘을 주던 것을 잃어버려도 괜찮
다. 하는 일이 좀 막혀도 괜찮다. 우리에게는 구원을 주시는 하나님이
계신다. 소망이자 새로운 시작을 하게 하시는 하나님이 함께하신다.
하나님을 믿고, 의지하고, 따라갈 마음이 있다면 말이다. 하지만 두려
움에 싸여 주저하고 있는 여호수아에게 하나님이 새로운 시작과 소망
을 말씀하시는 이유가 있다. 5절을 보자.

"네 평생에 너를 능히 대적할 자가 없으리니 내가 모세와 함께 있었던 것 같이 너와 함께 있을 것임이니라 내가 너를 떠나지 아니하며 버리지 아니하리니"

여기서 우리는 두 가지를 보아야 한다.

첫 번째, 문제 해결 능력은 우리가 아니라 하나님으로부터 나온다는 것이다. 하나님은 모세와 함께하셨던 것처럼 여호수아에게도 함께하실 것이라고 약속하신다. 모세가 바로를 이기고 홍해를 건너고 거친 광야를 지날 수 있었던 것은 모세의 능력이 아니라 하나님의 능력 때문이다.

exactly the same way! 곧 '모세가 일으켰던 기적을 너도 일으킬 것이고, 모세가 경험한 하나님을 너도 경험할 것이다'라는 말이다. 다른 말로 하면 더 이상 모세의 시대가 아니라는 것이다. 즉 모세의 죽음으로 어떤 타격도 입지 않는다는 말이다. 출애굽과 광야 40년은 모세가 이룬 역사가 아니라 하나님이 이룬 역사다. 이제 나는 여호수아와 함께 가나안 땅 정복을 이루겠다는 선포와도 같다.

두 번째, 하나님의 함께 하심의 능력을 봐야 한다. 하나님은 전능하신 능력으로 천지를 창조하셨다. 지혜로 모든 세상을 운행하시고 통치하신다. 혼동과 공허와 흑암을 정복하고 다스리신다. 하나님의 지혜가 미치지 않는 영역이 없고, 하나님의 빛이 비취지 않는 공간이 없다. 이런 전능하신 하나님이 우리와 함께하실 때 우리에게 있는 모든 흑암과 공허, 혼돈의 문제가 치료되고 해결된다.

하나님이 하시는 말씀을 들어보라. "네 평생에 너를 대적할 자가 없을 것이다." 하나님이 함께하시면 이 세상에는 상대할 대적이 없다는 말이다. 그것이 사람이든, 문제든 그것이 영적인 존재든 하나님의 능력 앞에서는 다 무릎을 꿇는다. 바로 앞에 모세가 섰을 때, 바로는 어이없어 했다. 비아냥거렸다. 그러나 모세와 함께하시는 하나님의 능력에 마침내 굴복하고 만다.

눈으로 보이지 않는 하나님께서 어떻게 함께 하신다는 것일까? 그리고 우리는 그것을 어떻게 알 수 있는가?

"보라 처녀가 잉태하여 아들을 낳을 것이요 그의 이름은 임마누엘이라
하리라 하셨으니 이를 번역한즉 하나님이 우리와 함께 계시다 함이라"
(마 1:23)

바로 예수님이다. 이 땅에 오셔서 십자가에서 죽으시고 부활하셔서 죄로 인해 발생한 모든 문제를 다 해결하셨다. 사탄의 권세를 모두 꺾으시고 승리하셨다. 예수님을 우리의 구원자와 주님으로 영접할 때 하나님이 우리와 함께하신다.

"또 증거는 이것이니 하나님이 우리에게 영생을 주신 것과 이 생명이
그의 아들 안에 있는 그것이니라 아들이 있는 자에게는 생명이 있고 하
나님의 아들이 없는 자에게는 생명이 없느니라 내가 하나님의 아들의
이름을 믿는 너희에게 이것을 쓰는 것은 너희로 하여금 너희에게 영생
이 있음을 알게 하려 함이라" (요일 5:11-13)

하나님의 말씀은 약속이다

예수님을 구원자와 주님으로 영접한다는 것은 나의 모든 문제가 예수님으로 인해 해결된다는 것을 믿는다는 것이다. 예수님을 주인으로 영접한다는 것은 내 인생의 모든 문제에 있어서 하나님의 방법을 따르겠다는 것이다. 예수님을 영접한다는 것은 예수님의 이름만 빌린다는 것이 아니다. 예수님이 주인으로 실제적인 영향력을 행사하여, 모든 결정에 예수님이 관여하신다는 것을 의미한다.

하나님이 여호수아와 함께 해주신다는 것은 '약속'이다. 하나님이 지켜주시겠다는 선언이고, 선포이다. 말씀만으로도 충분하지만 때때로 그렇지 않은 것이 현실이다. 현실에서 하나님의 함께 하심을 경험하려면 약속을 믿고 현실의 문제와 싸울 때 비로서 깨닫게 된다. 6절과 7절을 보자.

"강하고 담대하라 너는 내가 그들의 조상에게 맹세하여 그들에게 주리라 한 땅을 이 백성에게 차지하게 하리라 오직 강하고 극히 담대하여 나의 종 모세가 네게 명령한 그 율법을 다 지켜 행하고 우로나 좌로나 치우치지 말라 그리하면 어디로 가든지 형통하리니"

"강하고 담대하라"는 것은 두려운 일들에 대한 대처방식을 의미한다. 하나님이 함께하신다고 모든 문제가 순식간에 사라지는 것은 아니다. 계속 발행하는 문제, 두려움, 낙심을 대할 때 하나님이 함께하시니 싸우라는 것이다. 싸워서 이기라는 말이다. 문제를 이기는 실제적인 방법이 8절이다.

"이 율법책을 네 입에서 떠나지 말게 하며 주야로 그것을 묵상하여 그
안에 기록된 대로 다 지켜 행하라 그리하면 네 길이 평탄하게 될 것이
며 네가 형통하리라"

여호수아가 이스라엘 백성들을 이끌고 갈 때 얼마나 많은 문제가
생기겠는가? 사람들이 얼마나 모세와 비교하면서 힘들게 하겠는가?
여호수아가 감당하지 못할 일이 얼마나 많이 일어나겠는가? 감당하기
버거운 적들이 얼마나 괴롭히겠는가?

그런 상황이 생길 때마다 모세가 있었으면, 내가 모세가 아니라서
이기지 못하는구나! 나는 안 되는구나! 이런 생각을 하지 말라는 것이
다. 두려움과 패배의식과 자기 연민에 빠져 있지 말라는 것이다.

어려움이 찾아올 때마다, 사람들이 낙심하게 하고 시험 들게 할 때
마다, 자책감과 두려움이 몰려올 때마다 하나님의 약속의 말씀을 읽으
라는 것이다. 네 입에서 떠나지 말게 하고 주야로 묵상하라는 말은 시
도 때도 없이 두려움과 고통이 찾아올 수 있음을 알아야 한다는 것이
기도 하다. 하루종일 두렵고, 화가 나고, 생각으로 괴롭히는 일이 있을
수 있다. 이런 일이 생길 때마다 더 말씀을 붙들고, 그 말씀을 입으로
선포하면서 두려움을 이기라는 말이다. 두려움과 불신앙이 내 마음과
생각을 장악하지 않도록 믿음으로 고백하고, 선포하고, 대적기도하면
서 이기라는 것이다.

그리고 하나님께 물어야 한다. 왜 이런 어려움이 생기는지, 왜 이런

감정이 드는지, 무엇이 나를 이렇게 공격하는지 하나님께 물어야 한다. 우리는 너무나 많이 거짓된 감정에 속는다. 거짓된 감정을 깨뜨리는 것이 하나님의 말씀이다.

> "내 원수가 종일 나를 삼키려 하며 나를 교만하게 치는 자들이 많사오니 내가 두려워하는 날에는 내가 주를 의지하리이다 내가 하나님을 의지하고 그 말씀을 찬송하올지라 내가 하나님을 의지하였은즉 두려워하지 아니하리니 혈육을 가진 사람이 내게 어찌하리이까" (시 56:2~4)

다윗을 대적하는 원수들이 일어나서 다윗을 삼키려고 했다. 하나님이 함께하시는 다윗이기에 그를 삼킬 수 있는 것은 없었다. 그럼에도 몰려드는 거짓된 감정은 그를 두려움에 휩싸이게 했다. 그때마다 다윗은 그 거짓 두려움에 굴복당하지 않고 하나님의 말씀을 붙들고 선포하고 찬송했다. "내가 하나님을 의지하였은즉 두려워하지 아니하리니 혈육을 가진 사람이 내게 어찌하리이까" 하나님이 주신 승리를 믿고 외치는 외침이 얼마나 멋진가?

하나님이 왜 여호수아에게 율법책을 입에서 떠나지 말게 하고, 주야로 그것을 묵상하라고 했는가? 하나님이 말씀으로 답을 주기 위함이다.

> "그 안에 기록된 대로 다 지켜 행하라 그리하면 네 길이 평탄하게 될 것이며 네가 형통하리라" (8절b)

말씀 안에 길이 있다. 우리가 하나님의 도우심을 구하고, 말씀 앞에 지혜를 구하면 하나님이 지혜를 주신다. 길을 여신다. 해야 할 일을 알려 주신다. 하나님이 말씀하시는 것을 따라가면 길이 평탄해지고 형통하게 된다.

문제가 일어나고, 두려움이 찾아오고, 고통이 찾아올 때 내 생각으로 이기려고 하면 안 된다. 내가 뭔가를 궁리해서 문제를 피해 보려고 하면 더 큰 올무에 걸리기 십상이다. 기도로 문제의 원인과 실체를 파악해야 한다. 기도로 하나님이 주시는 마음을 듣고, 하나님의 주시는 약속의 말씀을 받아야 한다.

여호수아가 가져야 할 자신감과 담대함의 근거는 자기 자신도, 이스라엘 백성도 아니다. 오직 하나님의 약속의 말씀이다. 약속의 말씀을 강하게 붙들면 붙들수록 자신감이 생기고, 지혜가 생기고, 능력이 생긴다. 9절을 보자.

"내가 네게 명령한 것이 아니냐 강하고 담대하라 두려워하지 말며 놀라 지 말라 네가 어디로 가든지 네 하나님 여호와가 너와 함께 하느니라 하시니라"

예수님이 십자가에서 우리의 모든 문제를 해결하셨다. 우리가 할 일은 그것을 믿고 예수님의 이름으로 기도하고 말씀을 따라 순종하는 것이다.

여호수아는 하나님의 약속을 믿고 끝까지 싸워서 가나안 땅을 점령했다. 우리도 하나님의 약속을 믿고 싸우면 승리를 경험할 수 있다.

2. 능력의 작동 버튼, 순종

여호수아 1장 10~18절

순종의 버튼

우리가 사용하는 자동차, 컴퓨터, 전자기기 안에는 편리한 기능이 많이 들어 있다. 하지만 그런 좋은 기능들도 실행시키는 방법을 모르면 무용지물이다. 우리가 원하는 기능이 무엇인지 알고, 그것을 실행시키는 버튼을 눌러야 비로소 원하는 것을 얻을 수 있다.

성경에는 하나님이 우리에게 허락해 주신 수많은 축복의 약속들이 기록되어 있다. 그 약속들이 우리 삶에 적용되기 위해서는 그것들을 활성화시키는 버튼을 눌러야 한다. 바로 순종이라는 버튼이다. 하나님의 말씀을 듣고 순종의 버튼을 누르면 그 말씀이 우리 삶에서 실행된다.

모세에 이어 이스라엘에 새로운 지도자가 된 여호수아는 두려움이 엄습했다. 하나님께서는 여호수아에게 약속을 주셨다. '모세와 함께 있던 것 같이 내가 너와 함께 있을 것이다. 너는 요단강을 건너가서 모세에게 약속한 땅을 차지하게 될 것이다. 너는 하나님의 약속의 말씀

31

만 믿고 두려워하지 말고 실행하라.' 하나님이 하신 약속에 대한 여호수아의 첫 번째 행동이 무엇이었을까? 즉각적 순종이다. 10절과 11절을 보자.

> "이에 여호수아가 그 백성의 관리들에게 명령하여 이르되 진중에 두루 다니며 그 백성에게 명령하여 이르기를 양식을 준비하라 사흘 안에 너희가 이 요단을 건너 너희의 하나님 여호와께서 너희에게 주사 차지하게 하시는 땅을 차지하기 위하여 들어갈 것임이니라 하라"

여호수아는 하나님의 말씀을 듣고 힘이 났다. 격려를 얻고 도전해보고자 하는 열망이 가득해졌다. 여호수아는 즉각 순종할 수 있는 힘을 얻었다.

우리는 어떠한가? 말씀을 듣고 은혜를 받지만 거기서 멈추어 버리는 경우들이 많다. 그래서 실제 삶에서의 변화는 경험하지 못하고 감정적인 위로에 그치고 만다. 맞다, 말씀은 우리의 감정을 위로하고, 치료하는 능력이 있다. 매우 중요하다. 그런데 말씀을 우리의 감정과 상처를 치료하는 것에만 만족한다면 정작 말씀의 중요한 능력을 낭비하는 꼴이 된다. 하나님의 말씀은 우리로 하여금 믿음으로 살게 하는 능력을 준다.

> "오직 이것을 기록함은 너희로 예수께서 하나님의 아들 그리스도이심을 믿게 하려 함이요 또 너희로 믿고 그 이름을 힘입어 생명을 얻게 하려 함이니라" (요 20:31)

믿음으로 선포하라

우리가 하나님의 말씀을 들었을 때 해야 하는 반응은 믿고 믿음의 선포를 하는 것이다. 여호수아는 하나님의 약속의 말씀을 듣고 위로 받는 것으로 만족하지 않았다. 머뭇거리지 않고 하나님의 약속을 믿고 믿음으로 두 가지를 선포했다.

첫째, 사흘 안에 요단강을 건너갈 것이라는 계획을 발표했다. 이것은 믿음의 선포이다. 모든 하나님의 역사는 믿음의 선포로부터 시작한다. 다윗이 골리앗에게 먼저 믿음의 선포를 했다. 에스더가 믿음의 선포를 했다. 선포는 대적을 향한 기선제압이다. 선포는 우리 안에 불신앙을 향한 선전포고이다. 사탄을 향한 선전포고이다. 하나님의 약속을 들었을 때 믿음으로 선포하고 시작하라는 말이다. 사람의 뇌는 말에 따라 움직이고 뇌가 움직이면 몸이 반응한다. 그러니 믿음의 선포를 하라. 하나님의 일하심을 보게 될 것이다.

둘째, 양식을 준비하라고 했다. 그때까지도 만나가 내리고 있었다. 만나는 요단강을 건너서 유월절을 지키고 가나안 땅에서 수확한 양식을 먹고 난 뒤에 그쳤다. 지금도 먹을 양식이 때마다 내리고 있는데 왜 양식을 준비하라고 하는가? 요단강 도하는 그냥 강을 건너가는 수준의 것이 아니었기 때문이다. 요단강을 건너는 순간 적진 한가운데로 들어가는 것이고 바로 전쟁으로 돌입할 수 있다. 전쟁이 시작되면 만나를 거두어서 먹을 준비를 할 시간이 없다. 즉 전쟁을 대비하여 식량을 준비하라는 것이다.

여기서 우리가 중요하게 생각해야 할 점이 있다. 광야 생활중 먹었던 만나와 전쟁을 위한 양식은 전혀 다르다는 것이다. 만나로는 전쟁을 준비할 수 없기 때문이다. 마찬가지로 우리가 하나님께 특별한 것을 원하고, 새로운 결단을 하려면 평소에 기도하는 것으로는 안 된다. 새로운 일을 시작한다는 것은 틀을 깨고 갇혀 있던 것을 과감히 벗어던지는 것이다. 멈춰 있던 것들을 다시 굴리고, 고장 난 것을 고치는 것이다. 그래서 엄청난 에너지가 소모된다. 반대 작용들도 많다. 사탄의 역사는 불 보듯 뻔한 일이다. 평소와 똑같이 해서는 새로운 일을 시작할 수 없다. 새로운 일을 위해서는 양식을 준비하듯 기도 계획부터 세워야 한다. 기도하는 교회가 새로운 역사를 일으킨다. 기도하는 교회가 하나님의 능력을 경험한다. 말만 하고, 생각만 하고 기도하지 않으면 아무런 변화가 일어나지 않는다.

여호수아는 요단강을 건너가기 전에 또 한 가지 중요한 일을 했다. 르우벤 지파, 갓 지파, 므낫세 반 지파를 불러서 전쟁이 시작되면 선봉에서 싸우라고 명한 것이다. 선봉에서 싸우는 것은 고난과 희생이 따른다. 목숨을 걸어야 하는 일이다. 그래서 선봉에 서는 사람에게 보상을 두둑히 준다. 사울 왕은 골리앗과 싸울 때 선봉에 서서 골리앗과 싸워 이기는 사람에게 왕의 사위가 되는 상을 걸었다. 그런데 아무도 나서지 않았다. 왜냐하면 목숨을 걸어야 하는 일이기 때문이었다.

선봉에 선다는 것은 이렇게 위험하기 때문에 보통 전쟁을 할 때는 번갈아 가면서 선봉을 맡는다. 그런데 여호수아는 가나안 땅 정복 전쟁이 끝날 때까지 이 두 지파 반에게 선봉에 서서 싸우라고 말했다. 그리고 두 지파 반은 여호수아 말에 아무런 이의도 제기하지 않고 받아들였다. 16절을 보자.

"그들이 여호수아에게 대답하여 이르되 당신이 우리에게 명령하신 것
은 우리가 다 행할 것이요 당신이 우리를 보내시는 곳에는 우리가 가리
이다"

두 지파 반이 여호수아의 말을 순순히 따르게 된 것에는 이유가 있
다. 13절과 14절을 보자.

"여호와의 종 모세가 너희에게 명령하여 이르기를 너희의 하나님 여호
와께서 너희에게 안식을 주시며 이 땅을 너희에게 주시리라 하였나니
너희는 그 말을 기억하라 너희의 처자와 가축은 모세가 너희에게 준 요
단 이쪽 땅에 머무르려니와 너희 모든 용사들은 무장하고 너희의 형제
보다 앞서 건너가서 그들을 돕되"

"너희의 처자와 가축은 모세가 너희에게 준 요단 이쪽 땅에 머무르
려니와" 이스라엘 백성들이 요단강을 건너서 가나안 땅을 정복하지도
않았는데 이 두 지파 반은 이미 땅을 분배받았다.

이 이야기는 민수기 32장 사건을 배경으로 하고 있다. 이스라엘 백
성들이 요단강을 건너기 전에 요단강 동쪽 편을 먼저 점령했다. 이 땅
은 헤스본 왕 시혼과 바산 왕 옥이 통치하던 땅이었다. 산악지역인 요
단강 서쪽 편과 달리 평야 지대라서 물이 넉넉하고 풀이 잘 자라서 목
축을 하기에 딱 좋은 땅이었다. 가축을 많이 소유하고 있었던 르우벤

과 갓 지파 그리고 므낫세 반 지파는 그 땅을 보자마자 탐이 났다. 그래서 모세를 찾아가서 그 땅을 자기들에게 먼저 달라고 요구했다.

이것은 명백한 반칙행위였다. 하나님은 이스라엘 백성들에게 가나안 땅 전체를 다 차지하고 난 뒤에 제비를 뽑아서 각 지파에 땅을 분배하라고 하셨다. 그런데 두 지파 반이 요단강을 건너기도 전에 땅을 먼저 달라고 한 것은 하나님의 명령을 어기는 행위임과 동시에 이스라엘 백성들과의 신의를 깨뜨리는 행동이었다. 모세는 두 지파 반의 이런 행동을 12명의 정탐꾼을 보내었을 때 반역한 것만큼이나 큰 범죄로 봤다. 이 두 지파 반이 한 행동 때문에 나머지 지파들은 분노했고, 가나안 땅을 정복하기도 전에 내분이 일어날 위기에 처했다.

다행히 모세의 중재로 그 일은 잘 마무리되었다. 가축이 많은 현실적인 문제를 고려해서 그 두 지파 반이 먼저 땅을 차지하게 해주었다. 대신 두 지파 반의 남자들은 그 땅에 남아 있지 않고, 완전무장을 하고 나머지 지파들과 함께 요단강을 건너서 모든 전쟁마다 선봉에 서서 싸우기로 했다. 땅을 먼저 분배받는 대신 선봉에 서서 싸우는 위험을 감수한 것이다. 그리고 나머지 지파들이 요단강 서쪽에서 땅을 다 정복하고 난 뒤에 자기 땅으로 돌아가기로 했다. 두 지파 반의 남자들은 총 11만 명이었는데, 실제로 요단강을 건너가서 선봉에 서서 싸운 숫자는 4만 명이었다(수 4:13). 나머지 7만 명은 남아서 가족들과 재산을 보호하는 역할을 한 것이다.

여호수아가 두 지파 반을 불러서 그 약속을 상기시키면서 반드시 지키라고 이야기했고, 두 지파 반도 약속이행을 하고자 했다. 16절을 보자.

"그들이 여호수아에게 대답하여 이르되 당신이 우리에게 명령하신 것
은 우리가 다 행할 것이요 당신이 우리를 보내시는 곳에는 우리가 가리
이다"

잘못을 바로잡아라

여기서 하나님이 우리에게 주시는 중요한 메시지가 있다. 두 지파
반은 과거에 자기들의 욕심 때문에 잘못된 선택을 했다. 그러나 바로
잡고 자기들이 한 약속을 지켰다. 중요한 것은 바로 이 점이다. 희생하
고 섬기기 보다 이기적으로 내 것을 먼저 챙기고 싶은 생각이 드는 것
이 사람이다. 누구나 잘못된 생각과 판단으로 다른 사람에게 피해를
줄 수 있다. 그럴 수 있다. 그러나 중요한 것은 돌이키는 것이다. 잘못
을 바로잡고 다시 결단하는 것이 중요하다.

하나님은 용서의 하나님이다. 우리의 성정이 어떠한지 너무도 잘
알고 계신다. 그러하기에 용서의 길을 열어놓으신 것이다.

"여호와께서 말씀하시되 오라 우리가 서로 변론하자 너희의 죄가 주홍
같을지라도 눈과 같이 희어질 것이요 진홍같이 붉을지라도 양털같이
희게 되리라" (사 1:18)

"오직 시온이 이르기를 여호와께서 나를 버리시며 주께서 나를 잊으셨
다 하였거니와 여인이 어찌 그 젖 먹는 자식을 잊겠으며 자기 태에서
난 아들을 긍휼히 여기지 않겠느냐 그들은 혹시 잊을지라도 나는 너를

37

잊지 아니할 것이라"(사 49:14-15)

예수님은 베드로가 자신을 배신했다고 버리지 않으셨다.

"그러나 내가 너를 위하여 네 믿음이 떨어지지 않기를 기도하였노니 너
는 돌이킨 후에 네 형제를 굳게 하라"(눅 22:32)

예수님은 베드로가 배신한 후에 믿음이 떨어지지 않기를 기도하면
서 돌이키기를 기다리셨다. 그리고 돌이킬 때 내 양을 먹이라고 다시
중요한 사명을 맡겨주셨다.

우리는 잘못을 저지르고 나면 고집부리고 엇나가는 경우들이 있다.
미안하기도 하고, 자존심 때문에 본심과 다르게 오히려 더 나빠지는
경우도 있다. 이것은 사탄의 부추김이다. 우리는 돌이키라고 말씀하시
는 하나님의 부르심에 순종해야 한다. 하나님의 말씀에 순종하면 하나
님의 도구가 되어서 하나님의 뜻을 이룬다. 감정에 휘둘리면 감정의
노예가 되고 죄책감에 굴복 당하면 죄의 종이 된다. 명심해야 한다.

이 두 지파 반은 자신의 잘못으로부터 돌이킬 뿐만 아니라 여호수
아에게 힘이 되는 역할까지 한다. 17~18절을 보자.

"우리는 범사에 모세에게 순종한 것 같이 당신에게 순종하려니와 오직
당신의 하나님 여호와께서 모세와 함께 계시던 것 같이 당신과 함께 계
시기를 원하나이다 누구든지 당신의 명령을 거역하며 당신의 말씀을
순종하지 아니하는 자는 죽임을 당하리니 오직 강하고 담대하소서"

이 두 지파 반의 과거의 행동은 공동체를 분열시키고, 공동체를 파괴하는 행동이었다. 이렇게 했던 두 지파 반이 누구도 서고 싶지 않은 전쟁의 선봉에 서서 형제들을 위해서 싸우겠다고 한다. 자신들이 했던 약속을 신실하게 지키면서 공동체를 하나로 만들어 가고 있다.

한때 이스라엘에 실망과 괴로움을 안겨주었던 지파들이 이제는 이스라엘 공동체의 자랑이 되었다. 한때는 자기 욕심만 챙기던 사람들이 선봉에 서서 희생하면서 진정한 공동체가 무엇인지 보여주고 있다. 늘 잘하는 사람이 꾸준히 잘하는 것은 너무나 큰 감동을 준다. 그런데 문제를 일으키던 사람이 변화되고 회복되는 것은 또 다른 의미에서 큰 감동이다.

하나님의 공동체는 이런 곳이다. 과거에 잘못한 사람들이 과거에 발목 잡혀 사는 곳이 아니라, 복음과 말씀으로 변화되어서 인정받고 사랑받는 곳이다. 과거에 실패한 사람들이 실패의 고통을 안고 사는 곳이 아니라 새로운 비전과 사명을 성취하는 기쁨을 누리는 곳이다.

두 지파 반은 왜 선봉에 섰는가? 약속을 지키기 위함이기도 하지만, 자기들이 받은 은혜를 알기 때문이다. 우리가 왜 섬김과 봉사를 하는가? 죄사함의 은혜를 받았기 때문이다. 하나님의 자녀가 되고 영생을 선물로 받았기 때문이다. 하나님께 받은 은혜는 반드시 섬김으로 나타나야 한다. 그래야 제대로 은혜 받은 것이다. 은혜는 많이 받았다고 하는데 섬김으로 나타나지 않으면 그 은혜는 자기만족으로 끝나 버린다.

받은 은혜가 있다면 선봉에 서라. 기도의 은혜를 받았다면 기도의 선봉에 서라. 섬김으로 은혜를 받은 적이 있다면 섬김의 선봉에 서라.

어릴 때 자기에게 정말 좋은 영향을 준 교사가 있었다면 교사로 선봉에 서라.

선봉자로서 좋은 팔로워(follower)가 되라. 선봉에 섰다고 리더(leader)가 아님을 기억하라.

이스라엘의 선봉에 선 여호수아는 철저하게 하나님께 순종했다. 지파들의 선봉에 선 두 개 반 지파는 영적인 지도자인 여호수아에게 순종했다. 순종만이 우리 삶에 하나님의 능력을 실행시키는 열쇠다.

3. 실수를 통해서 배우라

여호수아 2장 1~14절

역사학자인 에드워드 카(E. H Carr)는 『역사란 무엇인가?』라는 책에서 "역사는 과거와 현재의 끊임없는 대화다(History is an unending dialogue between the past and the present)"라는 말을 했다. 과거의 역사는 현재 상황 가운데 똑같이 되풀이되고 있다는 의미이다. 지혜로운 사람은 과거의 역사를 통해 배우는 사람이다.

여호수아는 요단강을 건너기 전에 두 명의 정탐꾼을 여리고로 보냈다. 1절을 보자.

"눈의 아들 여호수아가 싯딤에서 두 사람을 정탐꾼으로 보내며 이르되 가서 그 땅과 여리고를 엿보라 하매 그들이 가서 라합이라 하는 기생의 집에 들어가 거기서 유숙하더니"

여호수아가 정탐꾼을 보내는 모습은 40년 전에 가데스바네아에서 모세가 12명의 정탐꾼을 보내는 모습과는 많이 다르다. 40년 전에는 각 지파에서 한 명씩 대표를 뽑아서 12명을 정탐하러 보냈다. 그런데 여호수아는 자기가 뽑은 두 사람만 보냈다. 과거 12명의 정탐꾼을 보낸 이후의 실패를 통해서 배운 것이 있었기 때문이다. 그것을 잊지 않고 있었던 여호수아는 40년 전과 같은 실수를 반복하지 않기 위해서 자기가 뽑은 두 사람만 정탐꾼으로 보냈다.

40년 전에 12명의 정탐꾼을 보낸 것은 겉으로 보기에는 굉장히 지혜로운 선택인 것 같았다. 그런데 그 내면을 들여다보면 두려움과 불순종으로 시작된 일이었다. 결국 돌아온 결과는 실패였다. 신명기에 보면 그때 상황을 기록하고 있다.

"너희의 하나님 여호와께서 이 땅을 너희 앞에 두셨은즉 너희 조상의 하나님 여호와께서 너희에게 이르신 대로 올라가서 차지하라 두려워하지 말라 주저하지 말라 한즉 너희가 다 내 앞으로 나아와 말하기를 우리가 사람을 우리보다 먼저 보내어 우리를 위하여 그 땅을 정탐하고 어느 길로 올라가야 할 것과 어느 성읍으로 들어가야 할 것을 우리에게 알리게 하자 하기에" (신 1:21-22)

믿음의 눈으로 보라

모세는 하나님의 명령을 받아서 이스라엘 백성들에게 올라가서 가나안 땅을 점령하라고 했다. 그러나 전쟁이 두려웠던 이스라엘 백성들이 모세를 찾아와서 정탐꾼을 먼저 보내서 확인하는 것이 좋겠다고 건의했다. 그러면서 효과적으로 정복하기 위해서 어느 길로 올라가야 하는지, 어느 성읍으로 들어가야 하는지 미리 계획을 세우는 것이 좋겠다고 했다. 모세도 그 말을 좋게 여겨서 허락했다. 그런데 정작 정탐꾼들은 그 땅을 본 후에는 정반대의 말을 했다. 정복하러 가지 못하겠다는 것이다. 그 일 때문에 이스라엘 백성들은 가나안 땅에 들어가지 못하고, 40년 동안 방황하면서 광야에서 다 죽었다.

일반적으로는 한두 사람이 보고 판단하는 것보다 많은 사람이 다양한 지식을 가지고 나누는 것이 훨씬 유익하고 더 잘 볼 수 있다고 생각한다. 전혀 틀리지 않다. 그러나 여기서 간과하면 안 되는 사실은 사람은 객관적인 동물이 아니라는 것이다. 자기가 보고 싶은 대로 본다. 특히, 자신의 욕심, 두려움, 의심, 탐심, 이기심을 가지고 상황판단을 한다. 그리고 자기 눈으로 보고 나면 자기 생각을 바꾸지 않으려고 한다. 자기 목소리를 낸다. 더욱이 그 사람이 영향력이 있거나, 전문가면 문제는 더 커진다.

12명의 정탐꾼이 본 것이 무엇인가? 적들은 크고 두렵고, 자기들은 메뚜기 같다는 것이다. 정복할 수 있다는 믿음이 아니라 정복할 수 없는 이유를 찾아본 것이다. 하나님이 주신 약속과 믿음이 아니라 두려움의 눈으로 적을 본 것이다. 자기 눈으로 보고 나니까 자기 목소리를 내고, 자기 생각을 안 바꾸었다. 여기에 그들이 각 지파의 대표라는 것이 더 큰 문제였다. 지파의 대표였기 때문에 모든 사람에게 영향을 미친 것이다.

정탐꾼은 믿음의 눈으로 볼 수 있는 사람이어야 한다. 하나님의 약속이라는 렌즈로 볼 수 있는 사람이어야 한다. 영적 지도자가 가진 비전과 믿음과 생각을 대신해서 볼 수 있는 사람이어야 한다. 여호수아는 자기와 같은 믿음과 생각, 시각을 가진 두 사람을 뽑았다. 여호수아의 눈과 귀가 되어서 대신 정탐하고 오라는 것이다.

그렇다면 하나님의 일을 할 때 다양한 분야의 전문가는 필요 없는가? 그렇지 않다. 전문가들이 많아야 한다. 절대적으로 필요하다. 하지만 자기주장을 굽힐 줄 모르는 전문가는 필요하지 않다. 자기 생각이 아니라 하나님이 주시는 지혜로 일하는 전문가가 필요하다. 하나님의 약속을 성취하기 위해서 지혜와 능력을 사용하는 전문가가 필요하다. 하나님의 뜻을 이루기 위해서 문제를 해결하고, 장애물을 제거하고, 불가능을 가능하게 만들어 가기 위해서 전문지식을 사용하는 전문가가 필요하다. 성막을 지을 때 하나님께서 모세에게 지을 그림은 보여주셨지만, 정작 그에게는 그만한 지식과 기술이 없었다. 그래서 브살렐과 오홀리압에게 하나님의 영을 충만케 해서 전문적인 일을 하게 했다(출 31:1-11). 전문가들은 브살렐과 오홀리압을 묵상해야 한다.

기생 라합의 선택

우리는 실수를 통해서 배운 또 한 명의 사람을 발견한다. 바로 기생 라합이다. 사실 이 이야기에는 이상한 점이 한두 가지가 아니다. 첫 번째는 '정탐꾼들이 왜 기생의 집에 갔는가'이고, 두 번째는 '라합은 왜 적국의 정탐꾼들을 숨겨주었는가'이다. 그리고 히브리서 11장에서는 '라합을 왜 믿음의 사람이라고 칭하는가'이다. 첫 번째, 정탐꾼들은 왜 기생집으로 갔을까? 이에 대해서는 당시 시대 상황을 먼저 살펴봐야 한다.

당시 여리고라는 도시는 가나안 땅으로 들어가는 관문이었다. 외국

과의 무역이 굉장히 활발했기 때문에 상인들의 출입이 잦았다. 여리고 성을 점령하고 난 뒤에 아간이 훔친 물건 중에 '시날산 외투'가 있었던 것으로 보아서 바벨론의 상인들까지 여리고를 드나들었다는 것을 짐작할 수 있다(수7:21). 따라서 여리고에는 이런 상인들이 묵을 여관이 많이 있었다. 여관은 모든 정보의 나눔터다. 누구 집에 아기는 태어났다는 개인적인 이야기부터 정치적으로 아주 중요한 정보 그리고 국제적인 정보까지 다 알 수 있는 곳이다. 그리고 이곳은 외국 사람들이 많이 드나들기 때문에 여리고를 정탐하러 갔던 사람들이 자기 몸을 숨기기에는 이곳보다 안전한 곳이 없었다. 라합의 집은 단순한 기생집이 아니라 상인들이 묵어가는 여관이었을 것이다. 역사가 요세푸스도 라합을 여관 주인이라고 기록하고 있다.

오늘 말씀에 따르면 이 당시 여리고의 정보망은 다른 지역보다 굉장히 발달했던 것 같다. 정탐꾼이 오자마자 스파이가 들어왔다는 정보가 왕에게까지 보고가 되었다. 3절에 보면 라합의 집에 정탐꾼이 들어온 것을 확인하고 잡으러 왔다. 정탐하기도 전에 언제 죽을 지 모를 일이다. 그런데 놀라운 반전이 일어났다. 전혀 예상하지 않았던 인물인 라합이 정탐꾼을 살려주었다.

그렇다면 그녀는 왜 정탐꾼을 살려준 것일까? 그녀의 말과 행동에서 그 대답을 찾을 수 있다. 라합의 말을 들어보면, 라합은 이스라엘 백성들이 여리고를 쳐들어올 것을 이미 알고 있었다. 9~10절을 보자.

"말하되 여호와께서 이 땅을 너희에게 주신 줄을 내가 아노라 우리가 너희를 심히 두려워하고 이 땅 주민들이 다 너희 앞에서 간담이 녹나니 이는 너희가 애굽에서 나올 때에 여호와께서 너희 앞에서 홍해 물을 마르게 하신 일과 너희가 요단 저쪽에 있는 아모리 사람의 두 왕 시혼과 옥에게 행한 일 곧 그들을 전멸시킨 일을 우리가 들었음이니라"

라합은 이스라엘 백성들이 홍해를 탈출한 이야기, 요단강 동쪽 편에서 헤스본 왕 시혼과 바산 왕 옥의 나라를 무너뜨린 이야기를 다 듣고 있었다. 이스라엘 백성들이 곧 여리고 성을 쳐들어올 것이라는 것도 예상하고 있었다.

아마 이때부터 그녀는 고민했을 것이다. 이스라엘 백성들이 쳐들어오면 여리고성이 함락될 것이 뻔한데 어떻게 할 것인가? 어떻게 보면 라합이 정탐꾼을 기다렸다고 볼 수도 있다. 왜냐하면 라합의 행동은 즉흥적인 행동이라기보다 치밀하게 계획된 행동에 가깝기 때문이다. 라합은 두 사람을 보자마자 정탐꾼이라는 것을 알아챘다. 그래서 군사들이 잡으러 오기 전에 미리 숨겨 두고 도망갈 수 있는 길을 열어 줄 뿐만 아니라 안전하게 도망갈 수 있는 구체적인 방법까지 말해 주었다. 그리고 본인과 가족의 목숨을 살려달라고 협상했다.

여기까지 보면 라합은 자기가 가진 정보력을 이용해서 죽음에서 자기 가족들의 목숨을 건진 지혜로운 여인이다. 그런데 히브리서 11장에 보면 이런 라합을 믿음의 사람이라고 기록하고 있다.

"믿음으로 기생 라합은 정탐꾼들을 평안히 영접하였으므로 순종하지

아니한 자와 함께 멸망하지 아니하였도다"(히 11:31)

히브리서 11장은 믿음으로 산 사람들의 명예의 전당 같은 곳이다. 아벨, 에녹, 노아, 아브라함, 이삭, 모세 이런 쟁쟁한 사람들의 이름만 기록되는 곳이다. 그런데 이곳에 라합의 이름이 기록되어 있다. 기생이 자기 목숨 구원하고자 정탐꾼 숨겨준 일이 과연 믿음의 명예의 전당에 이름을 올릴만한 일인가? 성경에 보면 라합을 기생이라고 기록했다. 그런데 라합은 몸을 파는 창녀가 아니다. 우리나라 성경에 기생이라고 번역된 단어는 히브리어로 '조나(זנה)'라는 단어인데, 이 단어는 그 당시 신전에 소속되어 있었던 여자 사제를 부를 때 쓰인 단어이다.

그 당시 바알과 아세라를 섬기는 제사 의식에는 남자와 여자의 성행위가 포함되어 있었다. 다산, 비, 풍요, 생산의 풍부함은 남성신과 여성신의 왕성한 성적 결합에서 온다고 믿었다. 사람들이 모여서 신전에서 제사를 드릴 때 성행위를 해야 그것을 보고 바알 신이 즐거워서 비를 내려준다고 믿었던 것이다. 모압의 여인들이 바알을 섬기는 축제에 이스라엘 남자들을 초대해서 음행을 했던 것이 이런 의식이었다(민 25장). 그것을 담당했던 사람이 신전 기생들이었다.

이방 신전의 사제였던 라합의 입에서 나온 이야기를 계속 들어 보자. 11절을 보자.

"우리가 듣자 곧 마음이 녹았고 너희로 말미암아 사람이 정신을 잃었나니 너희의 하나님 여호와는 위로는 하늘에서도 아래로는 땅에서도 하나님이시니라"

이게 무슨 말인가? 내가 바알 신을 섬겨왔는데 이제 보니까 바알이 참 신이 아니라 너희들이 섬기는 여호와 하나님이 참 신이라는 것을 깨달았다는 말이다. 라합이 앞서 말한 부분을 다시 보자. 10절을 보라.

"이는 너희가 애굽에서 나올 때에 여호와께서 너희 앞에서 홍해 물을 마르게 하신 일과 너희가 요단 저쪽에 있는 아모리 사람의 두 왕 시혼과 옥에게 행한 일 곧 그들을 전멸시킨 일을 우리가 들었음이니라"

이집트를 탈출하게 하고, 홍해를 건너게 하고, 광야 40년을 이끌어온 것을 보니까 여호와 하나님이 참신이라는 것을 알았다는 말이다. 그러니 이제까지 섬겨온 가짜 신을 버리고 참신이신 여호와 하나님을 섬기겠다는 말이다.

라합은 자기가 평생 섬겨온 우상을 버리고 하나님을 섬기기로 다짐했다. 자기의 모든 것을 하나님께로 올인(all in)한 것이다. 이것은 아브라함이 고향 땅과 섬기던 신을 버리고 하나님의 말씀 하나만 믿고 가나안으로 가는 것과 비교할 수 있다. 나오미를 따라 이스라엘로 왔던 룻도 마찬가지다. 단지 정탐꾼을 숨겨주었다고 믿음의 사람이 된 것이 아니라는 말이다. 우상을 버리고 자신의 모든 인생을 하나님께 걸었기 때문에 그 명예의 전당에 오른 것이다.

라합이 보아스의 어머니가 되어서 메시아의 족보에 들어온 것은 우연이 아니었다.

"살몬은 라합에게서 보아스를 낳고 보아스는 룻에게서 오벳을 낳고 오
벳은 이새를 낳고 이새는 다윗 왕을 낳으니라 다윗은 우리야의 아내에
게서 솔로몬을 낳고"(마 1:5-6)

실수를 통해 배우라

여호수아와 라합은 태생부터 살아온 과정 중 공통점이 전혀 없는 사
람들이다. 그러나 하나 공통점이 있다. 그들은 실수를 통해서 배웠다는
것이다. 여호수아는 실수를 통해서 얻은 지혜로 제대로 된 정탐꾼을 보
냈다. 그 결과로 여리고를 점령할 수 있었다. 라합은 거짓 신을 섬겨 온
삶의 실수를 통해 얻은 지혜로 자기와 자기 가족의 목숨을 구원할 수 있
었다.

실수를 통해서 배운 사람이 해야 할 일이 있다. 실수를 되풀이하지
않는 것이다.

"개가 그 토한 것을 도로 먹는 것 같이 미련한 자는 그 미련한 것을 거
듭 행하느니라"(잠 26:11)

제일 미련하고 불행한 사람이 실수를 통해서 배우지 못하고 계속
반복하는 사람이다. 실수를 통해서 배운 사람은 새로 시작한다. 탕자
는 실수를 통해서 배워서 아버지 집으로 돌아갔다. 베드로는 실수를
통해서 배워서 자기 사명의 길로 걷기 시작했다.

하나님은 과거를 회개하고 새롭게 시작하는 사람들을 정죄하지 않

고 받아 주셨다. 받아 주실 뿐만 아니라 새롭게 살 능력을 주셨다. 이
것이 십자가의 은혜와 능력이다. 예수님은 우리에게 용서의 은혜를 주
신다. 우리를 짓누르고 있는 사탄과 죄의 권세를 벗어 던지게 하신다.
성령님을 통해서 새로운 삶을 살 수 있는 능력을 주신다.

실수를 통해서 배운 것이 있다면 새로 시작하라. 하나님의 은혜를
구하라. 하나님의 능력을 구하라. 하나님이 능히 여러분을 믿음의 사
람으로 살아갈 수 있게 하신다.

4. 쉬운 방법이 아니라 바른 방법

여호수아 2장 12~24절

인간의 본성은 어려운 것보다 쉬운 걸 좋아한다. 힘든 것보다는 편안한 것을 추구한다. 물론 정말 가끔씩 반대의 성향을 가진 사람이 간혹 있다. 하지만 쉬운 방법, 빠른 방법, 재밌는 방법이 인간의 욕구이다. 그래서 어려운 것을 쉽고 빠르고 재밌게 하는 방법을 알려주는 사람이 인기를 얻고 일타 강사(일등 스타 강사)가 된다.

그러나 신앙은 쉬운 방법이 아니라 바른 방법을 가르쳐주는 것이다. 성경은 우리가 쉽고 빠르고 재밌는 방법으로 신앙생활을 할 수 있다고 말하지 않는다. 오히려 자아를 죽이고, 자신을 쳐서 복종시키고, 어려움과 고난을 이기고, 오래참음과 인내를 통해서 좁은 문을 통과해야 구원을 얻는다고 이야기한다. 하나님의 창조 원리는 씨앗에서 바로 나무가 되지 않는다. 싹이 나고, 잎이 나고, 비바람과 더위와 추위를 견뎌야 튼튼한 나무로 자란다. 마찬가지로 우리들의 인생도 지름길이 없다. 거쳐야 하는 과정을 다 거쳐야 건강하게 자라고, 성숙하게 완성이 된다.

이스라엘 백성들이 가나안 땅에 들어가서 실패하고, 망한 이유는 하나님이 말씀하신 바른길을 따르지 않고, 자신들의 욕구와 맞는 방법을 선택했기 때문이다. 바로 바알 숭배이다. 이것을 그냥 종교적 의식으로만 보면 안 된다. 바알 숭배 안에는 세상이 줄 수 있는 모든 즐거움과 경제적인 유익과 육신의 쾌락이 집약되어 있다. 하나님이 그렇게 바알 숭배하지 말라고 하셨는데도 이스라엘 백성들이 끊어내지 못한 것은 바알 숭배가 자신들의 욕구와 너무 잘 맞았기 때문이다.

이런 바알 숭배의 중심에 있었던 인물이 라합이다. 바알을 섬기는 신전의 기생으로 평생을 살아온 사람이다. 이런 라합이 자기에게 닥쳐온 심판과 죽음의 위기를 깨닫고 하나님께로 나아와 구원을 얻었다. 라합의 이야기는 마지막 때를 살아가는 우리에게 시사하는 바가 크다.

지금 여리고성은 이스라엘 백성들 때문에 두려워 떨고 있다. 강 건너편에 있는 헤스본 왕 시혼과 바산 왕 옥을 무너뜨린 이스라엘 백성들이, 멀지 않은 미래에 요단강을 건너서 여리고성을 무너뜨릴 것이다. 여리고성 사람들은 이 시기가 점점 더 임박해 오고 있다는 것을 느끼고 있었다.

전쟁이 다가오고 죽음이 임박하다고 느끼면 평상시처럼 살면 안 된다. 자다가도 깨어나야 한다. 편안히 살다가도 전쟁 나팔이 불면 전쟁을 준비해야 한다.

"또한 너희가 이 시기를 알거니와 자다가 깰 때가 벌써 되었으니 이는 이제 우리의 구원이 처음 믿을 때보다 가까웠음이라 밤이 깊고 낮이 가까웠으니 그러므로 우리가 어둠의 일을 벗고 빛의 갑옷을 입자"(롬

13:11-12)

언제 예수님이 재림하실지 우리는 알 수 없다. 우리가 죽을 때까지 재림이 없을 수도 있다. 중요한 것은 주님의 재림이 처음보다는 가까워졌다는 것이다. 우리 세대에 주님이 재림하지 않더라도 우리의 죽음은 점점 더 가까워지고 있는 것이 사실이다. 그러하다면 우리는 시간이 지날수록 세상과 더 가까워지기보다는 하나님과 더 가까워져야 한다.

갈망하는 자에게 방법을 주신다

라합은 임박해 오는 전쟁과 죽음의 위기를 느끼면서 구원받기를 갈망했다. 구원을 갈망했던 라합에게 두 명의 정탐꾼은 하나님이 자기에게 보내신 구원의 사자와 다를 바가 없었다. 여호수아 2장에 보면 정탐꾼과 라합 사이에 긴 대화가 오고 갔음을 알 수 있다. 그 중의 하나가 11절이다.

"우리가 듣자 곧 마음이 녹았고 너희로 말미암아 사람이 정신을 잃었나니 너희의 하나님 여호와는 위로는 하늘에서도 아래로는 땅에서도 하나님이시니라"

라합은 하나님이 행하신 모든 사건을 보고 들으니 여호와 하나님이 참 신이고, 참 하나님이라고 깨닫게 되었음을 이야기했다. 구원의 사자로 온 두 명의 정탐꾼에게 라합은 자기의 신앙을 고백한 것이다. 본문 12절은 정탐꾼과 라합 사이에 대화의 결과로 나온 이야기다.

> "그러므로 이제 청하노니 내가 너희를 선대하였은즉 너희도 내 아버지
> 의 집을 선대하도록 여호와로 내게 맹세하고 내게 증표를 내라"

라합이 자기와 자기 가족을 살려주겠다는 증표를 달라고 요구했다. 다른 말로 하면 어떻게 하면 우리 가족이 구원을 얻을 수 있는지 그 방법을 가르쳐 달라는 것이다. 우리는 이런 비슷한 장면을 성경의 여러 곳에서 목격할 수 있다. 빌립보 감옥에서 바울을 만난 간수의 고백이다.

> "그들을 데리고 나가 이르되 선생들이여 내가 어떻게 하여야 구원을 받
> 으리이까 하거늘 이르되 주 예수를 믿으라 그리하면 너와 네 집이 구원
> 을 받으리라 하고"(행 16:30-31)

오순절에 성령이 임하고 난 뒤, 베드로의 설교를 들은 사람들의 반응이다.

> "그들이 이 말을 듣고 마음에 찔려 베드로와 다른 사도들에게 물어 이
> 르되 형제들아 우리가 어찌할꼬 하거늘 베드로가 이르되 너희가 회개
> 하여 각각 예수 그리스도의 이름으로 세례를 받고 죄 사함을 받으라 그
> 리하면 성령의 선물을 받으리니"(행 2:37-38)

이 둘의 공통점이 보이는가? 하나님의 구원을 바라고, 구원을 간구하는 사람들에게는 그 방법이 제시되었다는 것이다. 죽음 앞에서, 죄의 고통 앞에서, 사탄의 저주와 재앙 아래에서 구원을 간구하는 사람들에게 반드시 하나님의 구원이 선포된다. 예수님의 이름은 구원의 이름이다. 예수님의 이름은 생명을 주는 이름이다. 예수님의 이름은 자유를 주는 이름이다.

우리가 어떤 상황과 문제, 고통과 저주 아래 놓여 있을지라도 예수님의 이름을 부르면 우리를 구원하신다.

"내가 여호와를 기다리고 기다렸더니 귀를 기울이사 나의 부르짖음을 들으셨도다 나를 기가 막힐 웅덩이와 수렁에서 끌어올리시고 내 발을 반석 위에 두사 내 걸음을 견고하게 하셨도다"(시 40:1-2)

구원을 간절히 바랐던 라합에게 구원의 방법이 제시되었다. 18절과 19절을 보자.

"우리가 이 땅에 들어올 때에 우리를 달아 내린 창문에 이 붉은 줄을 매고 네 부모와 형제와 네 아버지의 가족을 다 네 집에 모으라 누구든지 네 집 문을 나가서 거리로 가면 그의 피가 그의 머리로 돌아갈 것이요 우리는 허물이 없으리라 그러나 누구든지 너와 함께 집에 있는 자에게 손을 대면 그의 피는 우리의 머리로 돌아오려니와"

구원의 방법으로 제시된 것이 붉은 줄이다. 붉은 줄을 창문에 매달고 가족들이 모두 그 집 안에 있으면 구원을 얻게 된다는 것이다. 주의할 점은 그 집 밖으로 나가면 죽게 된다는 것이다.

이 장면에서 우리는 이스라엘이 출애굽 할 때 유월절 사건이 자연스럽게 떠오른다. 이스라엘 백성들은 양을 잡아서 그 피를 문설주와 인방에 발랐다. 해가 지고 어둠이 임하고 죽음의 사자가 집집마다 돌면서 모든 생명체의 장자를 죽일 때에 양의 피를 바른 집은 죽음을 면했다. 이와 마찬가지로 붉은 줄을 매달고 그 집 안에 있으면 여리고성의 모든 사람이 죽을 때에 그 집 안에 있는 사람들은 구원을 얻는다는 것이다.

유월절에 잡은 양은 예수님을 상징하고, 그 피는 예수님이 십자가에서 흘린 피를 상징한다. 이같이 라합이 창문에 내린 붉은 줄도 예수님의 십자가와 보혈을 상징한다. 붉은 줄을 내린 집 안에 있는 사람이 구원을 얻는다는 것은 예수님 안에서 구원을 얻는다는 것을 의미하는 것이다.

구원을 위한 조건

구원을 얻기 위해서는 두 가지 조건이 충족되어야 한다. 들어오고, 머물러야 한다. 무슨 말이냐 하면 일단 붉은 줄을 달아 내린 집 안으로 들어와야 한다. 두 번째, 전쟁이 일어나고 죽음의 공포가 덮쳐올 때 도망가지 않고 그 집 안에 머물러야 한다. 사람들은 살기 위해서 산으로 들로 도망쳐야 한다고 외쳤다. 같이 도망치고 싶은 충동이 일어난다. 그때 구원의 약속을 믿고 두려움을 이기고 그 집에 머물러 있어야 한다. 심판 앞에서 살겠다고 도망가는 것은 어리석은 선택이다. 오직 약속을 믿고 그 집 안에 머물러 있어라. 그것이 살길이다.

이 구원의 방법은 누가 제시하신 것인가? 하나님이 제시하신 방법이다. 하나님의 구원 방법은 처음부터 지금까지 한 번도 변한 적이 없으시다. 아담과 하와에게 입혀 주신 짐승의 피를 흘린 가죽옷, 유월절 어린 양의 피, 예수님의 십자가와 보혈 모두가 하나다.

> "다른 이로써는 구원을 받을 수 없나니 천하 사람 중에 구원을 받을 만
> 한 다른 이름을 우리에게 주신 일이 없음이라 하였더라" (행 4:12)

하나님은 창조 때부터 지금까지 예수님 외에 다른 구원의 방법과 이름을 주신 일이 없다. 이만희, 이재록, 정명석 다 가짜다. 쉬운 방법, 빠른 방법, 재미있는 방법, 놀라운 방법으로 구원을 이야기한다고 해도 전부 가짜다.

구원의 방법은 오직 하나님 한 분에게서만 나온다. 따라서 구원을 바란다면 하나님이 말씀하신 방법을 따라야 한다. 라합은 하나님이 제시한 방법을 그대로 따랐고 그녀와 가족 모두 구원을 얻게 되었다.

만일 라합이 정탐꾼이 말한 붉은 줄이 아니라 정탐꾼을 내릴 때 사용한 줄을 걸어 두었더라면 과연 구원받을 수 있었을까? 그렇지 않다. 아무리 뒤늦게 줄만 바뀌었을 뿐이라고, 나는 당신들을 구원한 라합이라고, 구원해 주기로 약속하지 않았느냐고 소리쳐도 소용없다. 제시된 방법 외에는 없다. 구원의 방법을 내가 임의로 정하는 것이 아니기 때문이다. 오직 하나님만 정하실 수 있다. 목회를 하다 보니 오래된 신

자(또는 모태신앙)와 새신자의 다른 점을 종종 발견한다. 새 신자는 가르쳐 준대로 한다. 예배하라면 예배하고, 기도하라면 기도한다. 하나님의 역사도 빠르고 기도 응답도 빠른 것 같다. 이에 비해 모태신앙, 오래된 신자들은 가르쳐 줘도 자기 생각대로 하는 경우가 많다. 해야 할것, 하지 않아도 될 것을 스스로 정한다. 그렇다 보니 하나님을 경험하는 것이 부족한 때가 많다.

하나님은 구원받은 자녀에게 하나님을 경험할 방법을 제시하셨다. 하나님의 말씀의 약속, 예수님의 이름의 권세, 하나님께 나갈 수 있는 자녀의 특권을 주셨다. 기도하지 않고 기도를 통해서 주시는 하나님의 복을 받을 방법은 없다. 말씀대로 살지 않고 말씀에 약속한 복을 받을 방법은 없다. 섬김과 나눔과 봉사를 하지 않고 이를 통해 경험하는 하나님을 경험할 수 없다.

나는 대단한 사람이니까, 바쁜 사람이니까 혹은 나는 돈을 많이 내니까 기도하지 않고, 말씀대로 살지 않고, 봉사와 섬김을 하지 않아도 된다고 생각하는 것은 잘못된 생각이다. 아주 큰 착각이다. 신앙은 믿고, 고백하는 것이다. 헌신하고, 내가 하나님을 경험하는 것이다. 하나님과 나 사이에서 일어나는 지극히 인격적인 관계와 작용이다.

라합은 하나님이 주신 방법을 따라서 구원을 경험했다. 21절을 보자.

"라합이 이르되 너희의 말대로 할 것이라 하고 그들을 보내어 가게 하고 붉은 줄을 창문에 매니라"

라합은 정탐꾼이 떠난 직후 붉은 줄을 창문에 매달았다. 여기서 우리가 볼 수 있는 중요한 신앙의 원리가 있다. 라합은 신앙을 고백하고 구원의 약속을 받은 순간부터 창문에 붉은 줄을 내렸다. 이때부터 구원이 시작된 것이다. 그리고 그 구원은 여리고성이 함락될 때 완성되었다. 창문에 붉은 줄을 내린 라합은 전쟁의 소식을 두려워하지 않았다. 붉은 줄을 보면서 구원을 얻을 때를 기다렸다. 전쟁과 심판의 소식이 라합에게는 구원의 소식이었다.

우리의 구원은 예수님을 구주와 주님으로 고백할 때 이루어진다. 그리고 예수님이 재림하시는 그날 그 구원은 완성된다. 이 두 사이를 살아가는 것이 바로 우리 인생이다.

라합이 창문에 내린 붉은 줄은 '티크와트(תקוה)'라는 단어를 사용했다. 티크와트에는 '소망, 희망'이라는 뜻이 담겨 있다. 라합은 구원의 소망을 가지고 창문에 붉은 줄을 매달았다는 말이다.

믿음은 소망이다. 소망을 가지고 예수님을 바라보는 것이다. 우리의 모든 문제를 해결하시고, 구원하실 예수님을 향한 소망이다. 이 소망은 우리를 부끄럽게 하지 않는다.

"소망이 우리를 부끄럽게 하지 아니함은 우리에게 주신 성령으로 말미암아 하나님의 사랑이 우리 마음에 부은 바 됨이니" (롬 5:5)

그러나 수많은 사람이 믿음 생활을 의무로 한다. 예배와 말씀, 기도 생활은 신앙인으로서 감당해야 하는 의무일 뿐이다. 하나님이 주신 쉽고 가벼운 멍에를 무거운 짐으로 바꾸어 버렸다. 신앙생활에 기쁨을 찾지 못하고 세상에서 기쁨을 찾는다. 하나님을 섬기는 것을 짐으로 생각하고 바알을 섬기는 것에 기쁨을 찾은 것이다. 그래서 하나님이 주시는 약속의 땅, 축복의 땅에서 실패하고 쫓겨났다.

하나님이 소망이시다. 그분을 소망으로 삼으라. 의무로만 신앙생활을 하는 것이 아니라 소망으로 하라. 쉽고 빠른 방법이 아니라 하나님이 말씀하시는 방법으로 살라. 모르겠는가? 하나님께 물으라. 하나님께 나아오라. 하나님을, 소망의 하나님을 경험하게 될 것이다.

5. 막힘과 인도
여호수아 2장 22절~3장 17절

빼앗기지 않는 자신감

사람들에게 자신감은 굉장히 중요하다. 자신감이 충만하면 평소보다 몇 배나 더 잘할 수 있다. 우리에게 자신감을 심어주는 요소들은 예상외로 많이 있다. 칭찬, 인정, 내 편인 사람들, 재력, 좋은 환경, 내 건강, 외모, 말주변, 지식 등 이런 것들이 우리에게 엄청난 자신감을 준다. 그런데 동시에 이런 자신감은 상황이 바뀌면 언제든지 빼앗길 수도 있다.

우리에게는 빼앗기지 않는 자신감이 필요하다. 빼앗기지 않는 자신감은 어디서부터 오는 것인가? 하나님으로부터 온다. 그런데 하나님으로부터 오는 자신감은 순종했을 때 알 수 있다.

여호수아는 요단강을 건너서 가나안 땅을 점령할 것이라는 하나님의 약속의 말씀을 믿고 정탐꾼을 보냈다. 24절에 나온 정탐꾼들의 보고를 보자.

"또 여호수아에게 이르되 진실로 여호와께서 그 온 땅을 우리 손에 주셨으므로 그 땅의 모든 주민이 우리 앞에서 간담이 녹더이다 하더라"

정탐꾼들의 말을 통해서 하나님의 일하심이 확인되었다. 우리가 가장 힘이 날 때가 바로 이런 때이다. 하나님의 약속이 현실로 확인될 때다. 이때 주어지는 자신감은 그 어떤 것과도 비교할 수 없는 자신감이다.

요단강을 건널 수 있다는 확신을 가지고 여호수아는 이스라엘 백성들을 이끌고 이른 아침 출발했다. 그런데 예기치 않은 상황을 마주했다. 3장 1절을 보자.

"또 여호수아가 아침에 일찍이 일어나서 그와 모든 이스라엘 자손들과
더불어 싯딤에서 떠나 요단에 이르러 건너가기 전에 거기서 유숙하니라"

요단강을 건너기 위해서 아침 일찍 출발했건만 요단강을 건너지 못하고 그 앞에서 텐트를 치고 잠을 잤다. 요단강을 건너지 못한 이유가 15절에 나온다.

"요단이 곡식 거두는 시기에는 항상 언덕에 넘치더라 궤를 멘 자들이
요단에 이르며 궤를 멘 제사장들의 발이 물 가에 잠기자"

건기에는 요단강의 강 너비가 30미터도 채 되지 않고 수심도 그리 깊지 않은 강이다. 그런데 우기가 되면 갑자기 돌변한다. 봄이 되면서 헬몬산과 레바논의 만년설이 녹아내리고 거기에다 장맛비가 쏟아진

다. 이 물들이 수심이 낮은 요단강으로 모여들어 사해 바다로 흘러간다. 따라서 강둑이 물에 잠기고 강 너비가 최고 1.6킬로까지 확장되기도 하고 물살이 무려 시속 16킬로에 달하는 급류를 형성하기도 한다.

이스라엘 백성들이 요단강에 도착한 때가 곡식 거두는 시기라고 했다(15절). 밀과 보리를 추수하는 시기이다. 이스라엘은 10월부터 3월까지가 우기인데 특히 파종기인 10월과 추수기 바로 전인 3월에는 비가 많이 내린다. 이것을 성경에서는 '이른 비와 늦은 비'라고 표현한다. 이스라엘 백성들은 늦은 비가 내린 직후에 요단강에 도착했기 때문에 강의 수심과 넓이 그리고 급류가 최고조에 달한 때에 도착하게 된 것이다. 여호수아는 넘실거리는 요단강 물 앞에서 기가 질려서 건널 생각을 하지 못하고 백성들에게 텐트를 치라고 명령했다. 2절에 보면 그 후에 또 사흘이 지났다고 이야기한다. 요단강에 막혀서 3일 동안 건너지 못하고 머물러 있었다는 말이다.

여기서 우리는 여호수아가 이 전에 한 말을 되짚어 볼 필요가 있다.

"이에 여호수아가 그 백성의 관리들에게 명령하여 이르되 진중에 두루 다니며 그 백성에게 명령하여 이르기를 양식을 준비하라 사흘 안에 너희가 이 요단을 건너 너희의 하나님 여호와께서 너희에게 주사 차지하게 하시는 땅을 차지하기 위하여 들어갈 것임이니라 하라"(수 1:10-11)

막힐 때 도우심을 구하라

여호수아는 하나님이 하신 약속을 믿고 자신감을 얻어서 3일 안에 요단강을 건너서 가나안 땅으로 들어갈 것이라고 백성들에게 공개적으로 선언했다.

그런데 약속한 3일 안에 요단강을 건너지 못했다. 두 명의 정탐꾼을 보냈는데 그 정탐꾼이 추격하는 적들을 피한다고 산에서 3일을 숨어 있었기 때문에 약속한 3일은 이미 다 지나갔다(수 2:22). 3일이 지난 다음 아침 일찍 출발했는데 이번에는 요단강 앞에서 막혀버렸다. 그리고 또 3일이 흘렀다.

우리의 인생에서도 이런 상황은 심심찮게 만나게 된다. 이런 상황을 만날 때 어떻게 해야 할까? 계획했던 일들이 막히고, 확신을 가지고 한 일들이 잘 안 풀릴 때 어떻게 해야 하는가? 여호수아의 모습을 한번 보자. 하나님이 확신을 주셔서 말하고 계획한 일이 막혔다고 좌절하거나 절망하지 않았다. 2절과 3절을 보자.

"사흘 후에 관리들이 진중으로 두루 다니며 백성에게 명령하여 이르되
너희는 레위 사람 제사장들이 너희 하나님 여호와의 언약궤 메는 것을
보거든 너희가 있는 곳을 떠나 그 뒤를 따르라"

요단강 때문에 가로막힌 여호수아는 3일 뒤에 요단강을 건너는 구체적인 방법과 지시를 내린다. 제사장들이 언약궤를 메고 요단강으로 들어가면 그 뒤를 따르라는 것이다. 그럼 요단강 앞에서 막힌 3일 동안 여호수아는 과연 무엇을 했던가. 그는 하나님께 나아가 하나님의 도우심을 구했다.

여호수아가 요단강이 막힌 상황에서 좌절하지 않고 하나님께 기도할 수 있었던 이유가 무엇인가? 하나님은 여호수아에게 약속의 말씀을 주셨다. 그리고 여호수아는 정탐꾼을 통해서 여리고성에서도 하나님이 일하고 계신다는 사실을 확인했다. 그러나 현재로서는 하나님께서 반드시 건너게 하실 것이라는 확신만 있을 뿐 구체적인 방법이 없었다. 그러나 포기하지 말라. 하나님께 구체적인 방법을 물어봐야 한다.

자신감의 근거는 하나님

여기서 명심해야 할 것은 우리의 자신감의 근거가 하나님으로부터 나와야 한다는 것이다. 모든 일에 하나님의 약속의 말씀이 우리의 확신의 근거가 되어야 한다. 자기 확신을 가지고 요단강을 건너려고 했다면 포기하게 된다. 요단강을 보면 볼수록 못 건널 이유만 생각이 난다. '하나님이 요단강을 통해서 우리 길을 막으시니까 건너지 않는 것이 하나님의 뜻이다'라고 어처구니없는 해석까지 붙이게 될 것이다. 실제로 삶 속에서 이런 일들이 너무 많이 일어난다. 그래서 모든 일을 시작하기 전에 기도하면서 하나님께 먼저 물어야 한다. 하나님이 주신 약속과 확신을 가지고 시작해야 한다.

여호수아가 하나님께 기도하니까 요단강을 건널 구체적인 방법을 말씀해 주셨다. 첫 번째는 이스라엘 백성들에게 주신 명령이다. 3~5절까지를 보자.

"백성에게 명령하여 이르되 너희는 레위 사람 제사장들이 너희 하나님 여호와의 언약궤 메는 것을 보거든 너희가 있는 곳을 떠나 그 뒤를 따르라 그러나 너희와 그 사이 거리가 이천 규빗쯤 되게 하고 그것에 가까이 하지는 말라 그리하면 너희가 행할 길을 알리니 너희가 이전에 이 길을 지나보지 못하였음이니라 하니라 여호수아가 또 백성에게 이르되 너희는 자신을 성결하게 하라 여호와께서 내일 너희 가운데에 기이한 일들을 행하시리라"

"내일 아침이 되면 제사장들이 언약궤를 메고 요단강으로 들어갈 것이다. 그때 너희도 그 뒤를 따라서 요단강으로 들어가라. 법궤를 멘 제사장들 따라갈 때 이천 규빗 정도의 거리를 두고 따라가라." 한 규빗은 팔꿈치에서 손가락 끝까지 길이를 말한다. 약 45센티가 된다. 그런데 계산하기 편하게 50센티 정도로 보는 경우들이 많다. 그럼 이천 규빗은 약 1킬로가 된다.

이천 규빗은 하나님이 이스라엘 백성들을 인도하는 방식을 보여주는 것이다. 하나님은 앞서가는 분이시다. 길을 내시는 분이시다. 뒤처져서 우리를 위험 속으로 몰아넣는 분이 아니시다. 힘든 길도 막힌 길도 앞서가시면서 광야에 길을, 사막에 강을 내신다(사 43:19). 사망의 음침한 골짜기를 지날 때도 해를 당하지 않도록 보호하신다(시 23:4). 물 가운데로 지날 때도 물이 침몰치 못하게 하시고, 불 가운데로 지날 때도 불꽃이 사르지 못하게 하신다(사 43:2). 하나님의 인도를 따라가면 안전하고, 막힌 길이 열린다는 말이다.

그리고 또 이천 규빗은 하나님과 우리와의 관계의 거리이기도 하다. 하나님은 모든 만물을 창조하시고 다스리시는 크고 두려운 하나님이시다. 동시에 우리를 위해서 아들을 죽기까지 내놓으신 사랑의 하나님이시다. 이런 하나님을 섬길 때 사랑과 존중의 거리를 유지해야 한다. 너무 가까우면 무례하게 되고 또 멀면 관계가 끊어진다. 엘리 제사장은 제사장으로서 하나님과 가장 가까이 있다가 하나님께 무례한 제사장이 되었다. 사울왕은 하나님으로부터 멀어져 버렸다.

"나를 존중히 여기는 자를 내가 존중히 여기고 나를 멸시하는 자를 내가 경멸하리라" (삼상 2:30b)

하나님을 사랑하고 존중히 여기는 사무엘을 하나님도 존중히 여겨주셔서 사무엘의 말이 한마디도 땅에 떨어지지 않도록 지켜주셨다.

요단강을 건너려는 이스라엘 백성들이 하나님의 인도를 받기 위해서는 준비해야 한다. 5절을 보자.

"여호수아가 또 백성에게 이르되 너희는 자신을 성결하게 하라 여호와께서 내일 너희 가운데에 기이한 일들을 행하시리라"

성결하게 하라는 것은 깨끗하고 거룩하게 하라는 것이다. 성결을 도덕적이고, 성적으로 깨끗한 몸의 성결로만 생각하는 경우들이 많다. 그런데 몸의 성결만큼이나 중요한 것이 마음의 성결, 생각의 성결이다. 마음의 성결, 생각의 성결은 하나님의 뜻을 따르는 순전함을 의미한다. 이스라엘 백성들이 가나안을 눈앞에 두고 들어가지 못한 이유이

기도 하다.

두 번째는 제사장들에게 주신 명령이다. 6절을 보자.

"여호수아가 또 제사장들에게 말하여 이르되 언약궤를 메고 백성에 앞
서 건너라 하매 곧 언약궤를 메고 백성에 앞서 나아가니라"

제사장들에게는 하나님의 법궤를 메고 백성 앞에 서서 요단강을 건
너는 것을 주문했다. 그런데 강이 갈라진 후에 들어가는 것이 아니다.
요단강 물이 흘러내릴 때 그 물속으로 들어가는 것이다. 15절에 보면
요단강 물은 제사장들의 발이 요단강 물에 잠기고 난 뒤에 갈라졌다.

하나님은 영적인 지도자들에게 백성들의 선봉에 서기를 명령하셨
다. 하나님의 약속을 믿고 믿음의 발걸음을 가장 먼저 내디뎌야 하는
사람들이 영적인 지도자들이다. 오늘날의 상황에서 말하자면 직분자
들은 성도들의 영적인 선봉에 서야 한다. 예배의 자리에, 기도의 자리
에, 섬김의 자리에 가장 선봉에 서야 할 사람들이 직분자들이다. 장로
님, 권사님, 집사님, 운영위원, 가지장(소그룹 리더 또는 구역장), 각 부서 임
원들 모두 선봉에 서야 할 사람들이다. 하나님이 주신 직분은 바로 이
것을 위한 것이다.

세 번째는 여호수아에게 말씀하셨다. 7절을 보자.

"여호와께서 여호수아에게 이르시되 내가 오늘부터 시작하여 너를 온
이스라엘의 목전에서 크게 하여 내가 모세와 함께 있었던 것 같이 너와
함께 있는 것을 그들이 알게 하리라"

믿음의 걸음을 내디뎌라

하나님이 여호수아에게 요단강 도하를 통해서 하나님의 능력을 보여주고, 너의 영적인 지도력과 권위를 세우시겠다고 말씀하셨다. 요단강 앞에서 제일 두려운 사람이 과연 누구인가? 여호수아이다. 물도 그치지 않은 요단 강물 앞에 서 있는 이스라엘 백성들에게 내일 하나님이 요단강을 건너게 하실 것이라고 선포하는 것이 얼마나 어려운 일인가? 제사장들에게 법궤를 메고 물이 철철 흘러넘치는 요단강 안으로 들어가라고 명령하는 것이 얼마나 두려운 일인가?

하나님이 여호수아에게 말씀하시는 것은 이런 것이다. 나를 믿고 두려움을 뚫고, 믿음의 결단을 하라! 믿음의 선포를 하고, 믿음의 발걸음을 내디뎌라! 여호수아가 하나님의 명령에 순종할 때 하나님은 약속대로 요단강을 가르셨다. 17절을 보자.

"여호와의 언약궤를 멘 제사장들은 요단 가운데 마른 땅에 굳게 섰고 그 모든 백성이 요단을 건너기를 마칠 때까지 모든 이스라엘은 그 마른 땅으로 건너갔더라"

우리 삶에 한 번 적용해 보자. 예수님은 십자가에서 우리의 모든 문제를 해결하셨다. 사탄의 권세를 이기시고, 또 우리에게 사탄의 권세를 이길 예수님의 이름의 권세를 주셨다. 하나님과 막힌 담을 허무시고, 예수님의 이름을 주셔서 언제든지 하나님께 나아갈 수 있게 하셨다. 하나님의 약속의 말씀을 우리에게 주셨다.

그럼 우리는 문제를 만나면 무엇을 해야 하는가? 우리에게 주어진 복음의 능력을 사용해야 한다. 문제 앞에서 두려워 떨고, 좌절하고, 불평하는 것이 아니라 복음으로 우리의 시각을 바꾸어야 한다. 예수님이 십자가에서 그 문제를 해결하셨다고 믿고 그 문제를 봐야 한다. 이 시각으로 보면 우리가 겪는 문제는 해결될 수 있고, 해결된 문제다. 우리가 아직 그 방법을 찾지 못했을 뿐이다.

그럼 뭘 해야 하는가? 문제를 이미 해결하신 예수님께 물어야 한다. 그리고 하나님이 주시는 방법을 들어야 한다. 길이 가로막혔으면 무조건 길을 열어달라고 기도하지 말고 왜 가로막혔는지 물어야 한다. 문제를 해결할 방법과 지혜를 달라고 기도해야 한다. 내가 원하는 방식이 아니라 하나님의 방식을 알려달라고 기도해야 한다.

두려운 마음이 들고 안 된다는 절망감이 들면 왜 그 마음이 드는지 확인해야 한다. 하나님이 주시는 것이지 사탄이 주는 것인지 기도하면서 확인해야 한다. 그리고 사탄이 주는 것이라면 예수님의 이름의 권세로 물리치고 그 생각을 내 속에서 몰아내야 한다. 그리고 하나님께 두려움을 이길 수 있는 새 마음과 새 영을 부어 달라고 기도해야 한다.

복음의 눈으로 보면 문제는 모두 다 하나님을 만날 통로가 된다. 그러니 문제를 하나님을 만나는 기회로 삼아라. 예수님의 이름의 권세를 가지고 사탄의 권세를 꺾어라. 문제 앞에 내 마음대로 결론 내고 포기하지 말고, 하나님의 대답을 들을 때까지 묻고 기다려보라. 하나님은 반드시 말씀하신다.

기도의 자리에 나와서 그 문제를 가지고 하나님의 인도를 받고 싶다고 기도해 보라. 하나님의 응답을 기다리는 마음으로 말씀을 펴서 읽어보라. 기도하고 주일 말씀을 기다려 보라. 하나님은 반드시 말씀하신다. 그리고 잘 못 들으면 목회자에게 도움을 요청하라. 문제와 막힘 앞에서 하나님은 반드시 피할 길을 여시고 해결책을 들려주신다.

2 부

걸어갈 때 길이 열린다

요단강[Jordan river] | '아래로 흐르는 것' '빨리 흘러 내리는 시내' '단(Dan)에서 흐른다'는 뜻.
레바논 북쪽 헤르몬 산(약 2,769m)에서 발원하여 훌레 호수(너비 약 3.2km, 길이 약 4.8km)로
흘러들었다가, 다시 16km 정도를 흘러 갈릴리 호수로 접어들고, 갈릴리 호수를 거쳐 팔레스타
인을 종단하여 최종 종착지인 사해로 흘러 들어간다. 강의 전장(全長)은 약 130km이지만 구불
구불한 굴곡을 모두 측정하면 약 320km가 넘는다.

1. 고백할 내용이 있는 인생

여호수아 4장 1~24절

하나님 때문에 벅찬 감격을 느껴본 때가 언제인가? 믿음으로 승리의 희열을 맛본 때가 언제인가? 끓어오르는 감정을 주체할 수 없어 눈물을 흘려본 적이 언제인가? 소년 다윗은 완전 무장한 골리앗이 자기 앞에서 쓰러지던 순간을 평생 잊을 수 없었을 것이다. 다윗은 골리앗 앞에 서는 것이 두려웠겠지만, '전쟁은 칼과 창에 달려 있지 않고 하나님께 속한 것이다'라고 믿음의 고백을 내뱉었다. 하나님의 약속을 굳게 믿고 물맷돌을 던졌을 때 거인 골리앗이 자기 눈앞에서 쿵 하고 땅에 처박혔다. 다윗은 이 경험 이후 더 이상 소년이 아니었다. 믿음의 거장으로 훌쩍 컸다.

이스라엘 백성들이 요단강을 건널 때의 느낀 감격이 이런 종류의 것이었다. 출애굽 2세대인 사람들은 홍해를 건너본 경험이 없는 사람들이다. 그런데 요단강이 갈라지는 것을 자기 눈으로 보고, 자기 발로 건넜을 때 백성들의 가슴 속에 꿈틀거리고 올라오는 뜨거운 감정이 있었다. '하나님과 함께라면 어떤 일도 할 수 있다.'

오늘 말씀에 보면 하나님이 요단강을 건너는 시기를 조율하셨다는

74

것을 알게 된다. 걷기 때라면 요단강의 넓이가 30미터정도 밖에 되지 않아서 쉽게 건널 수 있다. 그런데 이스라엘 백성들이 건넜을 때는 일 년 중 강물이 가장 많이 불어난 우기 때이다. 강 너비가 1.6킬로, 물의 시속이 16킬로, 그리고 수심이 최고조에 달했을 때이다. 하나님께서 는 일부러 우기에 강을 건너게 하셨다.

그 이유는 23절에서 유추해 볼 수 있다.

> "너희의 하나님 여호와께서 요단 물을 너희 앞에서 마르게 하사 너희를 건너게 하신 것이 너희의 하나님 여호와께서 우리 앞에 홍해를 말리시 고 우리를 건너게 하심과 같았나니"

요단강을 건너는 현 시점을 40년 전에 홍해를 건넌 사건과 비교하 고 있다. 이 두 사건에는 공통점이 있다. 하나님이 일부러 어려운 상황 으로 몰아넣으셨다는 것이다. 출애굽할 때 하나님은 이스라엘 백성들 이 가던 길을 되돌아와서 홍해로 막혀 있는 길로 들어가게 하셨다.

> "이스라엘 자손에게 명령하여 돌이켜 바다와 믹돌 사이의 비하히롯 앞 곧 바알스본 맞은편 바닷가에 장막을 치게 하라 바로가 이스라엘 자손 에 대하여 말하기를 그들이 그 땅에서 멀리 떠나 광야에 갇힌 바 되었 다 하리라" (출 14:2-3)

"돌이켜"는 가던 길을 되돌아간다는 말이다. 무슨 말이냐 하면 가나 안 땅으로 가기 위해서 굳이 홍해를 건너지 않아도 되었다는 것이다.

그러나 하나님이 홍해 길로 가게 하셔서 바로로 하여금 추격할 수 있는 빌미를 준 것이다. 요단강은 건기에 건너면 쉬운데 일부러 일년 중 가장 물이 많이 불어났을 때 건너게 하셨다.

그렇다면 하나님은 왜 굳이 그렇게 하셨을까? 24절을 보자.

"이는 땅의 모든 백성에게 여호와의 손이 강하신 것을 알게 하며 너희가 너희의 하나님 여호와를 항상 경외하게 하려 하심이라 하라"

위기는 하나님의 선물이다

이 두 사건을 통해서 "여호와의 손이 강한 것을 알게 하고, 너희가 여호와 하나님을 항상 경외하게"하기 위함이다. 다른 말로 하면 하나님이 얼마나 강한지를 보여주시고, 어떤 상황에서든지 하나님을 믿고 의지하게 하기 위함이다. 홍해를 마른 땅으로 밟고 가게 하신 사건을 통해서 광야 40년의 어려움을 지나갈 준비를 시키셨듯이 요단강을 마르게 하신 사건을 통해서 강한 적들이 버티고 있는 가나안 땅을 정복할 준비를 시키신 것이다.

우리의 인생의 위기는 다른 시선으로 보면 하나님이 놓아두신 선물이다. 위기를 믿음으로 극복할 때 하나님의 강한 손을 경험하게 된다. 위기를 극복하게 하시는 하나님을 경험함으로 앞으로 일어나는 모든 문제를 하나님을 의지하고 이기도록 하신다. 그래서 우리는 위기를 만날 때 피하고 도망가는 것이 아니라 하나님의 약속을 믿고 기도하면서 돌파해야 한다.

지금부터 우리는 이스라엘 백성들이 어떤 과정을 통해서 요단강을 건넜는지 살펴보면서 그 감격을 함께 느껴보자. 넘실거리는 요단강에 막혀 3일 동안 치열하게 기도하고 난 뒤, 여호수아는 백성들에게 요단강을 건너라는 명령을 내렸다. 명령에 따라 요단강을 건너는 순서를 정하고 대열을 정비했다. 제일 앞에 하나님의 언약궤를 멘 제사장들이 가고 그 뒤를 무장한 군사들이 따랐다. 그다음으로 각 지파별로 뒤따라 건너게 했다.

여기에서 우리가 눈여겨보아야 할 것이 있다. 바로 하나님의 언약궤를 메고 가는 사람이다. 평소라면 고핫 자손들이 언약궤를 메고 간다(민 4:15). 그런데 이번엔 제사장들에게 그 언약궤를 메라고 한 것이다. 제사장이 언약궤를 멘다는 것은 전쟁을 치를 때 등 매우 특별한 때임을 의미한다.

요단강을 건너는 장면은 홍해를 건너는 장면과 상당한 차이가 있다. 홍해를 건널 때는 이미 홍해가 갈라진 뒤에 물로 들어갔다. 갑자기 들이닥친 이집트의 군대 때문에 혼이 싹 빠져서 생각할 겨를도 없이 살기 위해서 뛰어들었다. 정신을 차려보니 홍해를 건넜고, 이집트 병사는 다 죽어 있었다.

그러나 지금의 이스라엘 백성들은 갈라진 요단강으로 들어가는 것이 아니다. 시속 16킬로의 급물살이 흐르는 요단강으로 들어가는 것이다. 강에 발을 잘못 담갔다가는 물살에 휩쓸려서 죽을 수도 있다.

"요단이 곡식 거두는 시기에는 항상 언덕에 넘치더라 궤를 멘 자들이 요단에 이르며 궤를 멘 제사장들의 발이 물 가에 잠기자 곧 위에서부터

홀러내리던 물이 그처서 사르단에 가까운 매우 멀리 있는 아담 성읍 변
두리에 일어나 한 곳에 쌓이고 아라바의 바다 염해로 향하여 흘러가는
물은 온전히 끊어지매 백성이 여리고 앞으로 바로 건널새"(수 3:15-16)

언약궤를 멘 제사장들은 강물의 위험을 그대로 안고 물에 발을 내
디뎠다. 제사장들의 발이 요단강 물에 잠기자 물이 그치기 시작했다.
하나님이 요단강 물을 가르실 때 바람을 사용했을 것이다. 바람에 밀
려서 올라간 그 물은 강 상류 쪽에 쌓여서 거대한 물 벽을 형성하고
있었다. 언제 다시 흐를지 모르는 거대한 물벽이다. 이런 상황에서 법
궤를 멘 제사장들에게 또 하나의 명령이 내려졌다.

"여호와의 언약궤를 멘 제사장들은 요단 가운데 마른 땅에 굳게 섰고
그 모든 백성이 요단을 건너기를 마칠 때까지 모든 이스라엘은 그 마른
땅으로 건너갔더라"(수 3:17)

강 한가운데 머물러 서서 이스라엘 백성들이 다 건널 때까지 한 발
짝도 움직이지 않는 것이다. 언제 덮칠지도 모르는 거대한 물벽을 등
지고 서서 백성들이 안전하게 건널 때까지 굳게 지키고 있었다.

이처럼 말씀에 순종한다는 것은 편안하고 쉬운 것이 아니다. 위험
을 무릅써야 하고 때로는 사방이 막힌 것 같은 두려움 앞에 놓여 있을
수도 있다. 돈 문제를 하나님 앞에 맡겼다는 것은 시시각각 다가오는
재정적인 압박을 기도하면서 이겨가는 것이다. 힘든 상황 속에서도 하
나님의 도우심을 믿고 견디는 것이다.

제사장들은 하나님의 약속의 말씀에 의지해서 흐르는 강에 발을 내디뎠고, 하나님을 붙들고 강 한가운데에 서 있다. 제사장들이 법궤를 메고 요단강 가운데 굳게 섰다는 것은 하나님의 약속의 말씀을 붙들고 문제의 중심에 굳게 서 있다는 의미이다(수 3:17). 하나님은 제사장들이 언약궤를 메고 강 중앙에 서 있는 동안 물이 덮치지 못하게 지켜 주셨다. 우리가 하나님의 말씀 안에 굳게 서 있는 한 하나님이 우리의 울타리가 되어 주신다.

요단강을 다 건넌 후에 여호수아는 이스라엘 백성들에게 또 하나의 명령을 내렸다. 4절과 5절을 보자.

> "여호수아가 이스라엘 자손 중에서 각 지파에 한 사람씩 준비한 그 열두 사람을 불러 그들에게 이르되 요단 가운데로 들어가 너희 하나님 여호와의 궤 앞으로 가서 이스라엘 자손들의 지파 수대로 각기 돌 한 개씩 가져다가 어깨에 메라"

하나님과 함께한 이야기를 만들라

각 지파에서 한 사람씩 열두 명을 뽑은 후 제사장들이 서 있는 강 가운데로 다시 들어가서 돌을 하나씩 가져오게 했다. 그리고 그 돌을 쌓아서 기념비를 만들게 했다.

12명이 돌을 가지러 다시 강 가운데로 들어가는 것은 긴장되는 일이다. 백성들은 자기 지파의 대표들이 돌을 가지러 다시 들어가는 모습을 긴장감을 가지고 지켜보고 있었을 것이다. 이스라엘 백성들은 이를 통해 하나님께서 요단강을 건너게 하셨다는 것을 다시 한번 각인시킬 수 있었다. 하나님은 이 돌들을 길갈에 쌓아서 기념비로 만들게 하셨다. 20~22절을 보자.

"여호수아가 요단에서 가져온 그 열두 돌을 길갈에 세우고 이스라엘 자손들에게 말하여 이르되 후일에 너희의 자손들이 그들의 아버지에게 묻기를 이 돌들은 무슨 뜻이니이까 하거든 너희는 너희의 자손들에게 알게 하여 이르기를 이스라엘이 마른 땅을 밟고 이 요단을 건넜음이라"

하나님이 이 돌무더기를 요단강 둑에 세운 것이 아니라 길갈에 세우게 하셨다. 그 이유는 첫째, 이스라엘 백성들을 위한 것이다. 길갈은 베이스캠프로서 가나안 정복 전쟁을 하러 나갔다가 다시 돌아오는 곳이었다. 가나안 땅 정복 전쟁이 다 끝날 때까지 길갈이 영적, 군사적인 중심지였다. 이스라엘 백성들이 돌무더기를 볼 때마다 요단강을 건너게 하신 하나님을 다시 상기하며 흔들렸던 믿음을 다시 회복하고 바로잡았다.

둘째, 자녀들을 위한 것이다. 강에서 가지고 온 돌들은 땅에 있는 것들과 다르다. 땅에 있는 돌들은 표면이 거칠지만 물속에서 가져온 돌은 물살에 깎여서 표면이 반질반질하다. 단번에 눈에 띄게 되어 있다. 자녀들이 왜 특이한 돌무더기가 저기 있느냐고 물을 때 요단강을 건너게 하신 하나님의 역사를 이야기해주라는 것이다. 자녀들에게 하나님이 하신 일을 이야기하다 보면 자기 속에 그 열정과 감격이 다시 살아나게 된다.

우리가 믿음으로 산다는 것은 하나님과 우리 사이에 할 이야기가 많다는 것이다. 하나님과 겪어온 사건이 많고, 하나님이 도우신 이야기, 하나님 붙들고 승리한 이야기가 많은 것이다.

여러분에게는 하나님과 함께 나눌 요단강 도하의 이야기가 있는가? 어려운 문제 앞에서 하나님을 믿고 도전한 믿음의 고백이 있는가? 하나님의 약속을 믿고 눈물로 기도한 이야기가 있는가? 하나님의 능력을 경험한 이야기가 있는가?

자녀들에게는 어떠한가? 나의 믿음의 여정을 말해 줄 수 있는가? 내가 믿음으로 살지 않으면 자녀들에게 이야기해 줄 말도 없게 된다. 핑계와 변명으로 얼룩진 인생이 아니라 하나님과 함께 어려움을 극복한 풍성한 이야기를 자녀들에게 남기는 인생을 살라.

2. 전쟁보다 더 중요한 것
여호수아 5장 1~12절

모든 일에는 타이밍이라는 것이 있다. 적절한 타이밍을 맞추지 못하면 성공할 수 있는 일도 실패로 끝난다. 전쟁에서 지휘관이 타이밍을 한번 잘못 선택하면 자기뿐만 아니라 자기를 따르는 수많은 사람들을 죽음 속으로 몰아넣을 수 있다. 그래서 유능한 지휘관은 싸워야 할 때와 물러나야 할 때를 잘 아는 사람이다.

그럼 요단강을 건넌 이스라엘 백성들이 여리고성을 공격해야 할 가장 좋은 타이밍은 언제인가? 바로 지금이다. 1절을 보자.

"요단 서쪽의 아모리 사람의 모든 왕들과 해변의 가나안 사람의 모든
왕들이 여호와께서 요단 물을 이스라엘 자손들 앞에서 말리시고 우리
를 건너게 하셨음을 듣고 마음이 녹았고 이스라엘 자손들 때문에 정신
을 잃었더라"

이스라엘 백성들이 요단강을 건넌 것을 보고는 가나안의 적들은 두려움과 충격을 넘어 정신을 놓았다.

여리고성에 있었던 기생 라합의 말에 의하면 가나안 족속들은 이스

라엘 백성들의 움직임을 관찰하고 있었다(수 2:10). 이스라엘이 요단강 동쪽에 있던 아모리 족속의 헤스본 왕 시혼, 바산왕 옥이 정복당하는 것을 보고 큰 충격을 받았다. 그렇지만 불어날 대로 불어 난 요단강은 건너오지 못할 것이라고 생각했다. 그런데 하나님이 요단강 물을 멈추시고 이스라엘을 건너게 하는 모습을 보고는 싸울 의지는커녕 넋을 잃어버렸다.

요단강 도하로 이스라엘 백성들의 사기는 최고조에 달했고, 적들의 사기는 바닥을 치고 있었다. 전쟁 지휘관인 여호수아가 적들을 공격할 타이밍을 잡아야 한다면 이보다 더 좋은 타이밍은 없다. 놓치면 또 어떤 일이 생길지 모른다.

요단강을 건넌 여호수아는 백성들을 이끌고 길갈로 가서 진을 치고 가나안 땅을 정복할 베이스 캠프를 차렸다. 1차 공격 목표는 3~4킬로 밖에 있는 여리고성이었다. 3~4킬로 정도면 이미 전쟁의 사정거리 안이며, 전쟁이 시작된 것이다. 언제 들이닥칠지 모르는 적에 대비해서 각 길목마다 군대가 배치되고 작전 준비가 한창이었다.

여호수아는 이런 절호의 기회를 놓치지 않으려고 하나님의 공격 명령만 떨어지기를 기다리고 있었다. 그때 하나님이 여호수아에게 내린 명령이 2절이다.

"그 때에 여호와께서 여호수아에게 이르시되 너는 부싯돌로 칼을 만들어 이스라엘 자손들에게 다시 할례를 행하라 하시매"

우리와 다른 하나님의 타이밍

여호수아에게 내리신 하나님의 명령은 공격 명령이 아니라 할례 명령이었다. 할례는 남자들의 생식기 끝을 자르는 현재의 포경 수술을 말한다. 당시엔 돌칼을 이용하여 할례를 했으니 회복되려면 일주일은 족히 걸려야 한다. 그리고 그 고통은 이루 말할 수 없다. 다시 말하면 일주일 동안 전쟁을 할 수 없는 상태가 되는 것이다. 적과 대치하고 전쟁을 코앞에 둔 군사들에게 할례를 행한다는 것은 스스로 무장해제하고 자살하는 것과 다름이 없다.

하나님은 도대체 왜 공격 명령을 내려야 할 타이밍에 할례 명령을 내리신 것일까? 4절과 5절을 보자.

"여호수아가 할례를 시행한 까닭은 이것이니 애굽에서 나온 모든 백성 중 남자 곧 모든 군사는 애굽에서 나온 후 광야 길에서 죽었는데 그 나온 백성은 다 할례를 받았으나 다만 애굽에서 나온 후 광야 길에서 난 자는 할례를 받지 못하였음이라"

원래 이스라엘 백성들은 태어난 지 8일 만에 할례를 받게 되어 있다. 그래서 이집트에서 출발할 때 모든 이스라엘 백성들이 유월절을 지키고 할례를 받았다. 그런데 출애굽한 1세대들은 하나님을 대적하고 불순종해서 가나안 땅에 들어오지 못하고 광야에서 다 죽었다.

요단강을 건너온 이스라엘 백성들은 모두 다 광야에서 태어난 출애굽 2세대들이다. 광야에서는 할례를 행하지 않았으므로 이곳에 모인

이스라엘 백성들은 모두 할례를 받지 못했다. 7절을 보자.

> "그들의 대를 잇게 하신 이 자손에게 여호수아가 할례를 행하였으니
> 길에서는 그들에게 할례를 행하지 못하였으므로 할례 없는 자가 되
> 었음이었더라"

할례는 하나님과 피로써 언약을 맺는 것이다. 이스라엘 백성의 입장에서는 하나님의 백성으로 언약을 지키고 살겠다는 선언이고, 하나님의 입장에서는 내 백성이라고 받아들여 주시는 의식이다. 그런데 이들이 할례를 받지 못했기 때문에 할례 없는 자가 되었다.

할례를 받지 못했다는 것을 법적으로 표현하면 하나님의 백성이 아니라는 말이다. 언약 백성이 아니라는 의미이다. 가나안 땅은 누구에게 주어진 땅인가? 하나님의 백성에게 약속된 땅이다. 즉 하나님의 백성이 아니면 들어갈 자격이 없다는 말이다.

이스라엘 백성들이 할례를 행하고 유월절을 마지막으로 지킨 때는 40년 전에 시내산에 있을 때였다. 시내산을 출발한 이스라엘 백성들은 곧 가나안 땅에 들어갈 줄 알았다. 그런데 가데스바네아에서 12명의 정탐꾼을 보내고 난 뒤에 이스라엘 백성들이 하나님을 대적하고 명령을 거부했다. 그때 하나님은 반역한 이스라엘 백성들을 그 자리에서 다 죽이려고 하셨다. 그러나 모세의 간곡한 기도로 목숨을 건질 수 있었다. 하지만 불순종의 결과로 출애굽 1세대들은 가나안 땅에 들어가지 못하고, 광야에서 다 죽게 되는 형벌을 받았다.

이때부터 광야 40년 동안 할례는 시행되지 않았고, 유월절도 지키

지 못했다. 하나님께서 불순종하고, 반역한 이스라엘에게서 가장 중요한 할례와 유월절을 빼앗아 버렸다고 볼 수 있다. 하나님의 백성으로 누릴 권리를 도로 거두셨다는 의미이다. 광야 40년은 이스라엘 백성들에게 형벌의 시간이고, 고통의 시간이었다. 아버지로서 아들을 할례를 시킬 수도 없었고, 아버지로서 유월절 식사를 아들과 함께 나눌 수도 없었다. 이것이 하나님을 거역하고 반역한 대가였다.

용서와 회복이 먼저다

그런데 하나님께서 오늘 무엇을 행하시는가? 할례도 행하고, 유월절도 지키게 하셨다. 40년 만에 행하는 할례와 유월절이었다. 바로 용서의 선언이다. 진정한 내 백성으로 받아 준다는 선언이다. 40년 전에 잃어버렸던 가나안 땅을 차지할 특권을 다시 준다는 선언이다. 나는 너희의 하나님이 되고, 너희는 내 백성이 된다는 선언이다.

할례를 다 행하고 난 뒤에 하나님이 이스라엘 백성들에게 선포하신 내용이 이런 것이다. 8절과 9절을 보자.

"또 그 모든 백성에게 할례 행하기를 마치매 백성이 진중 각 처소에 머물며 낫기를 기다릴 때에 여호와께서 여호수아에게 이르시되 내가 오늘 애굽의 수치를 너희에게서 떠나가게 하였다 하셨으므로 그 곳 이름을 오늘까지 길갈이라 하느니라"

히브리어에 보면 '굴리다 또는 없애다'라는 뜻을 가진 '갈랄(גָּלַל)'이라

86

는 단어가 있다. 길갈이라는 지명은 그 이름을 따서 붙인 것이다. 하나님이 할례를 통해서 이스라엘의 과거의 수치와 모욕, 더러운 죄, 과거의 멍에, 족쇄들을 다 없애버리고 굴려버리셨다는 의미이다. 이 순간은 이스라엘 백성들이 하나님의 백성으로 받아들여지고 새로 태어나는 순간이었다.

하나님의 이런 뜻은 충분히 이해하고도 남는다. 그런데 우리에게 여전히 남아 있는 질문은 타이밍이다. 이왕 할례를 하시려면 모세가 모압 평지에서 마지막 설교할 때 하든지, 요단강 앞에서 건너지 못하고 3일을 기다릴 때 하시면 되는데, 왜 이렇게 중요하고도 위험한 시기에 그런 명령을 내리신 것인가?

그것은 하나님이 보시기에 할례를 행하기에 가장 적절한 타이밍이 바로 이때이기 때문이다. 이스라엘 백성들에게는 지금이 전쟁해야 하는 절호의 타이밍이지만, 하나님에게는 지금이 할례를 행해야 하는 절호의 타이밍인 것이다. 하나님의 뜻을 따라가 보려고 노력해 본 사람, 기도하면서 하나님의 인도를 받으려고 해본 사람이라면 이런 상황을 수도 없이 만나게 된다. 하나님의 뜻을 알기 원하고, 하나님의 인도 받기를 원한다는 것은 하나님이 우리 인생에 왕과 주인이 되어서 우리에게 말씀하시길 원한다는 것이다. 하나님을 우리 인생에 왕과 주인으로 모시는 가장 첫 번째 행동은 자신의 생각과 다른 하나님의 생각을 받아들이는 것이다.

그렇지만 우리에게 가장 힘든 부분이 바로 이 부분이다. 내 생각, 내 뜻, 내 관심, 내 판단을 내려놓기가 너무 힘들다. 말은 하나님을 주인으로 섬긴다고 하면서도 모든 것이 내 관심과 기대와 일치하길 바란다. 하나님의 뜻은 내가 원하는 것을 확정해 주는 것으로 나타나길 바란다. 정확히 알라. 이것은 진짜 하나님이 아니다. 내가 만든 가상의 하나님, 하나님이라는 우상이다.

왜 길갈에서 하나님이 할례를 행하게 했는지 조금 더 면밀하게 그 이유를 살펴보자. 요단강을 건넌다는 것은 과거와의 단절을 의미한다. 그런데 여리고는 가나안 땅으로 들어가는 관문이다. 새로운 시작이다. 길갈에 있는 이스라엘 백성들은 과거로부터의 단절과 새로운 시작점에 서 있는 것이다. 여기서 가장 중요한 것은 과거와의 철저한 단절과 하나님과 함께 새로운 미래를 살아가는 것이다.

하나님께서 할례와 유월절을 통해서 과거와 완전히 단절시켜 주시고, 새로운 신분과 새로운 삶을 허락하셨다. 광야에서는 죄의 형벌 속에서 수치와 상처를 안고 살았다. 그런데 이제는 하나님이 할례를 통해서 수치를 다 굴려버리셨다. 유월절을 지키고 양을 대신 잡아서 죽이면서 이스라엘 백성들의 과거를 다 치워버렸다. 더 이상 과거에 묶여 있지 않도록 말이다.

과거와 단절하라

우리가 그리스도인으로 살아간다는 것도 이런 것이다. 예수님을 나의 구주 나의 하나님으로 영접한 순간, 우리는 하나님의 자녀가 되고 하나님이 우리 과거의 수치, 치욕, 상처, 저주를 다 십자가로 덮고, 버리셨다. 그것은 더 이상 우리의 것이 아니다. 우리는 과거를 가지고 사는 것이 아니라 하나님이 주시는 미래의 영광, 비전, 용기, 희망, 사명을 가지고 사는 것이다. 나는 죽고 그리스도가 내 안에 사심을 고백하는 것이다. 나는 그리스도 안에서 새로운 피조물이 되었다고 고백하는 것이다. 하나님의 자녀의 권세를 가지고 죄와 사탄을 이기고 살겠다고 고백하는 것이다.

전쟁을 코앞에 둔 가장 중요한 타이밍에 이스라엘 백성들에게 굳이 이런 중요한 의식을 치르게 하신 것은 과거의 상처, 과거의 습관, 과거의 족쇄, 과거의 저주 속에 묶여 있으면 가나안 땅을 차지할 수 없기 때문이다. 차지해도 진정한 승리가 아니기 때문이다. 눈에 보이는 가나안 부족보다 더 무서운 것이 눈에 보이지 않은 영적인 적이다. 순종하지 못하게 하고, 믿지 못하게 하고, 하나님의 말씀을 따라가지 못하게 하는 우리 안에 있는 적들이다. 현실의 적들과 싸우기 전에 먼저 우리 안에 있는 적들과 싸워 이겨야 한다.

표면적으로 보면 여호수아는 전쟁을 치를 가장 중요한 타이밍을 빼앗겼다. 그런데 여기서 우리가 놓치지 말아야 할 한 가지 중요한 사실이 있다. 5장 1절에 보면 가나안 족속들이 두려워한 것은 이스라엘 군대가 라는 것이다. 그들이 두려워했던 것은 홍해를 가르고, 광야 40년을 버티게 하고, 요단강 물을 마르게 한 하나님이다. 즉 이스라엘 백성들 뒤에 든든히 버티고 계신 하나님이 두려웠던 것이다.

진정한 강함은 우리에게서 나오는 것이 아니다. 지혜도 우리에게서 나오는 것이 아니다. 우리와 함께 계시는 하나님으로부터 오는 것이다. 무슨 말이냐 하면 내 생각과 내 느낌대로 가게 두어서는 안 된다는 것이다. 하나님의 지혜를 구하고 그분의 인도하심을 따라야 한다는 것이다.

우리에게 가장 적절한 타이밍은 환경이 모두 갖춰졌을 때가 아니다. 내가 능력이 되고 자신감이 충만할 때도 아니다. 나를 지지해 주는 사람이 많을 때, 그때도 아니다. 단지 하나님이 우리와 함께하시는 순간이다. 돌이켜보면 내 인생에서 가장 힘든 순간들은 언제나 하나님을 기억하지 못하고 신뢰하지 못할 때였다. 그런데 내가 하나님을 기억하고 맡기는 순간 문제는 더 이상 나의 문제가 아니었다.

여호수아가 지금부터 치르려고 하는 전쟁이 여호수아가 하는 것이 아니라 하나님이 하시는 것이듯 우리에게 닥쳐오는 문제와 사건은 우리가 싸우는 것이 아니다. 하나님이 이기게 하시는 싸움이다. 이것을 인정하고 하나님께 가까이 갈 때 우리를 도우시는 하나님을 만나게 된다. 전쟁은 우리에게 속한 것이 아니라 하나님께 속했다. 하나님과 함께 싸워 승리를 경험하라.

3. 전쟁과 승리의 비결
여호수아 5장 13절~6장 11절

성경에서 여호수아가 처음으로 등장하는 곳은 이스라엘 백성들이 아말렉과 전쟁을 치를 때다. 아멜렉과의 전쟁은 출애굽 한 이스라엘이 치른 공식적인 첫 전쟁이었다. 이스라엘은 대승을 거두고 승리를 기념하는 제단을 쌓고 그 이름을 여호와 닛시(여호와는 나의 깃발)라고 이름을 붙였다. 우리가 알고 있듯이 모세가 산꼭대기에서 손을 들고 기도했을 때 이긴 전쟁이다. 이때 산 아래 전쟁터에서 전쟁을 지휘했던 사령관이 여호수아다.

이때부터 이스라엘이 치르는 모든 전쟁은 여호수아가 사령관으로 지휘했다. 여호수아는 무려 40년 동안 크고 작은 전쟁을 지휘하면서 전쟁터에서 잔뼈가 굵은 사람이다. 심지어 그간 치른 전쟁에서 한 번도 패한 적이 없다.

가나안 땅을 정복해 나가는 모습을 보면 여호수아가 얼마나 뛰어난 지략가인지를 알 수 있다. 여호수아는 닥치는 대로 밀고 들어가지 않았다. 가나안 땅의 허리를 잘라서 남쪽과 북쪽을 갈라놓고 먼저 남쪽을 점령하고 난 다음에 북쪽을 점령했다. 이러한 전략은 가나안 족속들이 연합전선을 구축해서 이스라엘 백성들에게 대항하는 것을 사전에 차단시키는 효과가 있었다. 제1차 세계대전 때 영국군 총사령관이었던 알렌비(Edmund Allenby) 장군이 여호수아가 했던 작전을 그대로 모방하여서 팔레스타인지역을 점령했다. 그리고 한국전쟁 때 맥아더 장군이 보여줬던 인천상륙작전이 이와 유사한 작전이다.

여호수아가 이 작전을 성공적으로 수행하기 위해서 반드시 점령해야 하는 곳이 여리고성이었다. 왜냐하면 여리고성이 가나안 땅의 허리로 들어가는 관문이었기 때문이다. 길갈에 베이스 캠프를 친 여호수아가 여리고성에 대한 공격을 대대적으로 감행할 것이라는 사실은 불 보듯 뻔한 일이었다. 여리고성 사람들도 이것을 알고는 성문을 걸어 잠그고 방어 태세에 들어갔다. 6장 1절을 보자.

"이스라엘 자손들로 말미암아 여리고는 굳게 닫혔고 출입하는 자가 없더라"

조용하지만 무서운 전운이 감돌고 있는 상황이었다.

내 편, 네 편, 하나님 편

그런데 오늘 여호수아가 지시한 여리고성 공격 작전은 여호수아의 명성과는 전혀 어울리지 않는 엉성하기 짝이 없는 전략이었다. 보통 성을 공격할 때는 투석기를 사용해서 성벽을 무너뜨리거나, 토성을 쌓아서 성을 공격한다. 그런데 여호수아의 전략은 6일 동안은 성을 하루에 한 바퀴씩 돌고, 7일째 되는 날에는 성을 일곱 바퀴 돌고 나팔을 부는 것이 전부였다.

지략이 뛰어난 여호수아가 견고한 여리고성을 공격하는데 왜 이렇게 어리석어 보이는 작전을 구사하고 있는 것일까? 5장 13~15절에 그 이유가 나온다. 여호수아가 여리고성을 공격할 방법을 구상하기 위해서 정탐을 나갔을 때 칼을 들고 그의 앞을 가로막는 사람이 있었다. 당황한 여호수아가 물었다. "너는 우리를 위하는 사람이냐? 우리 적들을 위하는 사람이냐?" 그 사람이 대답했다. "아니라 나는 여호와의 군대 장관으로 이제 왔느니라."

우리는 이 질문과 대답에 주목해야 한다. "너는 내 편이냐? 아니면 다른 사람 편이냐?" 이것이 보통, 사람들이 인생을 바라보는 시각이다. 적군과 아군을 가르고 도움이 되는 사람, 안 되는 사람을 나눈다. 화이트리스트와 블랙리스트를 만든다. 사람들을 자기편으로 만들려고 하고, 그렇지 않으면 적으로 간주한다. 점점 도가 지나쳐 하나님까지도 자기편으로 만들려고 한다. "하나님은 내 편입니까? 아니면 다른 사람 편입니까?" 하나님을 믿지만, 지극히 자기중심적이고 자기의 욕구를 중심으로 신앙생활을 한다. 기도하면서 자기를 돌아보는 것이 아니라 자기를 강화시킨다. 결국 종교적 괴물이 된다.

여호수아의 질문에 칼을 든 사람이 대답했다. "아니라 나는 여호와의 군대 장관으로 이제 왔느니라" 즉 나는 네 편도 상대편도 아니다. 나는 여호와의 군대 장관으로서 이 전쟁을 지휘하러 왔을 뿐이다. 군대 장관의 대답은 여호수아의 질문과 차원이 달랐다.

우리는 누구나 하나님이 도와주시길 바란다. 내가 주도하고, 내가 계획 세우고, 내가 그림을 그리고 하나님은 그것을 도와주시는 분이 었으면 좋겠다고 생각한다. "하나님, 내가 하고 싶은 대로 하다가 힘이 빠지고, 능력이 안 될 때 짠 하고 나타나셔서 해결해 주십시오." 그런 데 하나님은 정반대의 말을 하고 있는 것이다. '나는 너를 도와주러 온 것이 아니다. 너의 인생의 지휘관으로 왔다'라고 말이다.

예수님이 우리의 구원자가 되신다는 것은 우리가 구원받을 수 있 도록 도와주시는 것이 아니다. 우리가 영생을 얻도록 도와주시는 것 이 아니다. 우리 인생에 왕과 주인으로 통치하러 오셨다는 것이다. 예 수님은 우리 인생에 지휘관으로 오셨다. 우리의 구원은 예수님이 우리 인생의 왕, 주인이 되어야 이뤄진다.

여호수아는 여호와의 군대장관의 말을 알아 듣고 바로 엎드렸다. 5 장 14절을 보자.

"그가 이르되 아니라 나는 여호와의 군대 대장으로 지금 왔느니라 하는 지라 여호수아가 얼굴을 땅에 대고 엎드려 절하고 그에게 이르되 내 주 여 종에게 무슨 말씀을 하려 하시나이까"

군대 장관의 말이 떨어지기가 무섭게 그 자리에서 무릎을 꿇고 "내 주 여 종에게 무슨 말씀을 하려 하시나이까?"라고 말을 한다. 이때 여 호와의 군대 장관이 한 이야기가 15절이다.

"여호와의 군대 대장이 여호수아에게 이르되 네 발에서 신을 벗으라 네 가 선 곳은 거룩하니라 하니 여호수아가 그대로 행하니라"

신을 벗는다는 것은 자신의 권리를 내어놓는 것을 의미한다. "네가 선 곳은 거룩하다"라는 것은 땅 자체가 거룩한 것이 아니라 하나님이 계시기 때문에 거룩하다는 의미이다. 이것은 하나님 앞에서 네 신발을 즉, 너의 인생의 권리를 양도하고, 너의 인생의 주도권을 내어 드리라는 말이다. 전쟁 지휘관에게 신을 벗으라는 것은 무엇인가? 전쟁 지휘권을 넘기라는 뜻이다.

앞서 살펴보았듯이 40년의 전쟁에서 단 한 번도 패한 적이 없는 여호수아 같은 사람이 지휘권을 넘겨주는 것이 얼마나 힘들었겠는가? 지금껏 여호수아 자신보다 뛰어난 지휘관을 본 적이 있었을까? 그의 머릿속에 얼마나 많은 작전 구상이 들어 있었겠는가? 그야말로 출애굽한 이후 약속의 땅을 두고 얼마나 중요한 전쟁인지 잘 아는 여호수아였다. 그런 그가 여호와의 군대 장관에게 두말없이 지휘권을 내어 드렸다.

기막힌 전술

자, 여기서 질문을 던져보자. 과연 하나님이 지시하신 여리고성 공격 작전은 진짜 엉성하고 형편없는 작전일까? 아니면 사람이 생각할 수 없는 고도의 작전이었을까? 이스라엘 백성들이 여리고성을 도는 장면을 자세히 보자. 여리고성을 돌았던 사람들은 일반 백성들이 아니라 무장한 군인들이었다(3절). 행군 대형을 보면 군인들이 완전무장을 하고 제일 앞에 섰고 그 뒤를 일곱 명의 제사장이 나팔을 불고 따라갔다. 그다음을 제사장들이 언약궤를 메고 뒤따르고 마지막으로 본대가 완전무장을 하고 그 뒤를 따라갔다.

자, 보이는가? 여리고성을 그냥 산책하듯이 돈 것이 아니다. 공격 대형을 갖추고 무력 시위를 벌인 것이다. 7명의 제사장이 양각 나팔을 불었다고 한다. 양각 나팔은 양의 뿔로 만든 나팔인데 전쟁 신호용이다. 나팔을 불었다는 것은 공격 신호를 보냈다는 말이다.

여리고성 사람들은 이미 용기를 잃고 전의를 상실한 상태이다. 그런데 60만 명의 군대가 완전 무장을 한 상태로 공격 대형을 갖추고 나팔을 불고 성을 도는 모습을 보면 얼마나 두려웠겠는가? 그런데 이스라엘 군대가 당장이라도 공격할 것처럼 하다가 그냥 돌아갔다. 이것을 6일 동안 반복했다고 생각해 보라. 온몸이 긴장감으로 뭉쳐 있다가 맥이 탁탁 풀렸을 것이다. 나팔 소리만 들어도 공포심이 새겨졌다. 마지막 날은 일곱 바퀴나 돌면서 나팔을 불어 댔으니 두려움은 끝을 모르고 차올랐을 것이다. 바로 그 순간에 여호수아가 공격명령을 내려서 한꺼번에 함성을 지를 때 성벽이 무너져 내렸고, 적들은 완전히 굴복했다.

보통 성을 점령하려면 아무리 뛰어난 군대라도 아군 전력의 1/3 정도는 전력 손실을 입게 된다. 그런데 하나님은 기가 막힌 전술로 이스라엘 군대를 여리고성으로 무혈입성을 시키셨다. 하나님의 계획을 우리 생각으로 보면 비합리적으로 보인다. 그것은 하나님은 우리가 생각할 수 있는 그 이상을 생각하시기 때문이다. 우리 머리로는 도저히 생각할 수 없는 것을 하나님은 미리 보고 준비하고 계신다. 앞서가시고, 미리 준비하시는 하나님이시다. 바로 이것이 우리가 하나님의 계획을 전적으로 신뢰하고 따라갈 수 있는 이유가 되는 것이다.

홍해를 건너게 하시고, 광야를 지나게 하시고, 요단강을 건너게 하신 사건은 모두 우리의 생각을 뛰어넘는 하나님의 방법이다. 이 과정을 거치면 하나님을 '알게' 된다. 여호수아는 하나님을 '아는 단계'로 들어간 것이다. 하나님의 마음을 '읽는 단계'로 들어간 것이다. 그렇기 때문에 하나님의 이해되지 않는 명령을 따를 수 있었다. 이것이 바로 신앙의 성숙한 모습이다.

하나님은 명령하실 때 반드시 약속을 함께 주신다. 약속 없는 명령은 하지 않으신다. 6장 2절을 보자.

"여호와께서 여호수아에게 이르시되 보라 내가 여리고와 그 왕과 용사들을 네 손에 넘겨 주었으니"

하나님은 여호수아에게 여리고성을 주겠다고 먼저 약속하시고 명령을 내리셨다. 그러므로 방법론으로 논쟁할 필요가 없다. 우리는 이미 약속하신 것을 믿고 하나님의 방법대로 따라가기만 하면 되는 것이다. 하나님은 약속대로 이루시는 분이시다. 만약 하나님이 2절의 약속 없이 3~5절까지의 명령만 내렸다면, 우리는 그 방법이 여리고성을 정복하기 위한 정말 좋은 방법인지 아닌지를 판단해야 한다. 그러나 감사하게도 하나님은 약속 없이 명령만 내린 적이 한 번도 없다. 성경 속에서 하나님의 명령이 나오면 그 앞뒤로는 반드시 하나님의 약속의 말씀이 있다.

생각해 보자. 우리가 말했다고 약속이 되는 것이 아니다. 그것은 일

방적인 우리의 말이고 하나님께서 주신 약속이 아니다. 하나님이 주시는 약속의 말씀을 받아야 한다. 그 말씀을 내 약속으로 받았다면 그 말씀에 인생을 걸어야 한다. 따라서 하나님의 약속을 받기 위해서 기도하는 시간은 너무나 중요하다. 그리고 그 약속의 말씀이 이루어질 때까지 하나님을 신뢰하고 기다리는 것이 믿음이다. 이런 시간을 통해서 하나님을 알아가고, 하나님과의 사이에 신뢰가 쌓인다.

우리가 침묵할 때 하나님이 일하신다

오늘 말씀을 보면서 우리가 한 가지 기억해야 할 것이 있다. 하나님의 일하심을 경험하려면 하나님의 방법대로 해야 한다는 점이다. 10절을 보자.

"여호수아가 백성에게 명령하여 이르되 너희는 외치지 말며 너희 음성을 들리게 하지 말며 너희 입에서 아무 말도 내지 말라 그리하다가 내가 너희에게 명령하여 외치라 하는 날에 외칠지니라 하고"

하나님이 이스라엘 전체에 침묵 명령을 내리셨다. 이건 하나님이 사람들을 너무 잘 알기에 내리신 명령이다. 사람들은 이해가 되지 않으면 의심하고 불평한다. 40년 전 가데스바네아에서 이스라엘이 패배한 이유가 바로 침묵하지 못해서이다. 12명 중에 10명의 정탐꾼이 각 지파로 가서 가나안 땅을 악평하고 두려움을 심었다. 밤새도록 불평하고, 두려워하고, 의심하게 만들어서 불신앙이 이스라엘을 뒤덮게 했다.

지금 이스라엘 군인들이 얼마나 많은 말을 하고 싶었겠는가? "이건 뭐가 잘못되어도 한 참 잘못되었다. 도대체 이게 무슨 전략이냐? 이런 작전은 도저히 성공할 수 없다. 화끈하게 한판 붙어야지. 우리에게 싸우게 해달라!" 그런데 하나님은 이해되지 않고 내 생각과 달라도 불평하지 말고, 잠잠히 하나님의 일하심을 기다리라고 말씀하신다. 불평은 나중에 해도 늦지 않다. 우리는 너무 빨리 말을 해서 손해를 보는 경우가 많다. 조금만 참고 기다리면 되는데, 그걸 기다리지 못하고 내 마음속에 있는 말을 다 내뱉는다.

잠잠하라 하시며 한 가지 더 요구하셨다. 나팔을 불게 하셨다. 여리고성을 도는 이스라엘 백성들 속에서 들려 온 유일한 소리는 나팔 소리뿐이었다. 나팔 소리의 의미는 첫째로 하나님이 말씀하시는 소리다.

"은 나팔 둘을 만들되 두들겨 만들어서 그것으로 회중을 소집하며 진영을 출발하게 할 것이라 나팔 두 개를 불 때에는 온 회중이 회막 문 앞에 모여서 네게로 나아올 것이요 하나만 불 때에는 이스라엘의 천부장 된 지휘관들이 모여서 네게로 나아올 것이며"(민 10:2-4)

전쟁터에서 작전을 지휘하는 하나님의 소리만 울리고 사람들의 소리는 잠잠하다. 하나님의 역사는 웅성웅성하는 사람들의 소리 속에서 이루어지지 않는다. 사람들의 소리가 가슴에 가득 담기면 화가 나고, 질투가 나고, 불평이 나온다. 그런데 하나님의 소리가 가슴에 담기면 평안해진다. 가슴속에서 우리의 영혼을 뒤덮는 하나님의 음성이 들려올 때 우리의 영혼이 살아나는 것이다. 우리가 사람들의 소리에 귀를 막고 하나님의 소리를 들을 수 있을 때 하나님의 은혜를 누릴 수 있다. 힘들 때마다 세상 소리에 귀를 닫고 하나님의 말씀에 귀를 열어라.

둘째, 하나님을 향한 기도이다.

"또 너희 땅에서 너희가 자기를 압박하는 대적을 치러 나갈 때에는 나팔을 크게 불지니 그리하면 너희 하나님 여호와가 너희를 기억하고 너희를 너희의 대적에게서 구원하시리라" (민 10:9)

불평과 불신앙의 소리가 잠잠해지고, 하나님의 향한 기도 소리만 울려 퍼질 때 하나님이 역사를 일으키신다. 어려울 때마다 내 소리를 줄이고, 기도 소리를 내라. 고통스러울 때마다, 억울할 때마다 불평하는 소리, 부정적인 소리, 절망적인 소리를 내지 말고, 기도 소리를 내라. 그 소리를 듣고 하나님이 구원하신다.

댄스는 두 사람의 호흡이 중요한데, 두 사람 가운데 한 사람이 리더를 하게 되어 있다. 최고의 댄스를 할 수 있는 방법은 리드하는 사람을 믿고 자기 몸을 맡겨야 한다. 그래야 최고의 작품이 나온다. 내가 잘한다고 내 방식대로 하면 스텝이 꼬여서 넘어지게 된다. 「쉘 위 댄스?(Shall we dance?)」라는 영화에 보면 이런 명대사가 나온다.

최고의 파트너는 춤을 잘 추는 것이 아니라 자기의 파트너가 넘어지지 않게 보호하는 것이 최고의 파트너이다.

하나님은 우리를 인도하시는 분이시고, 우리의 최고의 파트너가 되신다. 하나님은 나를 리드하시는 분이시고, 나의 지휘권을 갖고 계시는 분이시다. 그러니 하나님이 리드하시는 대로 맡겨두면 하나님이 우리의 최고의 파트너가 되셔서 우리를 인도하실 것이다.

4. 승리의 겉과 속
여호수아 6장 15~27절

여호수아의 지휘 아래 견고한 여리고 성이 함락되었다. 그것도 아무런 전력 손실 없이 무혈입성을 했다. 이것을 지켜본 가나안 땅의 대적들은 두려움에 사로잡히지 않을 수가 없었다. 요단강 도하를 통해서 높아진 여호수아의 명성은 여리고까지 무너뜨리자 하늘을 찌를 듯이 높아졌다. 27절을 보자.

"여호와께서 여호수아와 함께하시니 여호수아의 소문이 그 온 땅에 퍼지니라"

여리고성의 승리는 이스라엘 백성들뿐만 아니라 적들에게도 명백한 메시지를 던져주었다. '하나님이 함께하시면 아무리 견고한 성도 무너뜨릴 수 있다. 하나님이 함께하시면 아무리 강한 적도 이스라엘을 이길 수 없다.' 이것은 하나님이 여호수아에게 한 약속을 그대로 지키신 것이다.

"네 평생에 너를 능히 대적할 자가 없으리니 내가 모세와 함께 있었던

것 같이 너와 함께 있을 것임이니라 내가 너를 떠나지 아니하며 버리지 아니하리니"(수 1:5)

하나님이 함께하시면 우리 인생에 어떤 대적도 우리를 당할 자가 없다. 모든 문제와 사건 속에 하나님을 의지하면 반드시 우리를 지키시고 인도하신다. 이것은 우리가 인생을 살아가는 데 힘이 되는 너무나 중요한 메시지다.

더불어 여리고성 전투에는 하나님이 함께하시면 반드시 승리한다는 것보다 훨씬 더 중요한 메시지들이 담겨 있다. 하나님이 여리고성 전투를 통해서 이스라엘 백성들에게 주시려고 했던 것은 전쟁의 승리만이 아니었다. 이스라엘 백성들이 광야를 지날 때도 마찬가지였다. 하나님의 의도는 이스라엘 백성들의 기대와는 사뭇 달랐다. 이스라엘 백성들의 목표는 하루빨리 광활한 광야의 두려움에서 벗어나 가나안 땅으로 들어가는 것이었다. 하지만 하나님은 그것보다 더 중요한 의도가 남아 있었다.

"너를 낮추시며 너를 주리게 하시며 또 너도 알지 못하며 네 조상들도 알지 못하던 만나를 네게 먹이신 것은 사람이 떡으로만 사는 것이 아니요 여호와의 입에서 나오는 모든 말씀으로 사는 줄을 네가 알게 하려 하심이니라"(신 8:3)

사람은 떡으로만 살 수 없다

하나님이 먹을 것이 없는 광야에서 매일 만나를 내려주신 이유는 사람이 떡으로만 사는 것이 아니라 하나님의 입으로 나오는 말씀으로 산다는 진리를 배우게 하기 위해서였다.

이 진리는 광야에서만 필요한 진리가 아니다. 가나안 땅에서 살아 갈 때도 꼭 필요한 진리다. 광야에서는 어차피 하나님이 매일 만나를 내려주시지 않으면 먹고살 수가 없었다. 반면 가나안 땅은 먹을 것이 넘쳐나는 땅이다. 내가 노력하면 내 힘으로 모든 것을 얻을 수 있는 땅 이다.

이런 풍요로운 가나안 땅을 살아갈 때 "사람이 떡으로만 사는 것이 아니라 하나님의 입에서 나오는 말씀으로 산다"라는 진리를 배우지 못하면 방향이 바뀐다. 즉 먹을 것을 얻는 것으로 흐른다는 의미이다. 결국은 먹을 것을 위해서 하나님을 떠나 우상을 섬기는 방향으로 가 게 된다. 이렇게 되면 하나님이 이스라엘 백성들을 가나안 땅으로 들 어가게 한 목적을 상실하는 것이다. 가나안 땅에서 배고프지 않고 넉 넉하게 살겠지만, 하나님의 언약을 지키고 사는 제사장 나라의 사명은 잃어버리게 된다.

우리의 신앙생활의 목표도 광야를 빨리 벗어나서 가나안 땅으로 들 어가고 싶은 이스라엘 백성들과 큰 차이가 없는 것 같다. 하나님이 우 리의 고통과 불편함을 빨리 해결해 주길 바라고, 우리의 인생을 탄탄대 로로 인도해 주시길 바란다. 내가 원하는 것을 가장 빠른 시간에 얻기를 바란다.

반면에, 우리의 아버지 되신 하나님의 목표는 우리의 삶에 승리를 주시는 것이다. 고통과 불편함을 통해서 주시는 하나님의 음성을 듣길 원하신다. 문제와 사건을 만날 때마다 세상 방식을 따라서 사는 것이 아니라 하나님이 주신 약속의 말씀을 붙들고 기도하면서 이기길 원하신다. 문제와 사건 속에서 하나님의 말씀을 적용하고 말씀대로 역사하시는 하나님을 경험하길 원하신다. 사람이 떡으로만 사는 것이 아니라 하나님의 입에서 나오는 모든 말씀으로 사는 것을 경험하길 원하신다.

이 진리를 체험해야 우리가 세상에서 방향을 잃지 않고 하나님의 부르심을 따라갈 수 있다.

"그러나 너희는 택하신 족속이요 왕 같은 제사장들이요 거룩한 나라요 그의 소유가 된 백성이니 이는 너희를 어두운 데서 불러 내어 그의 기이한 빛에 들어가게 하신 이의 아름다운 덕을 선포하게 하려 하심이라"
(벧전 2:9)

방향을 잃지 않는 삶

우리의 삶은 하나님의 구원을 선포하는 삶이다. 우리를 흑암의 권세에서 하나님의 나라로 옮기기 위해 이 땅에 오신 예수님의 사랑을 누리고 전하는 삶이다. 모든 족속을 제자로 삼으라는 하나님의 명령을 따라서 복음을 전하고 영혼을 구원하고 살아가는 삶이다. 이런 삶을 위해서 시간과 돈을 써도 아깝지 않고 기쁨을 느끼는 삶이다. 이런 기쁨으로 여러분의 인생이 풍성하길 축복한다. 만일 이런 삶이 기쁘지 않으면 우리는 이미 방향을 잃어버린 것이다.

여리고성 전투에는 승리를 넘어서 방향을 잃지 않게 하는 하나님의 방법이 들어 있다. 첫 번째는 인생의 지휘권을 하나님께 드리는 것이다. 우리에게 익숙한 말로 표현하면 왕의 자리, 주인의 자리를 하나님께 드리는 것이다. 왜 하나님은 우리에게 왕의 자리, 주인의 자리를 내놓으라고 하는 걸까? 여호수아 3장 4절을 보자.

"그러나 너희와 그 사이 거리가 이천 규빗쯤 되게 하고 그것에 가까이 하지는 말라 그리하면 너희가 행할 길을 알리니 너희가 이전에 이 길을 지나보지 못하였음이니라 하니라" (수 3:4)

솔직히 우리의 인생은 늘 처음 가는 낯선 길이다. 그런데 길을 모르는 내가 내 인생의 안내자로서 적합하다고 생각하는가? 모든 것을 아시는 하나님이 인도자가 되겠다고 하신 것이다. 우리 하나님은 앞서가시고, 미리 가서 준비하시는 하나님이시다. 여리고성 전투를 할 때 여호수아가 지휘권을 하나님께 드리고, 하나님의 말씀하신 대로 했을 때 완벽한 승리를 거두었다. 만약, 여호수아가 사령관으로 지휘했다면 자신의 온갖 지혜로 뛰어난 전술과 전략을 발휘 했을 것이다. 하지만 수많은 아군의 희생이 따랐을 것이다.

인생의 문제와 사건을 어떻게 이기는지 모르는 우리가 인생의 주인이 되면 안 된다. 이미 십자가에서 우리의 모든 문제를 이기고 해결하신 주님이 우리의 주인이 되어야 인생의 문제를 이길 수 있다. 길과 진리와 생명 되신 주님이 우리의 주인이 되어야 길을 잃지 않는다.

실제로 예수님이 우리의 주인이 되는 것은 어떤 삶인가? 하나님의 말씀이 우리의 주인이 되는 것이다. 말씀이 우리 안에 깊이 들어와서 사람들의 말보다, 내 생각보다, 세상의 가치관보다 더 중요하게 되는 것이 주인이 되는 것이다. 말씀이 주인 됨과 동시에 그 말씀은 우리에게 실제적인 힘이 되고, 능력이 된다.

하나님의 것을 구별하라

두 번째는 하나님의 것을 거룩하게 구별하는 것이다. 하나님은 여리고성 전투를 하면서 중요한 명령을 내렸다. 18절과 19절을 보자.

"너희는 온전히 바치고 그 바친 것 중에서 어떤 것이든지 취하여 너희가 이스라엘 진영으로 바치는 것이 되게 하여 고통을 당하게 되지 아니하도록 오직 너희는 그 바친 물건에 손대지 말라 은금과 동철 기구들은 다 여호와께 구별될 것이니 그것을 여호와의 곳간에 들일지니라 하니라"

여리고성 안에 얼마나 많은 금은보화가 있었는지 모른다. 그런데 하나님은 그것들을 하나도 손대지 말고 다 하나님께 바치라고 하셨다. 불에 타는 것은 다 태워서 없애고, 타지 않은 은금과 동철은 하나님께 바치라고 했다. 어떤 것도 손대지 말라는 말이다.

주인과 청지기의 차이는 자기 마음대로 할 수 있는 영역에 달려 있다. 주인은 모든 것을 자기 임의대로 할 수 있는 사람이다. 그런데 청지기는 주인이 허락한 것만 마음대로 할 수 있다. 다시 말하면 자기가 손댈 수 없는 영역이 존재한다는 것이다. 모든 것을 다 자기 마음대로 하는 사람은 주인뿐이다. 자기가 손대지 못하는 영역이 있으면 청지기다.

하나님은 에덴동산의 모든 것을 아담에게 다 일임하셨다. 단 하나, 선악을 알게 하는 나무는 먹지 못하게 하셨다. 선악을 알게 하는 나무는 아담이 손대지 못하는 영역이다. 보디발은 요셉에게 모든 것을 다 허락하면서도 자기 아내만은 허락하지 않았다. 보디발의 아내는 요셉이 손대지 못하는 영역이다.

모든 인간과 피조물은 하나님과 구별된 영역이 존재할 때, 다시 말하면 자기 스스로 손댈 수 없는 영역이 존재할 때 안전하다. 뿐만 아니라 하나님의 축복을 놓치지 않는다. 아담은 이 영역을 침범해서 에덴동산에서 쫓겨나고 하나님의 주신 복을 잃어버렸다.

우리 인생이 복된 인생을 살기 위해서는 아이러니하게 들리겠지만 우리가 손댈 수 없는 구별된 영역이 있어야 한다. 이스라엘 백성들에게 있어서 이것은 절기와 제사와 십일조였다. 이스라엘 백성들이 망한 이유가 이 영역을 침범했기 때문이다.

"사람이 어찌 하나님의 것을 도둑질하겠느냐 그러나 너희는 나의 것을 도둑질하고도 말하기를 우리가 어떻게 주의 것을 도둑질하였나이까 하는도다 이는 곧 십일조와 봉헌물이라" (말 3:8)

오늘날도 다르지 않다. 내가 스스로 결정하지 못하는 영역이 있어야 한다. 내가 손대지 못하는 영역이 있어야 한다. 그것이 십일조와 예배이다. 우리가 십일조와 예배를 지키는 것이 아니라 십일조와 예배가 우리를 살리고 지킨다.

마지막으로 눈여겨보아야 하는 것은 하나님이 약속을 지키는 모습이다. 22절을 보자.

> "여호수아가 그 땅을 정탐한 두 사람에게 이르되 그 기생의 집에 들어
> 가서 너희가 그 여인에게 맹세한 대로 그와 그에게 속한 모든 것을 이
> 끌어 내라 하매"

하나님이 여리고성 공격 명령을 내리면서 중요하게 챙긴 사람이 라합이다. 라합은 멸망 받을 땅에 있는 사람이었다. 그저 잠시 도움을 준 여인이었다. 여리고성을 점령하는 큰 전쟁을 치르는 중에 이 여인과 한 약속을 잊었다 한들 어느 누가 신경이나 썼겠으며, 비난할 수 있겠는가?

그러나 하나님은 그저 스치듯 도움을 준 여인이 한 믿음의 고백을 잊지 않으셨다. 기억하시고 그 약속을 지켜주셨다. 사람은 어떠한가? 약속하고도 잊고, 때로는 기억하지만 자기의 욕심에 무시해 버린다. 또 때로는 지키고 싶어도 능력이 없어서 약속을 지키지 못할 때도 있다. 그러나 우리 하나님께서는 믿음의 고백을 절대로 잊지 않으신다. 비천한 사람의 고백이라고 무시하지 않으신다. 세리가 성전에 가까이 오지도 못하고 하늘을 향해서 고개도 들지 못한 채 "나는 죄인입니다.

불쌍해 여겨 주십시오"라는 고백을 들으시고 의롭다고 해주셨다. 소년 다윗의 믿음의 고백을 들으시고, 골리앗을 무너뜨리게 하셨다.

하나님께서는 라합의 믿음의 고백을 들으셨을 뿐만 가족을 구원해 주셨다. 라합은 나중에 살몬과 결혼하여서 보아스를 낳는다. 이 가문 은 다윗의 가문이고, 예수님의 가문이다.

"살몬은 라합에게서 보아스를 낳고 보아스는 룻에게서 오벳을 낳고 오 벳은 이새를 낳고"(마 1:5)

하나님을 우리 인생에 왕과 주인으로 모시는 믿음의 고백을 하나님 은 반드시 들으신다. 새벽기도에 나와서, 금요 능력 기도회에 나와서 부르짖는 기도를 들으신다. 교회에 나와서, 골방에서 하는 기도는 반 드시 하나님이 들으신다.

가나안 땅 정복 전쟁의 목표는 단순히 승리하는 것에 그치지 않는 다. 하나님의 방식대로 승리하는 것이다. 하나님의 방식대로 승리해서 하나님을 경험하는 것이다. 하나님의 말씀대로 사는 능력을 키우는 것 이다. 여리고성 전투는 하나님의 명령과 약속이 실행되는 현장이었다. 약속이 성취되는 체험의 현장이었다.

우리의 매일의 삶은 여리고성 같은 전투의 현장이다. 매일의 삶에 하나님의 말씀을 적용하라. 작은 일에서부터 하나님의 일하심을 경험 하게 될 것이다.

5. 패배에는 원인이 있다
여호수아 7장 1~13절

슬럼프는 누구에게나 있다

소포모어 징크스(sophomore jinx) 혹은 소포모어 슬럼프(sophomore slump)라는 말이 있다. 대학교 2학년이 되면 신입생 시절에 비해 공부에 대한 열의가 떨어지고 성적이 부진해지면서 방황하게 되는 현상을 말한다. 스포츠에서는 데뷔 첫해에 경이적인 기록을 세운 선수들이 그 다음 해에 슬럼프에 빠져서 허우적거리는 현상을 말한다.

소포모어 징크스가 여호수아에게도 나타났다. 여리고성에 대승을 거둔 여호수아는 승리의 기세를 몰아서 그다음 성읍인 아이성을 공격했다. 아이성은 여리고성에 비해 규모가 훨씬 작기에 쉽게 이길 수 있다고 여겼다. 그런데 결과는 전혀 예상치 못한 방향으로 흘렀다. 이스라엘 군대는 공격은커녕 아이 성 사람들에게 쫓겨서 허겁지겁 도망치고 말았다. 그 과정에서 이스라엘 군인 36명이 전사했다.

전쟁을 하다 보면 이길 때도 있고, 질 때도 있다. 당연한 일이다. 그리고 전쟁에서 전사자가 발생하는 것은 피할 수 없는 일이다. 이번에 패했어도 전열을 정비해서 다시 하면 된다. 그에게는 60만 대군이 있다. 3천 명 보내서 안 되면 1만 명 보내면 되고, 1만 명이 안 되면 10만 명 보내면 된다. 이것이 전쟁이다.

그런데 문제는 여호수아가 아이성 패배 이후에 더 이상 전쟁을 못하겠다고 하는 데 있다. 여호수아의 마음에 전쟁에 대한 두려움이 자리잡혔다. 5절에 보면 "백성의 마음이 녹아 물같이 된지라"라고 한다. 6절을 보면 여호수아가 패배의 충격으로 할 말을 잃고 저녁때까지 멍하니 있었다.

이것을 슬럼프 또는 무기력이라고 한다. 슬럼프를 다른 말로 표현하면 마음이 두려움에 져서 무너진 상태라고 할 수 있다. 슬럼프는 실력이 사라진 것이 아니다. 몸이 다친 것도 아니다. 겉으로 볼 때는 아무런 문제가 없어 보인다. 그런데 마음이 확 쪼그라들어서 몸과 마음이 말을 듣지 않는 상태다. 운동선수에게 이런 두려움이 생기면 처음 운동을 배우는 사람들이 쉽게 따라 할 수 있는 것조차 못하고 실수한다. 연극을 하는 사람들에게 이런 두려움이 생기면 대사 한 마디 못하고 그냥 내려올 수밖에 없다.

이스라엘 백성들이 느낀 공포감이 8~9절에 나온다.

"주여 이스라엘이 그의 원수들 앞에서 돌아섰으니 내가 무슨 말을 하오리이까 가나안 사람과 이 땅의 모든 사람들이 듣고 우리를 둘러싸고 우리 이름을 세상에서 끊으리니 주의 크신 이름을 위하여 어떻게 하시려 하나이까 하니"

자신들이 패배했다는 소식이 적들에게 알려지면 당장이라도 7개 부족이 벌떼처럼 달려와 덮쳐버릴 것이라는 두려움이 엄습해서 더 이상 전쟁을 할 수 없는 상태가 되었다. 여호수아의 마음이 얼마나 긴장했는지 7절에 나온다.

> "이르되 슬프도소이다 주 여호와여 어찌하여 이 백성을 인도하여 요단을 건너게 하시고 우리를 아모리 사람의 손에 넘겨 멸망시키려 하셨나이까 우리가 요단 저쪽을 만족하게 여겨 거주하였더면 좋을 뻔하였나이다"

이것이 전쟁의 영웅인 여호수아가 한 말이라는 것이 믿기지 않는다. 가나안 족속들은 우리의 먹이라고 했던 사람이 맞나 싶다. 그는 하나님이 큰일을 이루실 것이라고 선포하면서 요단강을 건넜다. 여리고성 전투에 승리하면서 자신감이 하늘을 찔렀다. 그런데 지금 하는 말이, 차라리 요단강을 건너지 않고 요단강 동쪽 편에서 만족하고 살았으면 좋았을 것이라고 한다.

여기서 우리는 인간의 자신감이 얼마나 부질없는지 볼 수 있다. 일이 잘되기 때문에 자신감이 있고 돈이 있기 때문에 자신감이 있고, 능력이 있기 때문에, 성공한 경험이 있기 때문에 자신만만했다. 하지만 그런 것들은 내일 아니 지금 당장이라도 무너질 수 있는 것들이다. 그러니 지금 돈이 있고, 능력 되고, 하는 일이 잘된다고 해서 기도하지 않고도 살 수 있다고 자신하지 말라.

어느 누구도 실패와 슬럼프에서 자유로울 수 없다. 내가 싫다고 오지 않고 나를 지나가지 않는다. 잘 될 때는 내 인생에 실패나 어려움

따위는 없을 것이라는 생각이 들 때도 있다. 그러다가 예기치 않은 순간에 두려움이 찾아와서 삶의 의욕을 잃게 만든다. 정말 사소한 일이 삶을 송두리째 흔들어 놓기도 한다. 슬럼프에 빠지지 않는 방법을 아는 것은 매우 중요하다, 하지만 슬럼프가 왔을 때 어떻게 하면 극복할 수 있는지가 더 중요하다.

원인을 진단하라

슬럼프를 잘 극복하기 위해서 제일 중요한 것은 문제에 대한 정확한 진단이다. 대부분 실패들은 문제를 잘 진단하는 것만으로도 그 문제의 80~90퍼센트가 해결된다. 아무리 좋은 처방이라도 진단 자체가 잘못되었다면 아무 소용이 없다.

여호수아의 실패 원인은 일차적으로 전술의 실패였다. 여호수아는 아이성을 공격하기 전에 정탐꾼들을 보내어서 정보를 수집했다. 정탐꾼들은 2~3천 명만 보내도 함락이 충분히 가능하다고 보고했다(3절). 그래서 여호수아는 정탐꾼들이 말한 최대치인 3천 명을 보냈다(4절). 그런데 이 정탐 정보가 잘못된 것이었다. 아이성 백성들은 남녀 합쳐서 1만 2천 명이 넘었다(수 8:25).

그러면 그중에 싸울 수 있는 군인들은 5천 명이 족히 넘었을 것이다. 게다가 아이성은 성벽이 매우 높게 쌓인 요새였다. 그렇다면 성을 공격하는 쪽에서 보면 위쪽에서 방어하는 군인에 비해서 3배에서 5배는 되어야 한다. 아이성을 공격하기 위해서는 최소한 이만 명은 넘게 보냈어야 했다. 여호수아가 정탐꾼들의 말만 듣고 3천 명만 올려보낸 것은 명백한 실수이다.

중요하게 볼 것은 이 실수는 여리고성 승리로 인한 자만심에서 비롯되었다는 점이다. 3절을 보자.

"여호수아에게로 돌아와 그에게 이르되 백성을 다 올라가게 하지 말고 이삼천 명만 올라가서 아이를 치게 하소서 그들은 소수이니 모든 백성을 그리로 보내어 수고롭게 하지 마소서 하므로"

정탐꾼들의 이야기 속에서 거만함을 느낄 수 있다. 마치 자기들이 여리고성을 무너뜨린 양 자만심이 하늘을 찌른다. 여리고성을 무너뜨린 승리에 도취되어 냉철한 판단력을 상실했다. 이스라엘 백성들이 얼마나 판단력이 흐려졌는지 정탐꾼의 말을 들어보면 알 수 있다.

"그들은 소수니 … 수고롭게 마소서"(3절b)

백성들이 도취되어 있다면 리더인 여호수아는 중심을 잡고 정확하고 냉정하게 판단하는 태도를 취해야 했다. 그러나 그도 승리에 취해서 중심을 잃어버렸던 것 같다.

교만한 마음은 사람의 눈을 멀게 하고 판단력을 떨어뜨린다. 아이 성은 여리고성에 비하면 작은 성이 맞다. 하지만 인구가 약 1만 2천 명이나 된다. 그런데 2~3천 명으로 이길 수 있다고 생각하는 것이 이상한 것이다. 눈이 가려져서 판단력을 상실한 것이다. 우리 마음에 교만과 자만심이 찾아오는 순간 눈이 가려지고, 판단력이 상실된다.

"그런즉 선 줄로 생각하는 자는 넘어질까 조심하라"(고전 10:12)

"사무엘이 이르되 왕이 스스로 작게 여길 그 때에 이스라엘 지파의 머리가 되지 아니하셨나이까 여호와께서 왕에게 기름을 부어 이스라엘 왕을 삼으시고"(삼상 15:17)

그렇다면 교만한 마음이 아이성 패배의 원인의 전부일까? 모든 패배에는 보이지 않는 더 중요한 원인이 있게 마련이다. 1절이다.

"이스라엘 자손들이 온전히 바친 물건으로 말미암아 범죄하였으니 이는 유다 지파 세라의 증손 삽디의 손자 갈미의 아들 아간이 온전히 바친 물건을 가졌음이라 여호와께서 이스라엘 자손들에게 진노하시니라"

여리고성 전투 때 이미 아간이 하나님의 명령을 어기고 전리품을 챙기는 범죄를 저질렀다. 아무도 그 사실을 모르고 있었다. 하나님은 아간의 범죄를 해결할 때까지 이스라엘 백성에게 승리를 허락하실 생각이 없으셨다. 13절을 보자.

"너는 일어나서 백성을 거룩하게 하여 이르기를 너희는 내일을 위하여 스스로 거룩하게 하라 이스라엘의 하나님 여호와의 말씀에 이스라엘아 너희 가운데에 온전히 바친 물건이 있나니 너희가 그 온전히 바친 물건을 너희 가운데에서 제하기까지는 네 원수들 앞에 능히 맞서지 못하리라"

이런 상황에서는 아무리 전략을 잘 짜고, 3천 명의 몇 배가 되는 군대를 보냈어도 아이성 전투에서 패했을 것이다. 즉 여호수아가 첫 번째 패배를 한 뒤에 더 많은 군대를 보냈더라도 결과는 역시 달라지지 않았을 것이다. 아간의 범죄가 승리를 막고 있었기 때문이다. 우리 인생에서 문제는 계속해서 일어나는데, 아무리 노력해도 해결이 안 되는 경우가 있다. 이것은 표면적으로 드러난 문제 외에 진짜 중요한 문제가 숨겨졌다는 뜻이다. 하나님 앞에서 해결해야 할 문제가 있다는 의미이기도 하다. 문제와 고통이 계속해서 생기는 것은 '그것'을 깨달으라는 하나님이 주시는 신호이다.

이럴 때는 하나님께 진지하게 묻고 기도해야 한다. 아무도 몰랐던 아간의 범죄 사실이 여호수아가 기도할 때 드러났다. 10~11절을 보자.

"여호와께서 여호수아에게 이르시되 일어나라 어찌하여 이렇게 엎드렸느냐 이스라엘이 범죄하여 내가 그들에게 명령한 나의 언약을 어겼으며 또한 그들이 온전히 바친 물건을 가져가고 도둑질하며 속이고 그것을 그들의 물건들 가운데에 두었느니라"

문제가 드러나면 해결책도 있다

우리가 기도할 때 성령님은 우리의 문제를 드러내신다. 우리의 죄를 드러내신다. 따라서 우리는 문제와 사건을 가지고 반드시 하나님께 나아가야 한다. 진짜 문제를 해결하려면 하나님 앞에서 적나라하게 내려놓고 하나님의 말씀을 들어야 한다.

하나님은 문제를 드러낼 뿐만 아니라 해결할 방법을 말씀해 주셨다. 14~15절을 보자.

"너희는 아침에 너희의 지파대로 가까이 나아오라 여호와께 뽑히는 그 지파는 그 족속대로 가까이 나아올 것이요 여호와께 뽑히는 족속은 그 가족대로 가까이 나아올 것이요 여호와께 뽑히는 그 가족은 그 남자들이 가까이 나아올 것이며 온전히 바친 물건을 가진 자로 뽑힌 자를 불사르되 그와 그의 모든 소유를 그리하라 이는 여호와의 언약을 어기고 이스라엘 가운데서 망령된 일을 행하였음이라 하셨다 하라"

다음 날 하나님이 명령하신 대로 모든 백성이 모여서 제비를 뽑았다. 유다 지파가 뽑혔고, 유다 지파 중에서 세라 족속이 뽑혔다. 이렇게 계속 제비를 뽑다 보니 최종적으로 아간이 뽑혔다. 그리고 아간이 시날산 외투 한 벌과 은 이백 세겔과 금덩어리 오십 세겔을 숨긴 사실이 드러났다. 아간의 가족들을 아골 골짜기로 데리고 가서 돌로 쳐서 죽이고 돌로 무덤을 만들었다(16~25절). 이렇게 해서 하나님의 진노가 그치고 문제가 해결되었다. 26절을 보자.

"그 위에 돌 무더기를 크게 쌓았더니 오늘까지 있더라 여호와께서 그의 맹렬한 진노를 그치시니 그러므로 그 곳 이름을 오늘까지 아골 골짜기라 부르더라"

오늘 말씀이 주는 메시지가 무엇일까? 우리 공동체 안에서 범죄한 사람을 찾아서 처벌해야 우리 공동체가 축복받는다는 것일까? 잘잘못을 따져서 판단하고 정죄하고 고소하라는 말일까? 의로운 사람과 의롭지 않은 사람을 구분하라는 말인가?

아간의 이야기는 일차적으로는 하나님이 얼마나 죄를 싫어하는지 보여준다. 죄가 우리 인생과 공동체 속에 영적인 흐름을 막고, 하나님의 축복의 통로를 막는다는 것을 보여주는 것이다.

하지만 그 죄를 공개적으로 드러내는 것은 사람이 하는 일이 아니다(마 18:15-17). 죄를 드러내는 것은 하나님이 직접 하신다. 마침내 아간의 죄를 드러내고, 제비 뽑게 한 것은 백성들이 아니다. 하나님이시다. 우리는 다른 사람의 죄를 드러내고 정죄할 위치에 서 있지 않다.

다른 사람의 죄가 아무리 커 보여도 하나님 앞에서 자기 죄보다 크지 않다.

> "어찌하여 형제의 눈 속에 있는 티는 보고 네 눈 속에 있는 들보는 깨닫지 못하느냐 보라 네 눈 속에 들보가 있는데 어찌하여 형제에게 말하기를 나로 네 눈 속에 있는 티를 빼게 하라 하겠느냐 외식하는 자여 먼저 네 눈 속에서 들보를 빼어라 그 후에야 밝히 보고 형제의 눈 속에서 티를 빼리라" (마 7:3-5)

다른 사람의 잘못이 보이면 나에게는 그것보다 훨씬 더 큰 잘못이 있다고 보면 된다. 다른 사람의 잘못이 보이면 그것을 통해서 내 죄를 돌아보게 하시는구나 하고 나를 돌아보면 하나님께서 주시는 복을 누리게 된다.

아간만 죽으면 다 끝난 것일까? 아간에게 모든 책임을 돌리고 비난하면 끝일까? 여호수아는 하나님 앞에서 자기 죄를 보아야 했다. 3절과 4절을 보자.

"여호수아에게로 돌아와 그에게 이르되 백성을 다 올라가게 하지 말고 이삼천 명만 올라가서 아이를 치게 하소서 그들은 소수이니 모든 백성을 그리로 보내어 수고롭게 하지 마소서 하므로 백성 중 삼천 명쯤 그리로 올라갔다가 아이 사람 앞에서 도망하니"

정탐꾼들이 잘못된 보고를 했으니 여호수아는 아무런 책임이 없는가? 2천 명을 보낼 수도 있었는데 3천 명을 보냈기 때문에 잘한 일인가?

3절과 4절 사이에 중요한 것이 빠져 있다. 여호수아는 정탐꾼의 보고를 듣고 하나님께 물어야 했다는 사실이다. 그런데 여호수아도 교만한 마음에, 자만심에 빠져서 묻지 않았다. 이것이 여호수아의 가장 큰 잘못이다. 하나님께 물었다면 3천 명으로는 아이성을 점령할 수 없다는 것을 알려주셨을 것이다. 자만심에 우쭐해 있는 자기를 보게 해 주셨을 것이다. 교만함으로 우둔 해진 생각을 바로잡아 주셨을 것이다. 아간의 범죄 때문에 전쟁에서 이길 수 없음을 알려주셨을 것이다. 여호수아도 하나님께 묻지 않았음을 회개했을 것이고, 교만하고 자만한 것에 대해서 회개했을 것이다. 이렇듯 하나님께 묻고 기도하는 것은 무엇에 비할 것 없이 중요하다.

우리가 성공하는 것과 원하는 것을 얻는 것에 인생의 목표를 두고 살면 우리는 정말 중요한 것을 잃어버린다. 그런 삶의 수순은 이러하다. 성공하고 승리할 때는 기뻐한다. 하나님이 하셨다고 하나님의 이름을 높인다. 하지만 어느 순간 하나님은 사라지고 자기가 그 일을 이룬 것처럼 교만이 생기고 자만심이 찾아온다. 그 후로는 하나님과 함께하는 것을 잃어버린다. 왜냐하면 하나님은 내 성공과 목표를 위해서 도움을 주신 분이기 때문이다. 성공했을 때 하나님의 이름을 높이고 찬양하면 내 할 일은 다했다고 생각한다. 그다음은 하나님이 필요치 않다.

우리의 목표는 하나님이 우리 인생의 왕과 주인이 되는 것이어야 한다. 뜻이 이루어질 때 하나님 앞에 더 무릎 꿇어야 한다. 여호수아는 아이성의 실패를 통해서 이런 사실을 제대로 깨달았다. 그다음 전투부터 철저하게 하나님을 의지함으로 모든 전쟁을 승리로 이끌었다. 아이성 전투가 가나안 땅 전쟁에서 처음이자 마지막으로 패배한 전투이다. 하나님을 우리의 인생에 왕과 주인으로 섬기고 사는 것이 진정한 승리의 삶이다.

3 부

길이 막힐 때는 쉬어 가라

에발산[mount Ebal] | '벌거숭이 산', '민둥산'이란 뜻 사마리아 지방에 있는 아이 성에서 북쪽 약 32㎞ 지점에 위치한 해발 925m의 높은 산. 계곡에서부터 367m 높이에 솟아 있고, 맞은편 그리심산(일명 '축복의 산')보다는 약 58m 더 높다. 일명 '저주의 산' 가나안 땅으로 진입할 때 이 산에서 저주의 율법이 선포되도록 했었고, 또 여호와를 위한 돌단을 쌓도록 했었다(신 11:29; 27:4-26; 수 8:30, 33). 이곳에 율법을 새긴 돌을 세운 것은 율법을 범한 자에게 엄중한 경고를 주기 위해서였다.

1. 기본으로 돌아가라

여호수아 8장 1~29절

부끄러움과 두려움을 해결하라

아이성 전투의 패배 원인이 아간의 범죄 때문이라는 것이 공식적으로 확인되었다. 그럼에도 불구하고 여호수아는 하나님 앞에서 떳떳할 수 없었다. 아무리 아이성의 패배가 아간의 범죄 때문이라고 해도 변하지 않는 사실이 있었다. '자만했고, 하나님께 묻지 않았고, 하나님께 온전히 집중하지 못했다'라는 사실이다. 여호수아는 자신의 교만함, 허세로 가득했던 모습 때문에 부끄러웠다. 하나님 앞에 나설 용기가 없었다. 이래저래 핑곗거리를 찾아보아도 다른 사람은 속여도 자신을 속일 수 없었다.

여호수아에게는 부끄러움도 있었지만 동시에 두려움도 찾아왔다. 실패를 몰랐던 여호수아에게 아이성의 패배는 충격으로 다가왔다. 다시 전쟁하는 것이 두려웠다. 게다가 더 이상 하나님이 함께하시지 않는다면 어떻게 해야 하나라는 두려움이 몰려왔다. 이것은 우리가 죄를 지을 때 찾아오는 두 가지 감정이다.

우리는 죄를 지으면 반드시 하나님 앞에 엎드려서 회개함으로 죄책

124

감과 두려움을 온전히 치료받아야 한다. 그렇지 않으면 사탄이 죄책감과 두려움으로 공격해서 우리 인생을 무너뜨린다. 사울왕을 보라. 죄책감과 두려움을 극복하지 못하고 결국 인생이 무너졌다. 가룟 유다도 마찬가지다. 반면에 오랜 시간 엎드려 하나님 앞에 머물러 있었던 다윗과 베드로는 죄책감과 두려움을 치료받았을 뿐만 아니라 하나님의 손에 들려 놀라운 사역을 감당했다.

엎드려 있던 여호수아에게 하나님의 회복 메시지가 선포되었다. 1절을 보자.

"여호와께서 여호수아에게 이르시되 두려워하지 말라 놀라지 말라 군사를 다 거느리고 일어나 아이로 올라가라 보라 내가 아이 왕과 그의 백성과 그의 성읍과 그의 땅을 다 네 손에 넘겨 주었으니"

한 번 실패한 사람이 다시 시작할 때는 처음보다 훨씬 더 큰 두려움을 느낀다. 이것을 아시는 하나님이 여호수아에게 힘을 주고 계신다. "내가 너를 보낸다. 내가 너와 함께 한다. 그러니까 두려워하지 말고 일어나서 다시 아이성을 공격하라"라는 것이다. 두려움은 하나님이 책임져 주시겠다는 것이다.

하나님이 아이성을 공격할 때 중요한 두 가지 명령을 내리셨다.
첫 번째 명령은 군사를 다 거느리고 일어나 아이로 올라가라는 것이다. 아이성의 규모나 적군의 숫자로 판단하면 전 군이 다 올라가서 싸울 필요는 없었다. 그런데 하나님은 여호수아에게 한 사람도 남기지 말고 다 데리고 가서 전쟁을 하라고 하셨다. 이번에는 여호수아가 직접 지휘해서 전 군대가 나가서 싸우라는 것이다.

하나님의 메시지, 의도가 보이는가? 기본으로 돌아가라는 것이다. 교만과 자만심을 다 버리고 초심으로 돌아가라는 것이다. 사람은 주어진 환경에 빨리 적응하는 존재다. 경험과 실력이 쌓이고, 성공하고 인기를 얻게 되면 처음에 가졌던 마음을 잃어버리고 현재 자기가 누리고 있는 것에 쉽게 적응한다. 적응하다 못해 정말 중요하게 해야 할 것을 귀찮다고 여기고 하지 않는다. 이때 문제가 찾아온다.

이 문제를 바로잡기 위해서는 다시 기본과 초심으로 돌아가야 한다. 어디에서 문제가 발생했는지 진단을 해야 한다. 하나님은 첫사랑을 잃어버린 에베소 교회를 향해서 어디에서 떨어졌는지 생각하고, 회개하고 처음 행위를 가지라고 하셨다(계 2:4-5). 하나님이 모든 백성이 다 올라가라고 하신 것은 여호수아뿐만 아니라 모든 백성에게 초심과 기본으로 돌아가서 다시 시작하라는 명령이다.

두 번째 명령은 거기서 탈취할 물건과 가축은 스스로 가지라고 하셨다(2절). 이것은 여리고성 전투를 할 때 전리품에 하나도 손대지 말고 하나님께 다 바치라는 명령과 상반되는 명령이다. 이렇게 달랐던 이유는 무엇일까? 대부분의 전쟁에서 모든 전리품들은 전쟁하는 군인들이 다 가지게 하셨다. 아주 특별한 이유가 있을 때만 전리품에 손대지 못하게 하셨다. 여호수아가 가나안 땅을 점령하는 전쟁을 31번 치르는데, 딱 한 번 여리고성 전투에서만 이 명령을 내리셨다.

이런 전쟁을 헤렘 전쟁이라고 표현한다. '헤렘(חֵרֶם)'이라는 단어는

'분리하다, 금하다' 혹은 '성별하다'라는 뜻을 가진다. 두 가지 의미로 보면 된다. 첫 번째는 하나님의 주권을 세우기 위함이다. 두 번째는 이스라엘 백성들의 신앙이 우상들에게 위협당하지 않도록 하기 위함이다. 하나님의 주권과 이스라엘 백성들의 거룩함이 지켜져야 물질이 풍부하고 이방 문화로 가득한 가나안 땅에서 하나님의 백성으로 살아갈 수 있기 때문이다. 사실 이 명령은 하나님을 위한 것이 아니라 이스라엘 백성들을 지키기 위한 명령이었다.

우리가 신앙생활을 하다 보면 하나님을 오해할 때가 있다. 신앙생활을 잘하려면 가난해야 하고, 인생을 즐기면 안 된다고 생각한다. 거룩함이란 늘 회개하고 반성하는 어두운 얼굴로 사는 것이라고 착각하는 경우다. 하나님은 우리에게 풍성하게 주시는 분이다. 하늘의 신령한 복과 땅의 기름짐으로 채워주시는 분이다. 생명을 얻고 더 풍성하게 하시는 분이다.

"사람들이 사는 동안에 기뻐하며 선을 행하는 것보다 더 나은 것이 없는 줄을 내가 알았고 사람마다 먹고 마시는 것과 수고함으로 낙을 누리는 그것이 하나님의 선물인 줄도 또한 알았도다" (전 3:12-13)

기적이 사라질 때 자신이 더 잘 보인다

세상을 좇아 살지 말라는 것은 성공과 인기, 인생의 즐거움을 목표로 삼지 말라는 것이다. 방향을 잃어버리지 말라는 말이다.

아이성 전투에는 특징이 있다. 하나님의 초자연적인 기적이 전혀

일어나지 않았다. 철저하게 여호수아의 손에 맡겨두었다. 물론 하나님
이 지혜를 주셨다. 하지만 처음 작전을 짜는 것에서부터 실행하고 마
무리하는 것까지 모두 여호수아에게 맡겼다. 이렇게 해야 온전히 초심
으로 돌아가고, 기본으로 돌아갈 수 있기 때문이다.

　여호수아는 기본으로 돌아가서 혼신을 다해서 전쟁을 준비했다. 밤
을 틈타서 하루 전에 3만 명의 군사를 아이성 서쪽으로 먼저 올려 보
내고 매복을 시켰다(3절). 다음날 아침 여호수아는 본대를 이끌고 아이
성으로 올라갔다. 그리고 다시 5천 명 뽑아서 아이성과 벧엘 사이에
매복시켰다(12절). 이미 하루 전에 3만 명을 매복시켰는데 왜 또 5천
명을 매복시켰는지 이유는 나오지 않는다. 아마도 5천 명은 벧엘성에
서 아이성을 돕기 위해서 오는 지원군을 차단하기 위함이 아닌가 짐

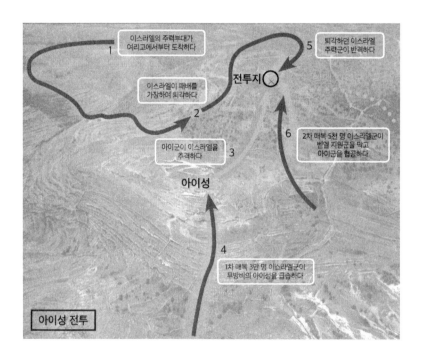

128

작한다. 3만 명은 아이성 사람들이 성문을 열고 이스라엘 군대를 뒤쫓아갈 때 아이성을 점령하는 역할을 맡겼다.

여호수아의 작전은 이름하여 '매복과 작전상 후퇴 전략'이다. 먼저 매복을 시키고 난 뒤 여호수아는 본대를 이끌고 아이성 앞으로 가서 모습을 드러내었다. 공격하다가 패배하는 척 하면서 도망치기 시작했다. 아이성 사람들은 이번에도 이겼다고 생각하고 성 밖으로 나와서 문을 열어놓은 채로 이스라엘 군대를 추격했다. 그때 미리 성 주위에 매복해 있던 군인들이 아이성을 점령해 버렸다. 아이성을 점령했다는 신호로 연기가 피어오르자 도망가던 이스라엘 군대가 돌아서서 아이 사람들을 공격하기 시작했다. 아이성 사람들은 여호수아가 이끄는 군대와 매복군 사이에 포위당해서 모두 죽음을 맞이했다. 그때 5천 명의 군인들은 벧엘에서 오는 지원군이 오지 못하도록 길목을 차단해 버렸다. 얼마나 탁월한 계획인가?

이 작전은 지난 전쟁의 실패에서부터 나온 것이다. 1차 전쟁에서 실패했기 때문에 아이성 사람들을 유인할 수 있었다. 여호수아는 자신의 실패 경험을 통해서 배운 것이다. 실패한 자리에서 기본과 초심으로 돌아가 다시 시작한 것이다.

사람은 누구나 실패를 경험할 수 있다. 누구나 상처가 있다. 사탄은 우리의 과거의 상처를 쓴 뿌리로 만들어서 우리를 괴롭히고, 자기가 원하는 대로 조종한다. 에서는 야곱에게 받은 상처 때문에 스스로 인생을 망가뜨렸다. 자신의 장자권을 빼앗아 간 동생 야곱을 아버지 이삭과 어머니 리브가가 축복해 주고, 삼촌인 라반에게 보내는 것을 보았다. 그리고 거기서 아내를 얻게 하는 것을 보았다. 에서는 그 반발

심으로 가나안 여자랑 결혼해서 부모의 마음을 아프게 하고 하나님의 언약에서 벗어나는 길을 선택했다. 그리고 동생 야곱에 대한 복수심으로 평생을 살아가면서 자기 인생을 불행으로 몰아넣었다.

반면에 하나님은 과거의 상처를 강점으로 바꾸셔서 하나님의 나라를 위해서 사용하신다. 실패를 성공의 재료로 만드는 사람이 믿음의 사람이다. 야곱은 삼촌 라반에게 10번이나 배신당하고, 사랑하는 아내 라헬의 죽음도 경험한다. 딸 디나가 세겜의 추장에게 강간당하는 것을 보고, 아들 요셉을 잃어버리는 아픔도 겪는다. 이 과정에서 자신의 잘못을 돌아보고, 하나님의 언약을 깨달아 간다. 하나님께 모든 것을 맡기는 사람이 되었다.

"전능하신 하나님께서 그 사람 앞에서 너희에게 은혜를 베푸사 그 사람으로 너희 다른 형제와 베냐민을 돌려보내게 하시기를 원하노라 내가 자식을 잃게 되면 잃으리로다"(창 43:14)

실패를 발판으로 삼아라

과거의 실패와 고통을 통해서 아브라함, 이삭을 통해 내려온 하나님의 언약을 이어가는 진짜 장자로 거듭났다. 하나님은 이런 야곱을 통해 12지파를 이루게 하셨다. 하나님의 백성인 이스라엘을 이루는 축복을 주셨다. 속이는 자라는 뜻의 야곱에서 승리자 이스라엘로 바꿔 주셨다.

여호수아도 자신의 실패를 발판으로 삼았다. 과거의 실패를 미래를 살아가는 좋은 재료로 삼았다. 아이성 전투의 실패는 하나님 앞에서 자기를 겸손하게 하고 초심으로 돌아가게 하는 버튼이 되었다. 교만해지려고 하다가도 그 버튼이 눌러지면 초심으로 돌아가 전심으로 하나님께 의지하게 되었다. 나머지 전쟁에서 모두 이긴 것은 아이성의 실패가 있었기 때문이다.

구원받은 우리는 모두 다 과거에 실패한 인생들이다. 죄로 인해서 죽은 인생들이다. 공중 권세잡은 자를 따라서 부끄러운 인생을 산 사람들이다. 하지만 구원받은 우리는 과거의 아픔을 곱씹으면서 고통 속에 살아갈 필요가 없다. 예수님이 십자가와 부활을 통해 이미 우리의 과거의 모든 죄와 실수를 다 해결하셨다. 저주와 재앙을 축복으로 바꾸시고 새로운 피조물로 만드셨다.

"그런즉 누구든지 그리스도 안에 있으면 새로운 피조물이라 이전 것은 지나갔으니 보라 새 것이 되었도다" (고후 5:17)

우리가 우리 죄를 고백하고, 예수님이 십자가에서 나를 대신해서 죽으심을 믿으면 구원을 얻는다. 예수님이 죄와 사망, 사탄의 권세를 이긴 그리스도로 우리의 마음에 받아들이면 성령님이 우리에게 오셔서 우리를 새롭게 하신다. 예수님 안에서 우리의 모든 과거는 미래를 살아가는 재료와 발판이 된다. 기쁜 일이 아닐 수 없다. 과거의 실패로 더 새로워지니 말이다. 우리는 그리스도 안에서 마음과 생각까지 새로운 존재가 되었다. 따라서 하나님의 약속의 말씀으로 새로운 가치관 새로운 인생, 새로운 목표를 삼아야 한다.

전옥표 교수가 쓴 『모세처럼 기도하고 여호수아처럼 실행하라』라는 책에 보면 이런 내용이 있다. 런던 비즈니스 스쿨 교수인 도널드 설(Donald Sull)은 기업들이 망하는 이유는 기업들이 활동적 타성(Active Inertia)'에 빠져 있기 때문이라고 말한다. 기업이 성공할 때까지는 열심히 연구하고 노력하다가 성공했을 때는 한 번 성공한 방식을 고집하면서 변화하지 않는다는 말이다.

글로벌 기업인 코닥(KODAK)은 카메라 업계의 최고 강자였다. 이 코닥이 1975년에 가장 먼저 디지털카메라를 개발했음에도 불구하고, 필름만 고집하다가 실패했다. 모토로라(Motorola, Inc.)는 아날로그 방식을 사용하던 시절 휴대폰의 최대 강자였다. 그런데 디지털 시대의 변화에 대처하지 못해서 애플과 삼성에 시장을 빼앗겨 버렸다. 현재의 성공에 취해서 기본으로, 초심으로 돌아가서 연구하지 않았기 때문이다.

하나님은 창조적인 분이시다. 한 번도 같은 일을 같은 방식으로 해 보신 적이 없는 분이시다. 홍해를 가를 때에는 모세가 지팡이를 내리치게 하셨고, 요단강을 가를 때에는 제사장들이 법궤를 메고 물로 들어가게 하셨다. 여리고성은 7번 도는 것으로 무너뜨렸지만, 아이성은 고도의 전술 전략을 동원해서 점령했다. 어떤 소경은 그냥 말씀으로 명령하셔서 눈을 뜨게 하시고, 또 어떤 소경은 진흙을 발라서 실로암 연못에 가서 씻게 하셔서 고치게 하셨다. 새 술은 새 부대에 넣어야 한다고 말씀하셨다.

우리는 창조적인 하나님과 함께 신앙생활을 하고 있다. 타성에 젖어서 신앙생활하는 것을 버려라. 지금 문제가 일어나지 않았다고 해서 안심하면 안 된다. 예배를 통해서, 기도를 통해서 날마다 새롭게 하나님을 만나라. 기본으로 돌아가서 하나님을 갈망하고, 하나님의 인도하심을 간구하라. 가장 어려울 때 하나님을 찾았던 것처럼 지금 하나님을 찾으라. 그럼 하나님이 우리의 지경을 넓히시고, 새로운 일을 보여주실 것이다. 다시 신앙의 기본과 초심으로 돌아가서 하나님을 깊이 만나고, 무너진 삶을 일으키자.

2. 가장 시급한 일

여호수아 8장 30~35절

운동경기는 각 종목마다 경기규칙이 다 다르다. 경기 시간, 선수의 숫자, 진행하는 방식이 다르다. 그런데 모든 운동 종목에 공통으로 존재하는 것이 있다. 바로 작전타임(time out) 또는 하프타임(half time break)이다. 작전타임은 경기를 강제적으로 중단시키는 것이다. 심장이 터져라 뛴 선수들에게 쉼을 주면서, 동시에 새로운 작전을 지시해서 경기의 흐름을 뒤집는 시간이다.

여호수아는 첫 번째 패배를 딛고 아이성 전투를 승리로 이끌었다. 여호수아가 세워놓은 가나안 땅 정복 계획에 의하면 중앙지역을 점령하고 난 후에는 남쪽 지역을 먼저 점령하고, 그다음에 북쪽 지역을 점령하는 것이었다. 아이성 전투를 이기면서 중앙 지역에 대한 정복이 끝났다. 이제 남쪽 지역을 점령하기 위해서 군대를 움직일 시간이었다.

그런데 여호수아는 이때 좀 다른 선택을 했다. 30~31절을 보자.

"그때에 여호수아가 이스라엘의 하나님 여호와를 위하여 에발 산에 한 제단을 쌓았으니 이는 여호와의 종 모세가 이스라엘 자손에게 명

령한 것과 모세의 율법책에 기록된 대로 쇠 연장으로 다듬지 아니한

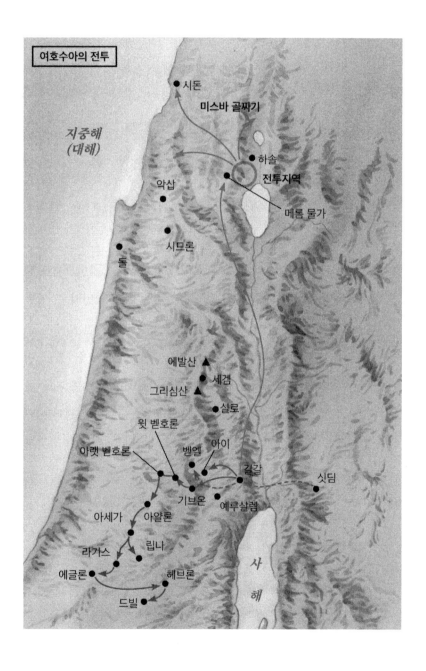

새 돌로 만든 제단이라 무리가 여호와께 번제물과 화목제물을 그 위
에 드렸으며"

에발산은 아이성 보다 남쪽에 위치해 있는 것이 아니라 북쪽으로
40킬로나 더 올라가야 하는 곳에 있다. 여호수아는 군대만 이끌고 간
것이 아니라 남녀노소를 포함한 모든 백성을 데리고 에발산으로 갔다.
그리고 그곳에서 제단을 쌓고 번제와 화목제로 드렸다.

여호수아는 왜 갑자기 전쟁을 중단하고 에발산으로 갔을까? 이것
은 모세가 명령하고 율법책에 기록한 것을 행한 것이다(31절). 신명기
27장에 모세가 명령한 내용이 자세히 기록되었는데 이스라엘 백성들
이 요단강을 건너서 가나안 땅에 들어가면 에발산과 그리심산으로 가
서 하나님이 말씀하신 율법을 선포하라고 하셨다. 가장 먼저 큰 돌들
위에다가 석회를 바르고 그 위에 율법을 기록해서 에발산 위에 세운
다. 두 번째, 다듬지 않은 돌로 제단을 만들고 번제와 화목제를 드린
다. 세 번째, 12개 지파 중에 절반은 그리심 산 위에 서고, 나머지 절반
은 에발산 위에 선다. 네 번째, 법궤를 멘 제사장들이 그리심산과 에발
산의 가운데 있는 골짜기에 위치한다. 다섯 번째, 제사장들이 축복과
저주를 선포할 때 산 위에 선 모든 백성이 아멘으로 화답한다.

이것을 그대로 이행한 것이 오늘 말씀 32절과 33절이다.

"여호수아가 거기서 모세가 기록한 율법을 이스라엘 자손의 목전에서
그 돌에 기록하매 온 이스라엘과 그 장로들과 관리들과 재판장들과 본
토인뿐 아니라 이방인까지 여호와의 언약궤를 멘 레위 사람 제사장들

앞에서 궤의 좌우에 서되 절반은 그리심 산 앞에, 절반은 에발 산 앞에 섰으니 이는 전에 여호와의 종 모세가 이스라엘 백성에게 축복하라고 명령한 대로 함이라"

그런데 신명기 27장의 명령에 의하면 그리심산과 에발산으로 가서 축복과 저주를 선포하는 시기는 정해놓지 않았다. 여호수아에게 선택할 재량권을 주었다는 말이다. 그리심산과 에발산은 아이성 북쪽에 위치하기 때문에 효율성의 측면에서 보면 남쪽을 먼저 점령하고 북쪽으로 올라갈 때 이곳으로 가는 것이 좋다. 또는 북쪽까지 다 점령하고 난 뒤 편안할 때 그리심산과 에발산으로 가는 것이 더 좋다. 그런데 여호수아는 아이성 전투에서 승리하고 난 직후 전쟁을 강제로 중단시키고 일부러 40킬로나 거슬러 올라가서 그리심산과 에발산으로 갔다. 전쟁을 중단시키고 작전타임을 부른 것이다.

작전타임은 타이밍이 생명이다

작전타임을 부를 때 가장 중요한 것은 타이밍이다. 타이밍을 잘못 선택하면 유익이 아니라 오히려 독이 된다. 작전타임은 주로 지고 있을 때 부르거나 사기가 떨어지고, 힘들 때 부른다. 그런데 지금은 이스라엘이 아이성 전투의 승리로 사기가 높아졌을 때이다. 전쟁할 의욕도 강하다. 그리고 적들도 싸울 준비를 하고 있었다.

> "이 일 후에 요단 서쪽 산지와 평지와 레바논 앞 대해 연안에 있는 헷 사람과 아모리 사람과 가나안 사람과 브리스 사람과 히위 사람과 여부스 사람의 모든 왕들이 이 일을 듣고 모여서 일심으로 여호수아와 이스라엘에 맞서서 싸우려 하더라"(수 9:1-2)

여호수아에게는 물리쳐야 할 적이 산더미처럼 쌓여 있다. 그 적들을 다 물리치려면 지체할 시간 없이 군대를 정비해서 남쪽으로 이동해야 했다. 적들이 숨을 고르기 전에 몰아붙여야 했다. 아무리 급한 일이 있어도 그것을 미뤄놓고라도 전쟁을 치러야 현명하다 할 수 있다. 지금 전쟁을 멈추면 적에게 역공을 당할 수도 있고 이스라엘이 여러모로 어려워질 수 있는 그 타이밍이었다.

그런데 왜 이런 타이밍에 여호수아는 전쟁을 중단시키고 그리심산과 에발산으로 향했던 것일까? 여호수아는 지금 눈앞에 있는 전쟁보다 더 시급하게 해결해야 하는 문제가 있다고 본 것이다. 전쟁도 중요하지만, 더 중요한 것은 백성들과 자신의 영적인 상태였다. 여호수아는 이스라엘 백성들과 자신의 영적인 상태에 빨간 불이 켜진 것을 본 것이다. 이대로 전쟁을 계속하다가는 큰 문제가 생길 수 있다는 위기감이 여호수아에게 든 것이다. 그래서 전쟁을 멈추고 영적인 작전타임 혹은 하프타임을 선언한 것이다.

이런 여호수아의 마음은 아이성 전투를 되짚어보면 알 수 있다. 여리고성을 점령한 자만심 때문에 아이성 전투에서 처참히 패한 후 이스라엘은 전열을 가다듬고 재공격하여 승리하였다. 하지만 여호수아는 여전히 마음이 무거웠다. 이미 영적으로 해이해진 자신과 이스라엘 백성들의 모습을 보았기 때문이다.

인생이 잘 될 때는 문제를 발견하기 쉽지 않다. 사업도 잘되고 있고, 경제적인 상황도 어렵지 않고, 나를 괴롭히는 문제도 없고, 모든 것이 잘 진행되는데 무슨 문제가 있나? 라고 생각할 수 있다. 이럴 때 내가 뭐 그리 심각하게 기도하고, 말씀으로 무장해야 하나? 라고 생각할 수 있다. 내게 꼭 영적인 충전이 필요하나 생각할 수 있다. 그러나 오히려 그때가 더 작전타임이 필요할 때 일 수 있다. 여호수아는 이기고 있을 때 문제를 볼 수 있는 눈이 있었다. 그리고는 잘 될 때 작전타임을 선언했다. 이것이 이스라엘이 가나안 땅을 성공적으로 점령할 수 있었던 힘이다.

운전하다 보면 자동차가 잘 달리고 있다고 문제가 없는 것이 아니라는 것을 경험하게 된다. 무슨 말이냐 하면 잘 달리고 있는 순간에도 연료계 눈금은 계속해서 줄어들고 있다. 경고등이 들어온 이후에도

10~20마일 정도는 아무런 문제가 없는 것처럼 달린다. 잘 달리고 있다고 문제가 없다고 생각하면 착각이라는 것이다. 이내 자동차가 멈추는 순간이 거짓말처럼 온다. 그 순간이 오기 전에 가던 길을 멈추고 기름을 충전해야 한다.

이스라엘 백성들이 세겜에 가서 한 일이 무엇인가? 전쟁 준비를 한 것이 아니다. 전쟁은 완전히 잊어버렸다. 그냥 하나님께만 집중하면서 시간을 보냈다. 에발산에 제단을 쌓고 번제와 화목제를 하나님께 드렸다. 율법을 낭독하고 백성들이 아멘으로 화답했다. 이것은 이스라엘 백성과 하나님 사이에 언약을 갱신하는 것이다. 잊어버렸던 하나님과의 약속을 상기시키고 하나님께 다시 헌신하는 것이다. 하나님의 사랑을 확인하고 다시 힘을 얻는 것이다.

31절에 보면 단을 쌓을 때 잘 다듬은 돌을 가지고 단을 쌓지 않는다. 자연석 돌을 그대로 단을 쌓았다. 생긴 모양이 좀 울퉁불퉁해도 그대로 살려서 단을 쌓은 것이다. 이것이 하나님의 명령이었다. 하나님께 드려지는 것은 모두 다 순수한 자연의 모습 그대로 드려져야 한다. 하나님은 잘 갖추고 나오는 모습을 원하시는 것이 아니다. 우리의 있는 모습 그대로 나오기를 원하신다. 가식적이지 않고, 꾸미지 않고, 강한척하지 않고 그냥 우리 모습 그대로를 원하신다. 힘들면 힘든 모습 그대로, 상처 난 모습 그대로 나오길 원하신다. 그래야 십자가의 복음으로 치료받고 회복되기 때문이다.

누구에게나 하나님의 품이 필요하다

여호수아가 아이성 전투가 끝나기 무섭게 모든 것을 멈추고 세겜 땅으로 달려간 것도 자신을 그대로 용납하시는 하나님의 품이 필요했기 때문이다. 아이들이 힘든 일을 겪거나 억울한 일을 당하고 나서 어머니를 만나면 어떻게 하나? 어머니 품속으로 달려가서 실컷 운다. 그야말로 포근하고 모든 것을 감쌀 수 있는 힘이 있음을 알기 때문이다. 그 안은 모든 상처를 치료하는 힘이 있다. 아무것도 말하지 않고 품에 안겨서 그냥 울면 평안해진다.

여호수아도 하나님의 품에 안겨서 울고 싶었다. 하나님의 품에서 쉬고 싶었다. 자기가 잘한 것이 없어도 하나님께로 나가서 회복하고 힘을 얻고 싶었다. 그래서 전쟁을 멈추고 하나님께로 달려간 것이다. 우리도 우리 인생의 복잡한 문제를 싹 잊어버리고 달려가 울 수 있는 하나님의 품이 필요하다. 언제든지 달려가 울 수 있고, 언제든지 달려가 힘을 얻을 수 있는 곳이 필요하다. 그곳으로만 달려가면 하나님을 만날 수 있는 곳이 필요하다. 성전을 하나님의 품으로 삼아라.

다윗은 시편에서 그곳을 피난처라고 표현했다.

"하나님은 우리의 피난처시요 힘이시니 환난 중에 만날 큰 도움이시라 그러므로 땅이 변하든지 산이 흔들려 바다 가운데 빠지든지 바닷물이 솟아나고 뛰놀든지 그것이 넘침으로 산이 흔들릴지라도 우리는 두려워하지 아니하리로다" (시 46:1-3)

다윗은 인생의 어려운 고비마다 하나님의 품으로 달리기를 주저하지 않았다.

여호수아는 하나님께 달려가서 전쟁에 대해서는 이야기하지 않았다. 그냥 하나님과 만나고 제단을 쌓고 언약을 재확인했다. 전쟁에서 이기게 해주실 것이라는 확답도 요구하지 않았다. 이 자리는 목적을 성취하는 자리가 아니었다. 하나님께 뭔가를 받아내는 자리가 아니었다. 그냥 하나님과 만나고 교제하고 회복되는 '그 자리'였다. 이때 이스라엘 백성들과 여호수아는 전쟁에 필요한 에너지가 충전되고 있었다.

결과보다 과정이다

켄 가이어(Ken Gire)의 『묵상하는 삶』이라는 책에 보면 이런 이야기가 나온다. 멕시코 시티의 대형 시장 한구석에서 인디언 노인이 양파를 팔고 있었다. 그때 시카고에서 온 미국인 한 명이 다가와 양파 한 줄이 얼마냐고 물었다. 그러자 노인은 10센트라고 대답했다. 가만 보니, 노인이 내놓은 양파는 모두 스무 줄 정도였다. 그래서 미국인이 스무 줄 다 사면 얼마냐고 물었다. 그런데 노인의 대답은 뜻밖에도 다 팔 수 없다는 것이었다. 놀란 미국인이 물었다. "왜 못 파신다는 겁니까? 한꺼번에 다 팔아 버리면 하루종일 여기서 고생 안 해도 되는데 좋지 않습니까?"

그러자 그 노인이 대답했다.

나는 지금 인생을 살러 여기 나와 있는 거요. 나는 이 시장을 사랑하오. 북적대는 사람들을 사랑하고, 햇빛을 사랑하고, 흔들리는 종려나무를 사랑하오. 친구들이 다가와 인사를 건네고, 자기 아이들이며 농사에 대해 얘기하는 것을 사랑한다오. 그것이 내 삶이오. 바로 그것을 위해 하루종일 여기 앉아 양파 스무 줄을 파는 거요. 그런데 한꺼번에 다 몽땅 팔면 돈은 벌겠지만, 그걸로 내 하루는 끝이요. 사랑하는 내 삶을 잃어버리는 것이오. 그렇게는 할 수 없소.

물질주의에 영향을 받은 현대인들은 결과에만 집착하는 경향이 강하다. 잘 되는 것, 성공하는 것, 빨리 뭔가를 이루는 것에 가치를 둔다. 몇 년 안에 뭔가가 되어야 하고, 빨리 성과를 내야 하고, 내가 하면 무언가 달라야 하고, 비교하고, 열등감 느끼고, 이기기에만 몰두한다.

그러다 보니 삶의 과정을 소중하게 생각하지 않는 경향이 있다. 이러한 경향은 기도할 때도 나타난다. "하나님, 내가 원하는 것을 들어주실 것입니까? 안 들어 주실 것입니까? 빨리 대답하십시오." 우리도 상대방과 대화하려고 할 때 대화가 체 무르익기도 전에 바쁘니까 용건만 간단히 말하라고 하면 마음이 얼마나 식어버리는가. 어느덧 우리는 하나님과의 만남을 소중하게 생각하지 않는다. 지금은 하나님께 도움을 요청할 일이 없으니 하나님을 만날 이유가 없다고 생각한다. 주일 예배도 숙제처럼 억지로 한다.

우리에게 주어진 시간은 하나님의 선물이다. 힘든 시간이면 하나님과 그 힘든 이야기를 나누는 시간이다. 힘든 일을 벗어던지기 위해 발버둥 치는 시간이 아니라 힘든 이야기를 풀어내면서 하나님과 가까이 가는 시간이다. 이때가 아니면 하나님과 깊은 이야기를 나눌 수 없다.

신앙생활은 목표가 아니라 과정이다. 하나님과 함께 인생을 걸어가는 과정이다. 예수님이 우리에게 맡기신 제자 삼는 삶을 사는 과정이다. 하나님을 알지 못하는 사람들에게 복음을 전하면서 사는 과정이다. 목표를 향해 돌진하다 보면 소중한 것을 잃어버리곤 한다. 교회도 목표를 향해서 달리다 보면 하나님과의 만남을 잃어버린다. 우리는 가장 시급한 일을 지금 하지 않으면 손해를 보는 것으로 평가한다. 물론 그 안에는 물질적인 손해가 가장 중요한 기준이다. 그다음이 사람과의 관계이다. 하나님과의 관계는 가장 뒤로 밀리는 경향이 있다. 순서가 잘못되었다. 우리에게 가장 시급한 일이 하나님을 만나는 일이다.

일을 멈추고 하나님께 예배하는 시간이 아까운가? 기도하는 시간이 아까운가? 그렇게 시간을 아끼다 보면 결국 더 많은 시간을 들여서 인생 전체를 복구해야 할 때가 온다는 사실을 기억해야 한다.

점심 때가 되면 '점심시간이다' 하면서 식당으로 가듯이 영적인 배고픔을 느낄 때는 영적인 작전타임을 선언하고 하나님께로 가야 한다. 지체 없이 가서 하나님의 은혜로 영적인 배고픔을 채워야 한다. 목적을 위해서 기도하지 말고 기도를 사랑하라. 하나님을 예배하는 것을 사랑하라. 하나님과의 만남을 기대하라. 하나님을 사랑하고, 하나님과 깊은 교제를 가질 때 우리는 삶의 현장에서 살아갈 힘을 얻는다. 그런 하나님을 경험하는 것이 삶이 되는 성도가 되라.

3. 누구에게나 영적인 싸움이 있다
여호수아 9장 1~15절

성경은 하나님의 구원 이야기가 기록되어 있는 책이다. 하나님이 당신의 형상을 따라서 인간을 만드신 후 에덴동산에 두시고 만나고 교제하면서 생육하고 번성하게 하셨다. 하나님과의 만남과 교제를 통해서, 하나님이 주시는 지혜와 능력을 얻고 하나님의 대리자가 되어서 만물을 다스리고 통치하게 하셨다. 이것이 하나님을 영화롭게 하고 영원토록 그를 즐거워하는 것이다(「소교리문답」 1번, 인간의 제일 되는 목적).

그런데 인간이 뱀의 유혹을 받아 하나님의 법을 어기고 죄를 짓게 되면서 하나님과 단절되고, 정죄를 받아 사망에 이르게 되었다. 사랑의 하나님은 곧바로 최초의 복음을 선포하시면서 구원의 길을 여셨다.

"내가 너로 여자와 원수가 되게 하고 네 후손도 여자의 후손과 원수가 되게 하리니 여자의 후손은 네 머리를 상하게 할 것이요 너는 그의 발꿈치를 상하게 할 것이니라 하시고"(창 3:15)

이것은 뱀의 머리를 깨뜨릴 여자의 후손인 메시아(그리스도)를 보내셔서 구원을 완성하시겠다는 선언이다.

"오직 이것을 기록함은 너희로 예수께서 하나님의 아들 그리스도이심을 믿게 하려 함이요 또 너희로 믿고 그 이름을 힘입어 생명을 얻게 하려 함이니라"(요 20:31)

예수님이 그리스도가 되신다는 것을 믿을 때 생명을 얻게 된다는 말이다. 그리스도(메시아)는 예수님의 이름이 아니라 예수님에게 주어진 직분이다. 구원을 성취하라는 직분이다. 왕의 직분이 있고, 선지자의 직분이 있고, 제사장의 직분이 있다. 이 세 가지를 한꺼번에 수행할 수 있는 직분이 그리스도다.

예수님이 십자가에서 죽으시면서 우리의 죄를 담당하시고, 죄의 대가를 다 지불하셨다는 증거로 부활하셨다. 제사장의 직분을 수행하신 것이다. 죽음에서 부활하시면서 사망의 권세를 잡고 있는 사탄의 머리를 박살내셨다. 모든 영적 권세를 그 발아래 굴복시키시는 왕의 역할을 수행하신 것이다. 부활하심을 통해서 하나님과 가로막혀 있던 담을 허무시고 하나님께로 가는 길을 열어주셨다. 우리는 예수님의 피를 힘입어 하나님께로 나아갈 수 있다. 예수님께서 선지자의 직분을 수행하신 것이다.

"예수께서 이르시되 내가 곧 길이요 진리요 생명이니 나로 말미암지 않고는 아버지께로 올 자가 없느니라"(요 14:6)

종합하면 예수님이 그리스도의 사역을 완성하심으로 우리에게 의로움과 생명을 허락해 주셨다. 십자가와 부활을 통해서 우리의 모든 죄는 사해졌고, 사탄의 머리는 박살났다. 하나님과의 관계 회복은 물론이거니와 우리의 모든 문제는 완전히 해결되고 끝났다. 우리가 이 사실을 믿고 예수님을 우리 인생(마음) 가운데 왕으로 모시기만 하면 예수님이 우리의 인생을 통치하고 다스리면서 모든 문제를 해결하신다.

> "그런즉 이스라엘 온 집은 확실히 알지니 너희가 십자가에 못 박은 이 예수를 하나님이 주와 그리스도가 되게 하셨느니라 하니라"(행 2:36)

영적 전쟁

최초의 복음이 선포된 이후에 구원의 역사를 이뤄가시는 하나님과 그것을 방해하는 사탄의 계략은 계속해서 부딪힌다. 그러나 사탄은 하나님을 대적하여 이길 수 없다. 그렇기 때문에 하나님이 주신 언약을 붙들고 살아가는 하나님의 백성을 유혹하는 것이다. 유혹하고 속여서 하나님의 언약을 놓치게 하려는 것이다. 이것을 영적 싸움이라고 한다.

그래서 우리가 성경을 읽을 때 두 가지 관점을 가지고 읽어야 한다. 첫 번째는 성경이 말하고 있는 1차적인 이야기 즉 문맥과 뜻을 충분히 이해해야 한다. 두 번째는 그 이야기가 보여 주려고 하는 영적인 의미를 찾아야 한다. 성경의 이야기를 충분히 이해하지 못한 상황에서 영적인 의미만을 강조하면 근거 없는 자의적인 해석이 된다. 사이비, 이단이 이렇게 시작되는 것이다. 반면에 영적인 의미를 찾지 않고 성경의 사건만 강조하면 과거의 영웅담에 지나지 않는다.

이러한 관점에서 보면 여호수아가 가나안 땅을 정복하는 것은 하나님의 언약을 이루는 것이고, 가나안 땅에 있는 7개 부족은 그것을 방해하는 적들이다. 가나안 땅 정복은 사탄과의 영적인 전쟁을 의미한다. 가나안 땅에는 정복해야 할 7개 부족, 31명의 왕이 있었다. 이들을 정복해야 하나님의 통치가 가나안 땅에 이루어진다. 이것은 가나안 땅 정복의 문제만은 아니다. 우리 안에도 하나님이 주인 되지 못하게 하는 31개의 왕이 존재한다.

> "또한 그들이 마음에 하나님 두기를 싫어하매 하나님께서 그들을 그 상실한 마음대로 내버려 두사 합당하지 못한 일을 하게 하셨으니 곧 모든 불의, 추악, 탐욕, 악의가 가득한 자요 시기, 살인, 분쟁, 사기, 악독이 가득한 자요 수군수군하는 자요 비방하는 자요 하나님께서 미워하시는 자요 능욕하는 자요 교만한 자요 자랑하는 자요 악을 도모하는 자요 부모를 거역하는 자요 우매한 자요 배약하는 자요 무정한 자요 무자비한 자라"
> (롬 1:28~31)

이 모든 것이 우리 안에 속속들이 숨어 있다가 상황과 환경이 되면 툭 튀어나온다. 이런 것들이 우리의 왕이 되어서 하나님의 약속을 믿지 못하게 한다. 두려움에 싸여 하나님께 불순종하게 한다. 우리 인생을 망치는 실질적 주범들과 예수 그리스도의 이름으로 싸우는 것이 영적인 전쟁이다. 예수님이 십자가와 부활을 통해서 이미 승리하셨기 때문에 하나님의 약속의 말씀을 붙들고 싸우면 반드시 이기게 되어 있다.

여호수아는 아이성 전투에서 승리한 뒤에 에발산과 그리심산이 있는 세겜으로 가서 제단을 쌓고 번제와 화목제를 드렸다. 율법을 낭독하면서 하나님의 언약을 다시 새롭게 상기했다. 영적인 충전의 시간을 가진 것이다. 다음에 있을 전쟁을 위해서 영적으로 무장 한 것이다.

이때 가나안 땅의 있는 적들은 무엇을 하고 있었을까? 1절과 2절을 보자.

"이 일 후에 요단 서쪽 산지와 평지와 레바논 앞 대해 연안에 있는 헷 사람과 아모리 사람과 가나안 사람과 브리스 사람과 히위 사람과 여부스 사람의 모든 왕들이 이 일을 듣고 모여서 일심으로 여호수아와 이스라엘에 맞서서 싸우려 하더라"

헷 사람, 아모리 사람, 가나안 사람, 브리스 사람, 히위 사람, 여부스 사람이라는 것은 가나안 땅에 있는 전체 부족을 나열한 것이다. 이스라엘 백성들이 영적인 충전을 하고 싸울 준비를 할 때 적들도 한마음이 되어서 이스라엘과 싸우겠다고 결의를 다지고 있었다.

우리가 기도하면 사탄도 움직인다

우리가 믿음으로 결단하고, 기도를 시작하면 사탄도 무장하고 싸울 준비를 한다. 기도의 불을 끄려고 온갖 훼방거리를 내던지기 시작한다. 마음 상한 일이 생기게 하고, 예상치 못한 문제가 터지게 하고, 싸우게 하고, 차 타이어가 펑크가 나기도 하고, 좋은 일거리를 줘서 예배와 기도를 빠지게 하기도 하고, 몸이 피곤하게 하고…. 할 수 있는 모든 것을 동원해서 기도하는 것을 막는다.

'기도를 시작했으니 하나님이 축복해 줄 거야. 기도를 시작했으니 모든 일이 잘 풀릴 거야.' 이런 단순한 생각으로 기도하면 오히려 더 시험에 든다. 기도를 시작하면 가장 먼저 찾아오는 것은 평탄함이 아니라 방해다. 그 방해를 믿음으로 이겨야 하나님이 허락하신 응답을 받을 수 있다. 믿음으로 기도하면 반드시 사탄의 방해를 이기고 승리한다. 예수님이 이미 십자가와 부활을 통해서 승리하셨기 때문이다. 우리는 그 예수 그리스도의 이름을 가지고 기도하고 싸우는 것이다. 이미 이긴 전쟁을 싸우는 것이다.

사탄은 끊임없이 공격하는데 대놓고 공격하는 것은 어찌 보면 차라리 낫다. 방해가 너무 분명해서 사탄의 공격임을 금새 알 수 있기 때문이다. 우리가 주의해야 하는 것은 교묘하게 속이는 것이다. 우리로 하여금 영적인 싸움인 것을 인지하지 못하게 하면서 넘어뜨리는 것이다. 3절과 4절을 보자.

"기브온 주민들이 여호수아가 여리고와 아이에 행한 일을 듣고 꾀를 내어 사신의 모양을 꾸미되 해어진 전대와 해어지고 찢어져서 기운 가죽 포도주 부대를 나귀에 싣고"

히위 족속에 속한 기브온 사람들은 이스라엘과 직접 싸워서는 이길 수 없다고 판단하고 동맹 조약을 맺어서 살아남으려고 했다(7절).

그런데 이것이 쉬운 일이 아니었다. 왜냐하면 하나님이 가나안 땅에 있는 7개 부족과는 언약을 맺지 말고 다 죽이라고 하셨기 때문이다 (출 34:11-12). 기브온 족속이 동맹 조약을 맺고 살아남기 위해서는 이스라엘 백성들에게 자신의 존재를 속여야 했다. 그래서 먼 나라에서 온 사신인 것처럼 낡은 부대, 찢어져서 기운 포도주 부대, 낡은 옷과 신, 그리고 마르고 곰팡이가 생긴 떡으로 위장했다. 자신들은 가나안 지역 사람들이 아니니 동맹을 맺어도 된다는 것이다. 결국 여호수아와 족장들은 그들에게 감쪽같이 속아서 동맹 조약을 맺는다. 하나님의 이름으로.

그런데 3일 뒤에 여호수아와 그 족장들이 기브온 사람들에게 속았다는 것을 알았다. 16~18절을 보자.

"그들과 조약을 맺은 후 사흘이 지나서야 그들이 이웃에서 자기들 중에 거주하는 자들이라 함을 들으니라 이스라엘 자손이 행군하여 셋째 날에 그들의 여러 성읍들에 이르렀으니 그들의 성읍들은 기브온과 그비라와 브에롯과 기럇여아림이라 그러나 회중 족장들이 이스라엘의 하나님 여호와로 그들에게 맹세했기 때문에 이스라엘 자손이 그들을 치지 못한지라 그러므로 회중이 다 족장들을 원망하니"

이스라엘이 가나안 땅을 정복하기 위해서 남쪽으로 이동해서 한 성읍을 공격하는데 이미 동맹을 맺은 기브온 족속이 보인 것이다. '니가 왜 거기서 나와!' 기브온 족속에서 완전히 속은 것이다.

사탄의 4가지 전략

여기서 우리는 사탄의 전략을 볼 수 있다.

첫 번째, 사탄은 우리가 생각하는 것보다 훨씬 더 영악하다. 4절에 보면 "꾀를 내어"라는 표현이 나온다. '꾀를 내어'는 '오르마(עָרְמָה)'라는 단어인데, 창세기 3장 1절에 아담과 하와를 속여서 선악과를 따먹게 한 뱀에게 사용된 단어다.

> "그런데 뱀은 여호와 하나님이 지으신 들짐승 중에 가장 간교하니라 뱀
> 이 여자에게 물어 이르되 하나님이 참으로 너희에게 동산 모든 나무의
> 열매를 먹지 말라 하시더냐"(창 3:1)

간교하다는 말은 '간사하다' '교활하다' '영리하다' '속임수를 잘 쓴다'라는 뜻이 있다. 속이기로 작정한 사람들은 허술하게 속이지 않는다. 속이기 위해서 치밀하게 계획을 짠다. 역으로 생각해 보라. 가짜를 진짜처럼 속이려면 얼마나 계략을 잘 짜야 하겠는가?

두 번째, 사탄의 속임은 사람의 생각으로는 간파할 수 없다. 7절을 보자.

> "이스라엘 사람들이 히위 사람에게 이르되 너희가 우리 가운데에 거주
> 하는 듯하니 우리가 어떻게 너희와 조약을 맺을 수 있으랴 하나"

이스라엘 백성들이 처음에는 의심하는 것처럼 보였다. 그런데 기브온 사람들이 기가 막히게 거짓말을 지어낸다. 12절과 13절을 보자.

"우리의 이 떡은 우리가 당신들에게로 오려고 떠나던 날에 우리들의 집에서 아직도 뜨거운 것을 양식으로 가지고 왔으나 보소서 이제 말랐고 곰팡이가 났으며 또 우리가 포도주를 담은 이 가죽 부대도 새 것이었으나 찢어지게 되었으며 우리의 이 옷과 신도 여행이 매우 길었으므로 낡아졌나이다 한지라"

조금 의심하는 것처럼 하다가 교묘한 거짓말에 또 속아 넘어갔다. 사람의 생각으로는 사탄의 간교함을 이길 수 없다.

세 번째, 속이기 위해서라면 하나님의 이름을 높이고 행하신 일까지도 찬양한다. 9절과 10절을 보자.

"그들이 여호수아에게 대답하되 종들은 당신의 하나님 여호와의 이름으로 말미암아 심히 먼 나라에서 왔사오니 이는 우리가 그의 소문과 그가 애굽에서 행하신 모든 일을 들으며 또 그가 요단 동쪽에 있는 아모리 사람의 두 왕들 곧 헤스본 왕 시혼과 아스다롯에 있는 바산 왕 옥에게 행하신 모든 일을 들었음이니이다"

하나님의 이름을 너무 자연스럽게 말한다. "우리가 하나님 여호와의 이름을 들었기 때문에 여기까지 온 것이다. 당신의 하나님 여호와는 너무 강하고 놀라우신 분이다. 애굽에서 행한 일과 요단강 동쪽 두 왕에게 행한 일을 우리도 다 알고 있다." 속이기 위해서라면 하나님의 이름을 높이는 것은 식은 죽 먹기다. 교회 안에서도 개인적인 비즈니스를 성사시키기 위해서 신앙을 이야기하고 하나님의 이름을 말한다면 사기꾼으로 봐도 좋다. 네 번째, 말씀을 가지고 공격한다. 사탄은 말씀을 너무 잘 알고 그것을 자유자재로 이용한다. 하나님의 이름으로 맹세하면 죽일 수 없다는 것을 알았기 때문에 속여서라도 언약을 맺으려고 했다.

창세기 3장에서 뱀이 하와에게 왜 선악과를 따먹으라고 했는가? 창세기 2장의 하나님의 말씀을 알기 때문이다.

> "여호와 하나님이 그 사람에게 명하여 이르시되 동산 각종 나무의 열매는 네가 임의로 먹되 선악을 알게 하는 나무의 열매는 먹지 말라 네가 먹는 날에는 반드시 죽으리라 하시니라"(창 2:16-17)

하나님의 말씀을 어기면 죽는다는 것을 알기 때문에 하와를 속여서 하나님의 말씀을 어기게 한 것이다.

이렇게 치밀하고 교묘한 사탄의 속임수를 어떻게 이길 수 있는가? 우선 오늘 본문에 나온 여호수아의 이유를 살펴보자. 14절과 15절에서 그 이유를 설명한다.

> "무리가 그들의 양식을 취하고는 어떻게 할지를 여호와께 묻지 아니하고 여호수아가 곧 그들과 화친하여 그들을 살리리라는 조약을 맺고 회중 족장들이 그들에게 맹세하였더라"

하나님께 물으라

여호수아가 속은 이유는 단 하나이다. 하나님께 묻지 않았기 때문이다. 영적인 싸움은 육신의 힘으로 할 수 없다. 우리의 눈으로, 우리의 생각과 지혜로 싸우면 백이면 백 다 진다. 인간의 생각과 지혜로 사탄의 간교함을 이길 수 없다는 말이다. 우리의 머리로 아무리 궁리해도 사탄의 교묘한 올무에서 벗어날 수 없다.

"너는 마음을 다하여 여호와를 신뢰하고 네 명철을 의지하지 말라 너는 범사에 그를 인정하라 그리하면 네 길을 지도하시리라 스스로 지혜롭게 여기지 말지어다 여호와를 경외하며 악을 떠날지어다"(잠 3:5-7)

속는 사람들을 잘 보면 의외로 자기가 똑똑하다고 생각하는 사람들이다. 스스로 지혜가 있다고 생각하는 사람들이 다 사탄의 종 노릇하고 있다. 중요한 것은 그런데도 그것을 잘 모른다는 데 있다.

영적인 싸움은 기도로 하는 것이다. 예수 그리스도의 이름을 힘입어 기도할 때 영적인 싸움에서 승리한다. 사탄은 다른 것은 두려워하지 않는다. 오직 예수 그리스도, 그분의 이름만 두려워한다. 우리가 기도할 때 성령님이 우리의 영적인 눈을 열어서 사탄의 계략을 보게 하는 것이다. 아무리 교묘해도 기도하면 사탄의 실체를 드러내신다. 우리가 모든 일을 기도하면서 준비하고, 결정해야 하는 이유이다.

우리가 기도하지 않으면 매일 매순간 속고 있는데 속는지도 모르고 당한다. 사탄이 분열시키는 지도 모르고 열변을 토하면서 사람들을 이간질한다. 사탄이 믿음을 떨어뜨리려고 오해하게 하고, 상처받게 만드는데 거기에 속아서 믿음을 잃어버린다. 사탄이 던져주는 대로 원망하고, 분노하고, 질투하고, 미워하고, 절망하는 사이 우리는 스스로 인생을 망쳐간다.

오늘 말씀의 결론은 옳다구나 내가 지금 이런 것은 사탄이 '그래서였구나, 어쩔 수 없었구나'라는 핑계를 발견하라는 것이 아니다. 기도하면서 사탄의 공격을 분별하라는 것이다. 사탄의 공격을 알고 이기라는 것이다. 사탄은 이미 십자가에서 힘을 잃었다. 예수님의 십자가의 죽음과 부활을 통해서 완전히 그 권세가 꺾였다. 예수님의 이름으로 기도하고 싸울 때 우리는 반드시 승리한다.

왜 힘들게 영적인 싸움을 해야 하는가? 승리한 자에게는 기쁨과 영광이 주어지기 때문이다. 예수님의 이름으로 승리하는 기쁨을 누리게 되기 때문이다. 우리가 예수님의 이름으로 승리할 때 그것이 하나님께 영광과 기쁨이 된다. 날마다 영적으로 승리하는 기쁨을 만끽하라.

4. 역전케 하시는 하나님

여호수아 10장 1~15절

살아가다 보면 예기치 않게 큰 잘못을 저지를 때가 있다. 나의 잘못 때문에 사람들이 피해를 입고 고통을 당하는 것을 보면 마음이 괴롭다. 이럴 때 책임을 져야 하는데 어떻게 책임을 질 수 있는가? 보통은 자리에서 물러나는 것으로 책임을 진다. 또 어떤 경우는 도저히 책임을 질 수 없다고 생각하고 스스로 생을 마감해 버린다.

과연 이런 방법들이 책임을 지는 모습일까? 겉으로는 문제를 일으킨 당사자가 벌을 받았으니까 문제가 일단락 맺는 것 같지만 실상은 더 깊고 복잡한 문제로 만드는 것이다. 왜냐하면 사람은 물러났고, 사람은 죽었지만, 근본적인 문제는 하나도 해결되지 않았기 때문이다.

해임이 아니라 책임

『로마인 이야기』라는 책에 보면 전쟁에서 패배한 지휘관들을 대하는 모습이 나온다. 로마인들은 전쟁에서 패한 지휘관이 옷을 벗고 물러나는 것을 허락하지 않았다. 전쟁에서 대패를 당하고 와도 해임시키지 않고 다음 전투가 있으면 그 사람을 다시 지휘관으로 임명한다. 겉으로 보면 로마인들이 실패에 대해서 굉장히 관대한 것 같아 보인다. 그런데 사실은 잘못에 대해서 더 무겁게 책임을 지게 하는 문화이다.

전쟁의 지휘관에게 가장 수치스러운 것은 아마 자신의 잘못으로 전쟁에서 패했을 때일 것이다. 특히, 자신의 무능함이나 실수로 병사들을 사지로 몰아넣었다면, 누가 말하지 않아도 죽고 싶을 만큼 괴롭다. 그런데 여기서 더 괴로운 것은 자기 때문에 부하들은 죽었는데 자기는 여전히 지휘관의 자리를 지키고 있는 것이다. 명예를 생명처럼 여기는 로마인들에게 이것은 정말 수치스러운 일이었다. 로마인들이 패전한 지휘관을 해임시키지 않았던 이유는 수치스럽고 고통스러운 자리를 회피하지 말고 스스로 책임을 지라는 의미였다.

여호수아는 최근에 두 가지의 결정적인 실수를 저질렀다. 아이성 전투에서는 자만심으로 패했고, 그 과정에서 많은 병사들이 희생당했다. 그런데 그 아픔이 채 가시기도 전에 여호수아는 또 한 번 결정적인 실수를 저질렀다(9장). 기브온 족속에게 속아 넘어가서 맺어서는 안 되는 평화 조약을 맺은 것이다. 이것은 지도자로서는 해서는 안 될 뼈아픈 실수였다.

여호수아의 실수 때문에 가나안 땅 남쪽 지역을 점령하려고 갔다가 공격하지 못하고 다시 길갈로 돌아와야 했다.

"이스라엘 자손이 행군하여 셋째 날에 그들의 여러 성읍들에 이르렀으니 그들의 성읍들은 기브온과 그비라와 브에롯과 기럇여아림이라 그러나 회중 족장들이 이스라엘의 하나님 여호와로 그들에게 맹세했기 때

문에 이스라엘 자손이 그들을 치지 못한지라 그러므로 회중이 다 족장들을 원망하니"(수 9:17-18)

여호수아의 실수로 가나안 땅 정복 작전에 차질이 생겼고, 백성들은 불만이 차올랐다.

이때 자기들을 속이고 동맹을 맺었던 기브온 족속으로부터 도와달라는 요청이 왔다. 남쪽에 있는 다섯 나라의 왕들이 자기들을 배신하고 이스라엘 편에 붙은 기브온 족속을 응징하기 위해서 공격을 한 것

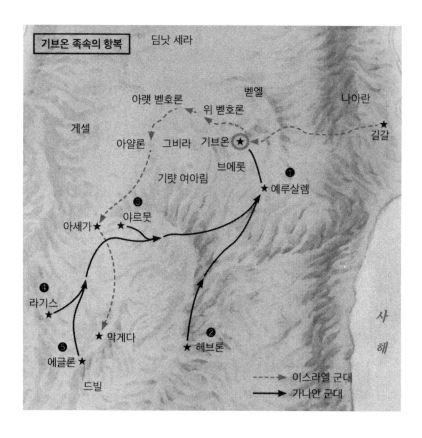

기브온 족속의 항복

이다. 3절과 4절을 보자.

> "예루살렘 왕 아도니세덱이 헤브론 왕 호함과 야르뭇 왕 비람과 라기스
> 왕 야비아와 에글론 왕 드빌에게 보내어 이르되 내게로 올라와 나를 도
> 우라 우리가 기브온을 치자 이는 기브온이 여호수아와 이스라엘 자손
> 과 더불어 화친하였음이니라 하매"

가나안 남쪽의 다섯 왕에게 기브온 족속의 항복은 너무나 큰 배신
이었다. 기브온 족속의 크기, 기브온 족속이 차지하고 있는 땅의 위치
로 봤을 때 가나안 땅에서 기브온 족속이 차지하는 중요도는 너무나
컸다. 기브온은 왕도와 같은 큰 성읍이었다(2절). 기브온 족속이 항복
하면 가나안 땅의 남쪽 방어선이 완전히 무너진다. 만약 기브온 족속
이 이스라엘과 연합군을 형성해서 자기들을 공격한다면 그 파급력은
상상을 초월한다. 그래서 그런 불상사가 생기기 전에 예루살렘 왕을
중심으로 한 다섯 왕이 연합한 것이다.

기브온 족속은 다섯 부족의 왕들이 동맹군으로 뭉쳐서 쳐들어온
것을 보고 다급해서 길갈에 있는 여호수아에게 도움을 요청했다. 6
절을 보자.

> "기브온 사람들이 길갈 진영에 사람을 보내어 여호수아에게 전하되 당
> 신의 종들 돕기를 더디게 하지 마시고 속히 우리에게 올라와 우리를 구
> 하소서 산지에 거주하는 아모리 사람의 왕들이 다 모여 우리를 치나이
> 다 하매"

여호수아가 기브온 족속의 구원 요청을 받고 얼마나 고민을 많이 했을까? 기브온 족속이 사라지면 여호수아는 자신의 잘못을 영원히 묻어버릴 수 있다. 하나님의 이름으로 맹세했기 때문에 자기 손으로는 죽이지 못하는데 가나안 다섯 부족의 왕들이 공격해서 다 죽여주겠다니 이보다 더 좋을 수 있었겠는가? 딱 한 번 구조 요청을 무시하면 자연스럽게 자신의 실수가 증거인멸이 되는 판국이다. 그리고 여호수아의 입장에서도 다섯 부족 왕들의 연합군을 한꺼번에 상대하는 것은 적잖은 부담이었다.

이때 여호수아의 선택이 8절에 나온다.

"그 때에 여호와께서 여호수아에게 이르시되 그들을 두려워하지 말라 내가 그들을 네 손에 넘겨 주었으니 그들 중에서 한 사람도 너를 당할 자 없으리라 하신지라"

가리지 말고 드러내라

여호수아는 자기의 잘못을 숨기고, 덮으려는 유혹에 넘어가지 않았다. 자기 방식으로 잘못을 해결하려고 하지 않았다. 하나님께 묻고 하나님의 명령을 따랐다. 여호수아는 하나님의 말씀에 한 치의 주저함도 없이 이스라엘 군대에 출전 명령을 내렸다(7절). 이때부터 하나님이 일하시기 시작하셨다. 10절을 보자.

"여호와께서 그들을 이스라엘 앞에서 패하게 하시므로 여호수아가 그

들을 기브온에서 크게 살륙하고 벧 호론에 올라가는 비탈에서 추격하
여 아세가와 막게다까지 이르니라"

연거푸 실수한 자신에게 낙담했을 것이고 하나님 앞에서도 위축되
었을 텐데 하나님은 이런 여호수아에게 담대함과 확신을 주셨다. 하나
님이 함께하신다는 확신을 주셔서 적들을 이기게 하셨다.

우리 모두는 잘못하고 죄를 지으면 위축되고 잘못을 덮고자 한다.
이때 여지없이 사탄이 공격해서 죄책감을 이용해서 우리를 무너뜨린
다. 사탄이 아담과 하와에게 선악과를 따먹으면 하나님처럼 된다고 속
여놓고 그것을 따먹으니까 사탄이 그 마음속에 죄책감을 심어버렸다.
이것은 예나 지금이나 사탄이 사용하는 방법이고 늘 먹히는 방법이기
도 하다.

속이고 유혹해 놓고 넘어가면 바로 죄책감의 올가미를 씌워 옴짝달
싹 못하게 한다. 아담과 하와가 선악과를 따먹고 난 뒤의 행동을 보라.
무화과 나뭇잎으로 자기의 잘못을 가려 보려고 했다. 그런데 가릴 수
가 없었다. 이 순간부터 사탄은 죄책감을 무기 삼아서 자기 노예로 만
들고 하나님으로부터 계속해서 멀어지게 한다.

죄책감은 가리고 피한다고 해서 극복되지 않는다. 한 번 뱉은 말은
되돌릴 수 없듯이, 아무리 후회해도 자기가 한 짓을 되돌릴 수는 없다.
죄책감을 이기고, 사탄의 공격을 이기는 길은 자기의 잘못을 인정하고
하나님께 나가는 것이다. 죄를 용서하실 수 있는 하나님께로 나가서
용서받고 용납받는 것이다. 이것 외에는 방법이 없다. 하나님은 아담
과 하와가 나뭇잎으로 가린다고 가린 무화과 나뭇잎 즉 수치를 벗기

섰다. 그리고 정말로 수치를 가릴 수 있는 가죽옷을 입혀 주셨다.

죄책감을 가진 사람은 늘 과거에 사로잡혀서 살아가지만, 용서받은 사람은 자기의 잘못을 책임지고, 극복하고 새로운 삶을 살아갈 수 있다. 가룟 유다는 자기의 잘못을 후회하고 스스로 책임지려고 했다. 도저히 책임질 수 없는 무게감에 스스로 생을 마감하는 어리석은 선택을 하고 만다. 반면 베드로는 예수님께 나와서 용서받았다.

예수님의 십자가는 죄인을 향한 용서의 선언이다. 예수님이 직접 십자가에 달려 죽으시고 부활하시면서 죄와 사탄의 권세를 이기셨다. 십자가는 정죄 받은 자에게 새로운 삶을 주시는 능력이다. 십자가는 사탄의 지배를 무너뜨리고 하나님의 자녀가 되게 하는 능력이다. 예수가 그리스도 되심을 받아들이고, 하나님께 나아가면 쉼을 얻게 된다. 새로운 삶을 살게 된다. 하나님이 함께하심을 경험한다.

여호수아가 하나님의 말씀에 순종해서 두려움을 무릅쓰고 나갈 때 실제로 하나님이 역사하셨다. 11절을 보자.

"그들이 이스라엘 앞에서 도망하여 벧 호론의 비탈에서 내려갈 때에 여호와께서 하늘에서 큰 우박 덩이를 아세가에 이르기까지 내리시매 그들이 죽었으니 이스라엘 자손의 칼에 죽은 자보다 우박에 죽은 자가 더 많았더라"

여호수아는 죽을 힘을 다해서 전쟁했다. 그때 하나님은 그의 능력을 넘어 일하셨다. 전쟁 중에 이스라엘 백성들이 칼로 죽인 적보다 하나님이 하늘에서 보낸 우박에 맞아 죽은 적이 훨씬 더 많았다.

여기서 하나님이 어떤 분이신지 볼 수 있다. 하나님은 말로만 우리와 함께하시는 것이 아니다. 하나님의 위로는 말로 하는 감정적인 위로와 격려로 끝나지 않는다. 실제적으로 도우시는 분이시다. 여호수아와 백성들은 자신들이 치열하게 전쟁할 때 하나님이 뒤에서 밀어주시고, 도와주시는 것이 눈에 보였다. 하나님과 함께 일하면 신나는 부분이 이런 부분이다. 하나님은 말씀만 하시는 분이 아니다. 문제를 해결할 능력이 있으신 분이시고 말씀하신 것을 실제 이루시는 분이시다. 하나님이 말씀하시면 인적 자원, 물적 자원을 다 주신다.

하나님이 함께하심의 최고의 상태는 하나님이 우리를 사로잡는 것이다. 이날 전쟁에서 하나님은 여호수아의 마음과 생각을 완전히 사로잡으셨다. 12절을 보자.

"여호와께서 아모리 사람을 이스라엘 자손에게 넘겨 주시던 날에 여호수아가 여호와께 아뢰어 이스라엘의 목전에서 이르되 태양아 너는 기브온 위에 머무르라 달아 너도 아얄론 골짜기에서 그리할지어다 하매"

태양아 멈추어라

전쟁이 길어지는데 물리쳐야 할 적들은 산더미처럼 남아 있었다. 전쟁 중간에 해가 져서 밤이 되면 더 이상 적들을 물리칠 수 없고, 지리에 익숙한 적들에게 오히려 공격당할 수 있는 위기가 찾아온다.

이때 여호수아 입에서 터져 나온 말이 "태양과 달아 멈추어라"라는 말이다. 이것은 사람이 생각해서 내뱉을 수 있는 말이 아니다. 누가 태양을 멈출 생각을 할 수 있는가? 태양에게 멈추라고 한다고 태양이 멈추는가? 그런데 이 말이 여호수아의 입에서 터져 나왔고, 놀랍게도 여호수아의 명령에 태양과 달은 멈췄다. 13절을 보자.

"태양이 머물고 달이 멈추기를 백성이 그 대적에게 원수를 갚기까지 하였느니라 야살의 책에 태양이 중천에 머물러서 거의 종일토록 속히 내려가지 아니하였다고 기록되지 아니하였느냐"

이것은 여호수아의 생각도 아니었고, 여호수아가 스스로 한 말도 아니었을 것이다. 하나님이 여호수아의 생각과 입을 붙잡고 역사하신 것이다. 하나님이 여호수아의 생각과 입에 말을 넣어 주신 것이다. 하나님이 그 전쟁을 승리로 이끌기 위해서 여호수아를 잡고 사용하신 것이다. 14절을 보자.

"여호와께서 사람의 목소리를 들으신 이같은 날은 전에도 없었고 후에도 없었나니 이는 여호와께서 이스라엘을 위하여 싸우셨음이니라"

하나님은 하나님의 역사를 이루기 위해서 사람을 잡고 쓰신다. 사도행전 오순절 역사 속에서도 이런 일이 있었다.

"그들이 다 성령의 충만함을 받고 성령이 말하게 하심을 따라 다른 언어들로 말하기를 시작하니라" (행 2:4)

마가의 다락방에 모인 사람들이 스스로 말한 것이 아니라 성령이 말하게 하심을 따라서 말했다. 요엘서의 예언을 성취하고, 언어가 다른 15개국에서 온 사람들에게 예수가 그리스도 되심을 선포하기 위해서 하나님이 역사하신 것이다.

태양과 달까지 멈추면서 전쟁을 승리로 이끈 하나님의 이유는 이 전쟁이 남부의 가장 강력한 다섯 부족을 한꺼번에 점령하는 전쟁이기 때문이었다. 가나안 땅을 점령하기 위해서 상대해야 하는 가장 어려운 적들을 상대하는 전쟁이었고, 가나안 땅 정복을 승리로 기울게 하는 가장 중요한 전쟁이었기 때문이다.

우리는 이 승리가 어디서부터 시작되었는지 기억해야 한다. 시작점은 여호수아의 실수였다. 여호수아의 실수로 가나안 땅 정복에 차질이 생길 뻔했다. 그런데 여호수아가 자기 잘못을 인정하고, 하나님께 온전히 자신을 맡길 때 하나님이 여호수아를 붙들고 사용하셨다. 우리가 실수하고, 실패했더라도 잘못을 인정하고 하나님께 나가면 하나님은 역전시키신다. 하나님은 이미 충분히 능력이 있으시다. 중요한 것은 하나님께 나아가고, 하나님의 말씀을 듣는 것이다. 실수했다고 수치심이나 죄책감으로 인해 하나님으로부터 멀어지지 않는 것이다.

우리 인생에 가장 행복한 일이 있다면 바로 이것이다. 우리 인생이 하나님의 손에 사로잡히는 것이다. 하나님의 손에 사로잡혀 역전하는 인생으로 살아가라.

5. 마지막까지 싸우라
여호수아 10장 16~27절

세상의 모든 것은 마무리를 짓고 완성했을 때 아름답다. 아파트를 짓기 전에 모델하우스를 보여 주면서 아파트가 완성되면 가족들이 행복하게 살 따뜻한 공간을 제공해 줄 것처럼 광고한다. 그런데 중간에 부도가 나서 공사가 중단되면 꿈과 희망의 아파트는 오히려 혐오감을 주는 흉물로 바뀐다.

우리는 보통 일을 잘 마무리하려면 시작을 잘해야 한다고 알고 있다. 첫 단추를 잘못 끼우면 비뚤어진 옷을 입게 되는 것처럼 말이다. 하지만 하나님의 백성인 우리는 처음을 잘못 시작했더라도 아름답게 마무리할 수 있다. 왜냐하면 우리에게는 고치시고, 치료하시고, 구원하시는 하나님이 계시기 때문이다.

구원이 무엇인가? 잘못된 시작을 하나님께서 온전함으로 고치신 것이다. 반역하고 망하는 길을 선택했는데 하나님이 구원하시고 치료하셔서 새로운 길을 열어주신 것이다. 우리가 아무리 잘못 시작해도 잘못을 깨닫고 십자가 앞으로 나가면 새롭게 시작하게 해 주신다.

"그런즉 누구든지 그리스도 안에 있으면 새로운 피조물이라 이전 것은

지나갔으니 보라 새 것이 되었도다"(고후 5:17)

여호수아가 하고 있는 아모리 족속 다섯 왕과의 전쟁은 여호수아의 잘못으로 시작된 전쟁이다. 첫 단추를 잘못 끼운 것이다. 기브온과 언약을 맺지 않았다면 상황이 이렇게 되지 않았을 것이다. 하나님께 묻지 않고 결정한 명백한 여호수아의 실수이고 잘못이었다. 그런데 여호수아는 실수한 것에서 멈추지 않고 하나님께 자신의 실수를 내어놓았다. 여호수아는 이 전쟁을 시작하고 싶지 않았다. 아모리 족속 다섯 왕이 기브온 족속을 전멸시키면 자신의 잘못이 가려질 수 있었다. 그러나 여호수아의 선택은 달랐다. 자신의 잘못을 인정하고 그 결과는 하나님께 맡겼다. 그렇기에 전쟁에 뛰어들 수 있었다.

여호수아가 하나님께 모든 것을 맡기고 전쟁에 임했을 때 하나님이 두 가지 일을 행하셨다. 첫 번째는 하나님이 우박을 내려서 아모리 족속 다섯 왕을 격퇴하셨다. 칼에 죽은 사람보다 우박에 죽은 사람이 더 많았다. 두 번째는 태양과 달을 멈추셔서 어둠이 찾아오는 것을 막고 전쟁을 마무리 짓게 하셨다.

믿음의 길을 호캉스가 아니라 트레킹

여기서 우리는 하나님과 함께하고 의지한다는 것의 의미를 좀 더 깊이 알 필요가 있다. 하나님을 의지하면 탄탄대로가 열리고, 모든 문제가 해결되어서 근심 없이 살 수 있는 것이 아니다. 오히려 그 반대다. 어려움이 있기 때문에 하나님과 함께하는 것이다. 하나님이 우박

168

을 내려 주셔야 할 만큼 만만치 않은 적과 싸우는 것이다. 태양을 멈춰야 할 만큼 치열한 싸움을 싸우는 것이다.

그래서 믿음의 길은 행복하지만 버거운 길이기도 하다. 하나님이 함께하셔서 행복하고, 어려운 환경을 직면해야 하기 때문에 버겁다. 믿음의 길은 호캉스가 아니라 트래킹과 같은 것이다. 대로가 아닌 좁은 길이다. 하나님으로부터 오는 은혜와 도움을 갈망하지 않으면 가지 못하는 길이다. 세상을 사랑해서는 갈 수 없는 길이 믿음의 길이다. 세상을 대표하는 돈과 우리의 주인이신 하나님을 동시에 섬길 수 없다고 하셨다.

우리가 하나님을 의지하고 믿음의 길을 선택했다면 어려움을 만날 준비를 하고 살아야 한다. 우리가 걱정하지 말아야 하는 이유는 그 어려움이 우리를 넘어뜨릴 수 없기 때문이다. 하나님의 손이 우리를 붙들고 계시기 때문이다. 어려움은 주눅 들고 포기하라고 오는 것이 아니라 하나님의 약속과 능력이 성취되는 것을 보라고 오는 것이다. 그러니 어려움이 오면 두려워하지 마라. 이김을 주신 하나님을 믿고 기도하라. 기도하면 하나님을 경험한다.

전세가 불리했던 아모리 족속의 다섯 왕이 막게다 동굴 속으로 숨어들었다. 16절과 17절을 보자.

"그 다섯 왕들이 도망하여 막게다의 굴에 숨었더니 어떤 사람이 여호수아에게 고하여 이르되 막게다의 굴에 그 다섯 왕들이 숨은 것을 발견하였나이다 하니"

다섯 왕은 들키지 않았으면 하는 바람으로 동굴에 숨어들었으나 이내 발각되었다.

이때 여호수아가 한 행동을 주목해 보아야 한다. 다섯 왕을 한꺼번에 잡으면 얼마나 대단한 일인가? 당장 왕들을 끌어내어서 승리를 만끽할 수도 있었다. 그런데 여호수아는 다르게 행동했다. 큰 돌을 굴려서 굴의 입구를 막아 놓고 전쟁을 멈추지 말고 계속해서 하라고 명령했다. 19절을 보자.

"너희는 지체하지 말고 너희 대적의 뒤를 따라가 그 후군을 쳐서 그들
이 자기들의 성읍에 들어가지 못하게 하라 너희 하나님 여호와께서 그
들을 너희 손에 넘겨 주셨느니라 하고"

태양이 멈춘 이유를 기억하라

여호수아가 이렇게 명령한 이유는 하나님이 태양을 멈추신 이유를 알기 때문이다. 하나님이 태양을 멈춘 이유는 끝까지 전쟁해서 적들의 뿌릴 뽑겠다는 의지의 표현이다. 그런데 이때 여호수아가 왕들을 끌어내어 승리는 즐기는 것에 그 시간을 써버리면 어떻게 되겠는가? 적들을 전멸시킬 기회를 잃어버리게 된다. 하나님이 우주의 시계를 멈춘 일을 헛되게 만드는 일이다.

태양이 멈춘 일은 대단한 일이다. 태양을 멈추어 놓고 그 시간에 잠을 자거나 파티를 하는 사람은 없다. 태양을 멈추었다면 태양이 멈춘 것에 상응하는 그만한 가치의 일을 해야 한다. 우리의 구원은 하나님의 아

들 예수님의 십자가의 죽으심으로 주어졌다. 우리가 이 땅에서 살아가는 시간은 예수님의 핏값으로 얻어진 시간이다. 그럼 무얼 하고 살아야 하는가?

"그가 모든 사람을 대신하여 죽으심은 살아 있는 자들로 하여금 다시는 그들 자신을 위하여 살지 않고 오직 그들을 대신하여 죽었다가 다시 살아나신 이를 위하여 살게 하려 함이라"(고후 5:15)

이것이 우리가 이 땅에서 살아가야 할 시간의 의미이다.

가치를 모르면 시간을 허비하고 낭비하게 된다. 유학온 청년들은 자기에게 주어진 시간이 부모님의 수고와 땀으로 이뤄진 것이라는 인식이 있으면 공부에 집중하고 헛된 것에 시간을 허비하지 않는다. 우리가 이 땅에 살아가면서 잘 먹고 잘살아야 하는 것은 너무나 당연하다. 그런데 그것만으로는 부족하다. 우리를 위해서 죽으신 예수님을 위해서 사는 삶의 모습이 반드시 있어야 한다. 생명을 빚진 사람으로서의 삶의 모습이 있어야 한다. 내 삶의 영역에 하나님을 위해서 살아가는 영역이 있는지 체크하면서 살아야 한다.

하나님을 말씀을 따라서 지체하지 않고 전쟁에 뛰어든 여호수아에게 결과가 주어졌다. 20절과 21절을 보자.

"여호수아와 이스라엘 자손이 그들을 크게 살륙하여 거의 멸하였고 그 남은 몇 사람은 견고한 성들로 들어간 고로 모든 백성이 평안히 막게다

진영으로 돌아와 여호수아에게 이르렀더니 혀를 놀려 이스라엘 자손을 대적하는 자가 없었더라"

두려움을 이겨라

하나님을 믿고 아모리 다섯 왕과의 버거운 전쟁을 시작했다. 그 결과 적들을 거의 전멸시켰고, 여호수아를 대적할 생각을 못할 정도로 두려움을 심었다. "혀를 놀려 이스라엘 자손을 대적하는 자가 없었더라" 이것이 하나님의 역사다. 하나님께 순종해서 이룬 역사에는 말을 덧붙일 사람이 없다. 하나님의 능력으로 하셨음이 드러나기 때문에 그 두려움에 말을 잇지 못하는 것이다. 이것이 하나님이 우리에게 허락한 인생이다. 하나님을 의지하고 살면 하나님이 하셨다고 인정할 수밖에 없는 인생으로 살게 해 주신다.

여호수아는 아모리 족속의 다섯 왕과의 전쟁을 마무리하면서 한 가지 특별한 일을 했다. 24절이다.

"그 왕들을 여호수아에게로 끌어내매 여호수아가 이스라엘 모든 사람을 부르고 자기와 함께 갔던 지휘관들에게 이르되 가까이 와서 이 왕들의 목을 발로 밟으라 하매 그들이 가까이 가서 그들의 목을 밟으매"

여호수아가 아모리족 다섯 왕을 끌어내어서 지휘관들에게 발로 왕들의 목을 밟으라고 했다. 발로 목을 밟는 것은 자기 발아래 완전히 굴복시킨다는 의미이다.

이 같은 절차를 밟게 하는 이유는 무엇일까? 여호수아가 지휘관들에게 적들에 대한 두려움을 이기게 해 주고 있다. 25절을 보자.

"여호수아가 그들에게 이르되 두려워하지 말며 놀라지 말고 강하고 담대하라 너희가 맞서서 싸우는 모든 대적에게 여호와께서 다 이와 같이 하시리라 하고"

아모리 족속의 다섯 왕은 실로 대단한 왕이다. 두려운 존재들이다. 넘을 수 없다고 생각되는 존재들이었다. 그런데 하나님의 능력으로 이기고 넘었다.

하지만 전쟁이 이번만 있는 것은 아니다. 앞으로 싸워야 할 전쟁에서 이런 두려운 왕들을 수도 없이 만날 것이다. 그때 다시 두려워하지 않도록 이런 왕들이 아무것도 아니라는 것을 발로 밟으면서 느끼게 해준 것이다. 지금 여호수아는 한 단계를 끝내면서 다음 단계를 위한 발판을 마련하고 있다. 지휘관들은 적들에 대한 두려움을 이기고 막게다, 립나, 라기스, 게셀, 에글론, 헤브론, 드빌을 포함은 모든 남부 도시들을 모두 점령했다(28~43절).

예수님은 십자가에서 사탄의 머리를 밟으시고 승리하셨다. 십자가에서 승리하신 예수님은 우리에게도 사탄의 머리를 밟으라고 하신다.

"평강의 하나님께서 속히 사탄을 너희 발 아래에서 상하게 하시리라 우리 주 예수의 은혜가 너희에게 있을지어다"(롬 16:20)

사탄을 우리 발 아래 상하게 하실 것이라고 하신다.

성경은 우리에게 두 가지를 이야기한다. 첫 번째는 마귀가 우는 사자같이 활동한다는 것이다.

"근신하라 깨어라 너희 대적 마귀가 우는 사자 같이 두루 다니며 삼킬 자를 찾나니"(벧전 5:8)

두 번째는 마귀를 대적해서 이기라는 것이다.

"그런즉 너희는 하나님께 복종할지어다 마귀를 대적하라 그리하면 너희를 피하리라"(약 4:7)

예수님이 이미 사탄의 머리를 십자가에서 밟고 박살내셨다. 예수님의 이름 앞에 머리가 박살난 사탄이 우리를 위협하는 것이다. 예수님의 이름 앞에 도망갈 수밖에 없는 존재가 사탄이다. 우리의 할 일은 하나님께 복종하는 것이다.

사탄은 우리에게 흉악한 악마의 모습으로 나타나지 않는다. 물론 악한 귀신의 모습으로 보이기도 하지만 대부분의 경우 문제와 사건으로 우리의 믿음을 빼앗으려고 한다. 낙심하게 하고, 실망하게 하고 믿음을 잃게 한다. 우리의 삶은 예수님의 승리를 믿고 문제와 사건을 하나씩 우리의 발 아래 밟고 이겨가는 과정이다. 믿음의 행진은 승리의 행진이다.

어떤 경우에도 낙심하지 말라. 십자가에서 이미 승리를 이루시고,

그 승리를 우리에게 주신 예수님은 우리가 낙심하는 것을 기뻐하지 않으신다.

"나의 의인은 믿음으로 말미암아 살리라 또한 뒤로 물러가면 내 마음
이 그를 기뻐하지 아니하리라 하셨느니라 우리는 뒤로 물러가 멸망
할 자가 아니요 오직 영혼을 구원함에 이르는 믿음을 가진 자니라"
(히 10:38-39)

여호수아가 적의 왕들의 목을 밟으라고 할 때 지휘관들이 여호수아
의 말을 듣고 왕들의 목을 밟았다. 그리고 두려움 없이 남부 지역의 왕
들을 모두 발로 밟고 승리했다. 우리 대장 예수님이 십자가에서 이미
승리하셨다. 우리 앞에 다가오는 모든 문제와 사건을 예수님의 이름으
로 밟고 승리하라.

4 부

언제나 새로운 길은 있다

메롬[Merom] | '높은 장소'란 뜻. 갈릴리 호수 서북쪽 15㎞ 지점의 성읍으로 교통과 군사 요충지. 가나안 정복 전쟁 당시 여호수아 군대가 하솔 왕 야빈이 이끄는 가나안 북방 연합군을 섬멸시킨 장소(수 11:5, 7). 호수가 있고 숲이 무성하며 비옥한 곳. '메롬 물가'로도 불린다.

1. 하나님 나에게 왜 이러세요?

여호수아 11장 1~15절

유럽의 역사는 전쟁의 역사라고 해도 과언이 아닐 만큼 국경을 맞대고 있는 나라들끼리 많은 전쟁을 치렀다. 지금은 전쟁이 사라지고 평화의 시대를 보내고 있다. 하지만 축구를 할 때는 여전히 전쟁에 버금가는 경쟁을 벌인다. 포르투갈과 스페인, 잉글랜드와 스코틀랜드가 대표적인 라이벌이다. 이 라이벌전에서 지면 나라 전체가 전쟁에서 진 것처럼 큰 실망에 빠지게 된다.

축구든 전쟁이든 승리는 매우 중요하다. 하지만 때로는 이겼을 때도 어떻게 이겼느냐가 훨씬 더 중요할 때가 있다. 결승전(final game)이라면 모든 체력을 다 쏟아내고 경기가 끝나면 바닥에 드러누워 버리면 된다 그런데 그다음 경기가 남아 있다면 그것은 또 다른 이야기가 되는 것이다.

여호수아와 이스라엘 백성들은 가나안 땅 남쪽 지역을 점령하기 위해서 혼신의 힘을 다해서 싸웠다. 시간이 없어서 태양을 멈추어 놓고 싸워야 할 만큼 치열한 접전 중이다. 축구로 치면 정규 시간 90분을 다 뛰고 연장전 30분을 더 뛰고, 승부차기까지 가서 이긴 것이다. 얼마나 지쳤겠는가? 다음 경기를 위한 체력이 남아 있지 않을 터, 쉼을 가져야 한다.

싸움은 계속된다

그런데 1절에 뭐라고 하는가? "하솔 왕 야빈이 이 소식을 듣고" 이스라엘이 남부 연합군과 치열하게 싸워 이겼다는 소식을 들었다는 것이다. 그들은 싸우는 것을 지켜보고 있다가 전쟁이 끝나자 말자 주저 없이 이스라엘과 싸우려고 준비했다.

당시 하솔은 이스라엘 백성들이 지금까지 상대했던 적들과는 비교도 되지 않게 강한 나라였다. 고고학자들이 발굴한 기록에 의하면 하솔의 크기가 약 200에이커 정도 되고, 여리고성의 크기는 약 8에이커 정도 된다. 하솔이 여리고성 보다 25배나 컸다. 크기도 크기지만 더 중요한 것은 하솔이 사용하는 무기다. 철기 문명을 가지고 있었던 하솔은 청동기 문명을 가지고 있었던 이스라엘에 비해 강력한 선진 무기들을 보유하고 있었다. 그것이 바로 4절에 나오는 '말과 병거'다. 오늘날로 말하면 전차부대다.

무기만 봐도 대적이 안 되는 상황이다. 그런데 이렇게 강한 나라가 주변에 있는 모든 나라들을 다 모아서 연합군을 구성했다. 4절과 5절을 보자.

"그들이 그 모든 군대를 거느리고 나왔으니 백성이 많아 해변의 수많은 모래 같고 말과 병거도 심히 많았으며 이 왕들이 모두 모여 나아와서 이스라엘과 싸우려고 메롬 물 가에 함께 진 쳤더라"

하솔 왕은 가나안 북쪽 지역의 절대강자였다(10절). 자기 영향력으로 동원할 수 있는 모든 나라를 다 동원해서 메롬 물가에 진을 치고 이스라엘을 기다리고 있었다. 이스라엘이 힘이 다 빠지고 지쳐 있을 때 한꺼번에 쓸어 버리겠다는 것이다.

이런 상황을 본 이스라엘 백성들은 무슨 생각을 했겠는가? '하나님, 해도 해도 너무합니다.' 이런 생각이 들지 않았겠는가? 짐작하건대 여호수아의 마음도 별반 다르지 않았을 거 같다. '하나님이 나에게 왜 이러십니까? 하나님 나보고 어떻게 하라고 이런 힘든 상황을 주십니까? 지난번 전쟁도 죽기 살기로 치렀는데, 이번에는 지난번 것과는 비교도 안 될 만큼 강한 적을 만나게 하시면 어떻게 합니까?' 우리 삶에서도 한 번쯤은 던지는 질문이 아닐까 한다. '지금까지 열심히 살아왔는데 왜 나에게 이런 일이 또 일어납니까? 지금까지도 이를 악물고 간신히 버텨왔는데 큰 더 문제를 주시면 어떻게 합니까?'

모세도 광야에서 이스라엘 백성들을 인도해 가다가 하나님께 더 이상 못하겠다고 한 적이 있다. 이스라엘 백성들이 하는 행동이 도를 넘었던 것이다. 물이 없어서 불평하면 물을 주고, 먹을 것이 없다고 하면 만나를 내려서 먹게 했다. 그런데 이제는 아예 고기를 달라고 하는 것이다.

"이 모든 백성을 내가 배었나이까 내가 그들을 낳았나이까 어찌 주께서

180

내게 양육하는 아버지가 젖 먹는 아이를 품듯 그들을 품에 품고 주께서
그들의 열조에게 맹세하신 땅으로 가라 하시나이까"(민 11:12)

이런 인간들하고는 더 이상 못하겠다는 말이다. 이때 하나님이 모
세에게 하신 말씀이다.

"여호와께서 모세에게 이르시되 여호와의 손이 짧으냐 네가 이제 내 말
이 네게 응하는 여부를 보리라"(민 11:23)

왜 네가 짐을 지고 가려고 하느냐? 왜 네 능력으로 하느냐? 네가 지
쳤다고 나도 지치는 것이 아니다. 네가 능력이 없다고 나도 능력이 없
는 것이 아니다라는 말씀을 하신 것이다.
힘들고 지친 여호수아에게 주신 하나님의 대답이 6~7절이다.

"여호와께서 여호수아에게 이르시되 그들로 말미암아 두려워하지 말
라 내일 이맘때에 내가 그들을 이스라엘 앞에 넘겨 주어 몰살시키리
니 너는 그들의 말 뒷발의 힘줄을 끊고 그들의 병거를 불사르라 하시
니라 이에 여호수아가 모든 군사와 함께 메롬 물 가로 가서 갑자기
습격할 때에"

우리는 지쳐도 하나님은 지치지 않으신다

하나님이 여호수아에게 두려워하지 말고 싸워 이기라고 하셨다. 전

쟁은 내가 할 테니 너는 두려워하지 말고 나를 따르라고 하신다.

그러면서 하나님은 여호수아에게 적들이 오기를 기다리지 말고 갑자기 습격해 들어가라고 하셨다. 우리 생각으로는 충전의 시간을 위해 최대한 시간을 갖고 공격을 늦춰야 하는데 오히려 지체하지 말고 습격하라고 하셨다. 하나님은 대단한 분이시다. 일어날 힘이 없고, 싸울 힘이 없는 것 같은데 하나님의 말씀에 순종하면 어디서 나오는지 싸울 힘이 생긴다. 나도 새벽에 정말 힘들어서 딱 쉬고 싶은 날이 있다. 오늘은 진짜 설교만 하고 와서 좀 쉬어야겠다고 생각하고 간다. 그런데 그런 날은 평소보다 기도가 더 깊이 나오고, 더 오래 기도하게 하신다.

우리가 '지쳤다. 더 이상 못하겠다. 하나님 나에게 왜 이러십니까?' 라고 불평하는 것은 우리 능력을 계산하기 때문이다. 나의 능력을 계산해 보면 보나 마나 뻔한 답이 나온다. 내 힘으로 하면 늘 피곤하다. 내 힘으로 하면 항상 지치고 힘들다. 전쟁 한 번만 하고 나면 죽을 것 같다. 아무도 알아주지 않고 위로해 주지 않으니까 서럽다. 자기의 것을 계산하면 낙심하고, 두렵고, 우울해지고, 시험에 든다. 나는 못하겠다고 '기브업(give up)' 해버리는 것이다. 그래서 사탄은 항상 자기에게 집중하게 만든다. 그러면 하나님을 놓치기 때문이다.

그런데 하나님은 우리에게 우리 능력을 계산하지 말고 하나님을 믿으라고 하신다. 즉 자기 자신에게 집중하던 모든 것에서 벗어나 하나님을 향하고 하나님을 보라고 하신다. 하나님은 홍해 앞에서 뒤쫓아오는 애굽의 군대를 보지 말고 하나님의 손을 보라고 말씀하셨다. 광야에서 불뱀에 물린 몸을 보지 말고 놋뱀을 보라고 말씀하셨다. 즉 하나님을 바라볼 때 구원을 얻었다. 하나님을 바라본다는 것은 어떤 의미인가? 하나님의 약속의 말씀을 믿고 내 상황을 뛰어넘어 믿음으로 순종하는 것이다. 찬양 「시선」에는 이런 가사가 있다.

> 내게로부터 눈을 들어 주를 보기 시작할 때 주의 일을 보겠네
> …
> 모든 시선을 주님께 드리고
> 살아 계신 하나님을 느낄 때
> 내 삶은 주의 역사가 되고
> 하나님이 일하기 시작하네

여호수아가 피곤한 중에도, 지친 중에도 하나님의 약속을 말씀을 믿고 군대를 이끌고 하솔 왕에게 나갔을 때 하나님의 기적을 경험하게 하셨다. 8절이다.

> "여호와께서 그들을 이스라엘의 손에 넘겨 주셨기 때문에 그들을 격파하고 큰 시돈과 미스르봇 마임까지 추격하고 동쪽으로는 미스바 골짜기까지 추격하여 한 사람도 남기지 아니하고 쳐죽이고"

우리에게 어려움이 오고, 시험이 오고, 이해하지 못할 고통이 올 때가 있다. '하나님 저에게 왜 이러세요?'라고 불평이 나올 때가 있다. 이러한 때 계속 그 자리에서 불평불만만 하고 있으면 사탄이 삼켜 버리기 딱 좋은 상태가 된다. 그러나 하나님께 간구하고, 하나님의 말씀을

믿고 믿음의 발걸음을 내디디면 사탄은 힘을 잃고, 하나님의 일하심을 경험하게 된다.

여호수아가 가나안 땅을 정복하기 위해서 싸운 왕은 31명이다(12장). 31명의 왕과 싸워서 단 한번 패배했다. 그 하나의 패배는 여호수아가 하나님을 바라보지 않고 자기를 본 자만심 때문에 아이성 전투에서 진 것이다. 자만심만 부리지 않았으면 지지 않을 전쟁이었다. 31번의 전쟁을 치르는 동안 쉬웠던 전쟁은 단 한 번도 없었다. 여호수아가 자신의 능력으로 이길 수 있다고 자신만만해하면서 치른 전쟁은 한 번도 없었다는 말이다. 하나님이 이기게 하신 것이다.

하나님의 능력이 우리 삶 속에 나타나게 하는 비결은 너무나 간단하고 명백하다. 15절을 보자.

"여호와께서 그의 종 모세에게 명령하신 것을 모세는 여호수아에게 명령하였고 여호수아는 그대로 행하여 여호와께서 모세에게 명하신 모든 것을 하나도 행하지 아니한 것이 없었더라"

우리 인생의 승리 비결은 하나님의 말씀을 그대로 행하는 것이다. 하나님의 말씀이 효력을 미치지 않는 영역이나 상황이 존재하지 않는다. 하나님의 말씀이 선포되는 곳에는 말씀의 능력이 나타난다. 우리의 상황이 어떠하든지 하나님의 말씀을 선포하고 순종하면 하나님의 능력이 나타난다. 하나님의 말씀을 선포하기 위해서는 믿음이 필요하다.

우리 교회가 2009년 11월에 코린스(Coriinth)에서 루이스빌 (Lewisville)로 이전할 때 돈이 없었다. 쇼핑몰 170평을 빌려서 교회로 사용하려면 한 달에 4천 100불을 지불해야만 했다. 이건 불가능한 일이었다. 그때 하나님께서 주신 말씀이, "애굽도 의지하지 말고, 앗수르도 의지하지 말라"라는 것이었다. 그 말씀을 하나님의 약속으로 믿고 이전을 결정했더니 하나님을 경험하게 되었다. 모든 것을 다 채우시는 하나님을 경험했다.

문제는 우리가 능력이 없는 것이 아니다. 우리가 지친 것이 문제가 아니다. 우리의 약함, 지친 것이 문제가 아니다. 우리가 하나님의 말씀을 믿지 못하고 거부하는 것이 문제다. 하나님이 우리에게 능력을 행하시려고 우리의 마음에 말씀을 심으시는데 그 말씀을 받아들이지 않는 것이 문제다. 때로는 귀찮아서, 때로는 내 고집 때문에, 두려움, 미움 때문에 거부한다. 믿어라. 의심하지 말라. 거부한다. 믿어라. 의심하지 말라. 말씀을 사랑하고 말씀을 믿으면 반드시 승리한다.

"하나님을 사랑하는 것은 이것이니 우리가 그의 계명들을 지키는 것이라 그의 계명들은 무거운 것이 아니로다 무릇 하나님께로부터 난 자마다 세상을 이기느니라 세상을 이기는 승리는 이것이니 우리의 믿음이니라"(요일 5:3-4)

하나님의 말씀을 사랑하라. 하나님의 말씀을 믿어라. 내 생각과 감정을 넘어서 하나님의 말씀을 선포하라. 계속해서 선포하고 기도하라. 말씀의 능력을 경험하게 하신다.

사막에는 오아시스가 있다. 자연적으로 형성된 오아시스를 백그라운드라고 부르는데, 당나귀나 야생말들이 판 우물들이 있다. 이것을 '말우물'이라고 부른다. 연구자들이 애리조나주의 소노란 사막(Sonoran Desert)과 캘리포니아주의 모하비 사막(Mojave Desert)에 카메라를 설치해서 3년간 관찰해서 밝혀낸 것이다. 당나귀나 야생말들이 물을 얻기 위해서 말라 버린 강바닥을 파서 만들어진 우물이다. 약 2미터 정도 땅을 파서 물의 근원을 얻는 것이다.

연구자들에 의하면 '말우물'에는 한 여름에도 물이 마르지 않고, 자연적으로 생긴 우물인 백그라운드에 비해서 평균 3배에서 14배 많은 물이 고인다("[글로벌K] 말이 우물을 판다", KBS News 유튜브, 2021.05.03.). 우물을 파면 100센트 성공하는 기술자에게 물었다고 한다. 어떻게 파는 우물마다 다 물이 나오는가? 물이 나올 때까지 파는 것이다. 여호수아의 능력의 출처는 하나님의 말씀이었다. 하나님이 말씀하신 대로 그대로 했다.

6절과 9절을 보자.

"여호와께서 여호수아에게 이르시되 그들로 말미암아 두려워하지 말라 내일 이맘때에 내가 그들을 이스라엘 앞에 넘겨 주어 몰살시키리니 너는 그들의 말 뒷발의 힘줄을 끊고 그들의 병거를 불사르라 하시니라 … 여호수아가 여호와께서 자기에게 명령하신 대로 행하여 그들의 말 뒷발의 힘줄을 끊고 그들의 병거를 불로 살랐더라"

능력의 출처는 하나님이다

하나님이 전쟁을 시작하기 전에 명령하셨다. 전쟁에서 이기면 적들이 가지고 있던 말들은 뒷발의 힘줄을 끊고, 병거는 불사르라. 여호수아는 전쟁에서 이기고 난 뒤에 그대로 했다. 사실 하나님의 명령이므로 했지만, 이것은 쉬운 결정은 아니었을 것이다. 말과 병거가 있으면 앞으로의 전쟁이 아주 쉬워진다. 여전히 싸워야 할 적들이 많은데 남겨두고 사용하는 것이 더 현명하고, 유리한 결정이 아닌가?

하지만 하나님이 이렇게 명령하신 이유가 있다. 군대를 의지하지 않는 나라를 만들려고 하신 것이다. 군대를 의지하면 하나님을 의지하지 않게 된다. 여호수아는 하나님의 말씀의 뜻을 알았다. 그래서 말들의 뒷발 힘줄을 자르고, 병거를 불태웠다. 하나님의 의지하고 사는 인생을 살기로 방향을 정한 것이다. 여호수아가 하나님을 의지하는 것으로 방향을 정하니까 하나님이 평생 여호수아를 지켜주셨다.

우리 인생은 방향을 정하고 살아야 한다. 돈(세상, 사람, 권력)을 의지하지 않고 하나님을 의지하는 인생을 살기로 결단해야 한다. 예를 들면, 돈은 우리 인생에 많은 유익한 것을 줄 수 있다. 돈을 사용해서 좋고 의미 있는 일을 많이 할 수 있다. 그런데 돈을 의지하는 순간 돈은 우리의 주인이 되고, 우리는 돈의 노예가 된다. 돈 때문에 거짓말하고, 돈 때문에 사람을 속이고, 돈 때문에 원수가 된다.

결국 돈 때문에 하나님을 잃어버리게 된다. 이런 경우는 우리 주변에 수도 없이 많다. 적게 번다고 의지하지 않는 것은 결코 아니다. 돈을 의지하는 것은 돈의 많고 적음의 문제가 아니다. 처음부터 돈을 의지하면 죽을 때까지 돈을 의지한다.

내가 어느 정도 벌고 나면 그때부터 돈을 의지하지 않겠다고 하는데 그것은 말도 안 되는 핑계에 불과하다. "목사님 경제적으로 살만하고, 여유가 생기면 신앙생활 열심히 할게요." 죄송한 이야기지만 그런 날은 오지 않는다. "목사님 집이 교회랑 가까워지면 새벽기도 나올게요." 교회 근처로 이사 왔다고 새벽기도 나온 사람을 본 적이 없다. 처음부터 결정해야 한다. 결정한 대로 살아가는 것이다.

여호수아는 처음부터 결정하고 살았다. 자기의 신을 벗고 주인의 자리를 하나님께 내드리고, 지휘권을 하나님께 양도하기로 결정했다. 그래서 말의 뒷발의 힘줄을 자르라고 하면 자르고, 병거를 불태우라고 하면 불태운 것이다. 그리고 그의 인생의 마지막 고백은 무엇인가?

"나와 내 집은 여호와를 섬기겠노라"(수 24:15c)

여호수아의 모습을 보면서 문득 에어컨이 생각이 났다. 에어컨은 더위가 오는 것을 두려워하지 않는다. 왜냐하면 에어컨은 더위를 식히기 위해서 만들어진 것이기 때문이다. 하나님을 믿고 전쟁을 향해서 두려움 없이 달려가는 여호수아의 모습이 마치 한여름의 무더위를 두려워하지 않는 에어컨과 닮았다는 생각이 들었다. 무더위가 찾아오면 에어컨은 더운 것을 불평하는 대신 찬바람을 내뿜는다. 냉매가 떨어지지 않는 한 찬바람을 쌩쌩 불어서 더위를 날려 버린다.

예수님은 십자에서 죽으시고 부활하시면서 죄와 사탄의 권세를 꺾으시고 우리에게 세상과 사탄과 싸워 이길 수 있는 예수님의 이름의 권세를 주셨다. 승리할 수 있는 약속의 말씀을 주셨다. 우리 안에 말씀의 냉매가 가득 차 있고, 기도의 컴프레셔가 돌아가면 무더위와 같은 인생의 문제가 찾아와도 끄떡없이 이길 수 있다.

'하나님 제게 왜 이러십니까?'라고 말하고 싶은 상황들이 우리 인생에 펼쳐진다. 그런데 하나님이 그렇게 하신 것이 아니다. 우리가 약해진 것이다. 우리가 하나님을 놓치고 있는 것이다. 냉매가 떨어지고, 컴프레셔가 멈춘 에어컨처럼 된 것이다. 다시 말씀의 냉매를 채우고, 기도의 컴프레셔를 가동하라. 하나님은 반드시 우리로 승리하게 하시고, 하나님의 역사를 경험하게 하신다.

2. 나도 큰 계획의 일부다
여호수아 13장 1~7절

여호수아는 우리에게 영원히 시들지 않는 청년의 이미지를 보여주는 인물이다. 여호수아는 차세대 지도자, 강력한 전쟁 사령관, 비전의 사람, 열정으로 불타는 사람, 불굴의 의지를 가지고 불가능에 도전하는 사람이다. 그런데 오늘 본문에는 너무나 생소한 여호수아의 이미지가 나온다. 1절을 보자.

"여호수아가 나이가 많아 늙으매 여호와께서 그에게 이르시되 너는 나이가 많아 늙었고 얻을 땅이 매우 많이 남아 있도다"

영원히 청년으로만 있을 것 같았던 여호수아에게도 너무 늙어서 전쟁터에 나갈 수 없는 때가 찾아온 것이다. 그다음 말을 주목해 봐야 한다. "얻을 땅이 매우 많이 남아 있도다" 여호수아는 늙어서 더 이상 전쟁을 할 수 없는 상황이 되었는데, 가나안 지역에는 아직도 정복할 땅이 많이 남아 있다는 것이다.

하나님이 모세를 대신해서 여호수아를 지도자로 세울 때 여호수아에게 약속한 것이 있다.

190

"내 종 모세가 죽었으니 이제 너는 이 모든 백성과 더불어 일어나 이 요
단을 건너 내가 그들 곧 이스라엘 자손에게 주는 그 땅으로 가라 내가
모세에게 말한 바와 같이 너희 발바닥으로 밟는 곳은 모두 내가 너희에
게 주었노니"(수 1:2-3)

하나님의 일을 한 사람이 이루 수 없다

발바닥으로 밟는 땅을 다 줄 것이라는 약속이 있었는데 여전히 정
복하지 못한 땅이 많이 남아 있었던 것이다.

여호수아가 부지런하지 않았던 걸까? 꾀를 부렸나? 여호수아는 할
수 있는 최선을 다했다. 자신의 전 생애를 가나안 땅 정복에 쏟아 부었
다고 해도 과언이 아니다. 그럼에도 그 땅은 정복되지 않았다. 이는 하
나님이 이루고자 하는 계획은 우리가 상상할 수 없을 만큼 원대하다
는 것을 보여주는 것이다.

하나님의 구원 계획은 너무나 원대하기 때문에 특정한 한 사람에
의해서 완성될 수 없다. 아브라함은 믿음의 조상이다. 그럼 복의 근원
이 되고, 큰 민족 이루시겠다는 하나님의 약속이 아브라함 때에 바로
완성되고 보여져야 하는 것 아닌가?

그런데 아브라함이 남긴 유산은 이삭뿐이었다. 큰 민족은커녕 대가
족도 아니다. 그러나 여기서 끝이 아니었다. 왜냐하면 이삭 하나로 끝
나지 않았기 때문이다. 이삭에서 야곱이 태어나서 그 아들들이 12지
파를 이루었다. 야곱에서 요셉이 태어나고 이집트에 가서 말 그대로
큰 민족을 이루었다. 그리고 모세와 여호수아를 통해서 가나안 땅을

정복했다. 다윗을 통해서 가장 영향력 있는 복의 근원이 되는 나라를 이루었다. 하나님의 계획은 사람이 전 일생을 걸쳐서 이뤄질 뿐 아니라 그 이후까지도 계속 이어진다. 따라서 한 사람의 인생은 전체의 계획에 일부가 된다.

우리의 문제 대부분은 내가 뭔가를 했다는 생각에서 출발한다. 내가 이렇게 많이 했는데, 이렇게 열심히 했는데 왜 인정해 주지 않고, 대접해 주지 않는가? 이런 생각 때문에 마음이 상하고, 화가 난다. 자, 모세가 이스라엘 백성들을 출애굽 시킨 일, 여호수아가 가나안 땅을 정복한 일도 하나님 앞에서는 일부에 지나지 않는데 우리가 한 일은 이에 비하면 대단한 것이 아니지 않을까?

신약성경의 절반을 기록하고, 신약시대의 선교를 대부분 담당했던 바울이 자기가 한 것이 없다고 고백한다.

"그러나 내가 나 된 것은 하나님의 은혜로 된 것이니 내게 주신 그의 은혜가 헛되지 아니하여 내가 모든 사도보다 더 많이 수고하였으나 내가 한 것이 아니요 오직 나와 함께 하신 하나님의 은혜로라"(고전 15:10)

내가 할 수 있게 해 주신 것이 하나님의 은혜다. 나 같은 사람을 통해서 그런 일을 하게 해주신 것이 하나님의 은혜다.

이런 믿음의 사람들의 고백 앞에서 나의 자랑이 얼마나 부끄러운 일인지 반성하게 한다. 하나님께 받은 은혜를 알면 우리가 한 것이 얼마나 작은 것인지를 알게 된다. 하나님은 교만한 자를 물리치시고, 겸손한 자에게 은혜를 주신다(약 4:6).

우리는 하나님의 일을 하면서 두 가지를 항상 기억해야 한다.

첫째, 하나님의 일을 할 때는 우리의 혼신을 다해야 한다. 여호수아는 자신의 전 인생을 드렸다. 하지만 그가 이룬 것은 하나님의 큰 계획 중에 아주 작은 한 부분이라는 사실이다. 이는 우리가 하나님의 일을 할 때 어떤 마음으로 해야 하는지를 보여주는 모습이다.

둘째, 하나님은 우리가 작은 일을 했는데도 정말 큰 일을 한 것처럼 칭찬해 주신다. 우리가 볼 때 작은 일을 맡겨놓고 세상에서 가장 중요한 일을 맡긴 것처럼 필요한 것을 다 채우시고, 도와주시고, 능력을 주신다. 우리가 하나님께 진심을 쏟으면 하나님의 크심을 경험하게 된다.

권력보다 무서운 것이 세월

누군가는 이런 이야기를 했다. "세상에서 권력보다 더 무서운 것은 세월이다." 폭군이나, 독재자를 끌어내리고 싶어도 권력이 무서워서 하지 못할 때가 많다. 그런데 아무리 무서운 권력자도 세월이 흐르면 스스로 물러날 수밖에 없기 때문에 세월이 가장 무서운 것이다. 청년 여호수아에게도 "너는 나이가 많아 늙었고"라는 말을 들을 때가 찾아왔다. 더 하고 싶어도 할 수 없는 때가 온 것이다. 하나님께서 우리에게도 이렇게 말씀하실 때가 올 것이다. "김 목사, 이 장로, 최 집사 이제 너도 너무 늙었다." 그때 어떤 사람이 제일 행복한 사람이겠는가?

사도 바울은 로마 감옥에 갇혀 있으면서 자신의 죽음이 임박함을 느끼고 있었다. 그때 이런 고백을 했다.

"전제와 같이 내가 벌써 부어지고 나의 떠날 시각이 가까웠도다 나는 선한 싸움을 싸우고 나의 달려갈 길을 마치고 믿음을 지켰으니 이제 후로는 나를 위하여 의의 면류관이 예비되었으므로 주 곧 의로우신 재판장이 그 날에 내게 주실 것이며 내게만 아니라 주의 나타나심을 사모하는 모든 자에게도니라" (딤후 4:6-8)

전제는 제물에 향기를 더하기 위해서 붓는 포도주나 곡물주(독주)를 말한다. 전제가 부어졌다는 것은 제물을 태울 준비가 끝났다는 말이다. 죽음이 임박했다는 표현을 이렇게 하는 것이다.

죽음 앞에서 바울은 "나는 선한 싸움을 싸우고 나의 달려갈 길을 마치고 믿음을 지켰다"라고 말한다. 이는 '내가 해야 할 일을 다했다. 이제 하나님이 내게 면류관을 주실 것이다'라는 의미이다. 사도 바울은 자신이 얼마나 많은 일을 했는지 말하지 않았다. 얼마나 대단한 업적을 남겼는지 말하지 않았다. 내가 큰일을 했고, 아무도 하지 못한 일을 이루었기 때문에 하나님이 내게 상을 주실 것이라고 말하지 않았다. 하나님이 내게 맡겨 주신 일에 충성을 다했기 때문에 상을 주실 것이라는 말한다.

사도 바울은 이 말을 자신의 제자이며, 복음으로 낳은 아들 디모데에게 유언처럼 남겼다. 자신의 삶의 고백이기도 하고, 디모데에게 부탁하는 말이기도 하다. "나는 내가 달려야 할 만큼 달려왔다. 이제 네가 그 길을 달려가야 한다. 내가 달려왔던 그 길을 네가 이어서 달려야 한다." 하나님이 우리에게 너도 이제 늙었다고 하실 때 어떤 인생이 가장 값진 인생이겠는가? 내가 살았던 삶을 부탁할 수 있는 인생이야말로 하나님 앞에서 가장 값진 인생이지 않을까? 내가 살았던 삶을 부탁할 수 있기 위해서는 세 가지를 해야 한다.

첫째, 내가 지금 걸어가는 길이 하나님 앞에서 바른길이어야 한다. 나도 바른 길을 걸어가지 못하는데 어떻게 내 자녀들에게, 믿음의 후배들에게, 후세대에게 그 길을 부탁하겠는가? 나처럼 하나님을 사랑해라. 나처럼 하나님을 섬기라고 할 수 있어야 한다.

둘째, 내가 하는 일이 나의 전 인생을 걸 만큼 가치 있는 일이어야 한다. 자기가 가치 있게 여기지 않는 일을 다른 사람 특히 자녀나 후배들에게 하라고 할 수 없다.

셋째, 믿음으로 사는 생활을 보여줘야 한다. 돈 앞에 벌벌 떠는 모습을 보여주고, 불신앙으로 불평하고, 어려움 앞에 굴복하는 모습을 보이면서 어떻게 자녀들에게 믿음의 삶을 살라고 할 수 있겠는가?

이제 여호수아는 나이가 많아서 늙었고, 정복해야 할 땅이 많이 남아 있다면 그다음은 여호수아를 이을 지도자를 세워서 그 남은 땅을 정복해야 한다. 그런데 하나님은 오늘 전혀 다른 이야기를 하신다. 7절을 보자. "너는 이 땅을 아홉 지파와 므낫세 반 지파에게 나누어 기업이 되게 하라 하셨더라" 두 지파 반은 요단강 동쪽에서 이미 땅을 받았기 때문에 아홉 개 반 지파에게 땅을 나누라고 한 것이다. 상식적으로는 땅을 다 정복하고 난 다음에 분배하는 것이 맞는 순서다. 그런데 하나님은 정복하지 않은 땅까지 각 지파에게 분배를 해 주라고 명령하신 것이다.

하나님께서는 지금 패러다임의 변화를 말씀하시는 것이다. 이제까지는 한 사람의 걸출한 지도자가 강력한 리더십을 발휘해서 전체를 이끌어 가는 것이 가장 좋은 방법이었다. 모세가 그랬고 그를 이은 여호수아가 그렇게 했다. 그럼 그다음을 잇는 지도자를 세워야 하는데, 하나님은 그렇게 하지 않으시고 땅을 12개로 나누어서 각 지파별로 정복하라고 하신다.

하나님은 이 시점에서 왜 패러다임을 바꾸셨을까? 첫 번째는 가나안 땅의 강력한 적은 이미 굴복시켰기 때문이다. 이제 남은 적은 각 지파가 스스로 정복할 수 있다. 두 번째는 한 곳에 모여서 생활하던 광야 생활과는 다르게 이제는 이스라엘 백성들이 각 지파별로 흩어져서 살아야 하기 때문이다. 각 지파에서 영적인 지도자가 나와서 그 지파를 이끌어야 한다. 그것을 할 수 있도록 레위 지파를 흩어서 각 지파의 영적인 일을 돕도록 했다.

여기에 우리가 꼭 기억하고 적용해야 할 영적인 원리가 있다. 예수님께서 십자가에서 이미 사탄의 권세를 모두 밟으셨다. 우리는 예수님의 이름의 권세로 우리 앞에 문제를 해결할 수 있다. 우리가 마주 대하는 사탄은 이미 권세가 밟힌 사탄이다. 우리가 겪는 문제와 사건은 예수님의 이름 앞에 무너질 문제들이다. 우리는 적극적으로 싸워 승리를 얻고 누리면 된다. 심지어 우리에게 성령님을 주셔서 영적인 싸움을 돕도록 하셨다. 우리가 예수님의 이름의 권세를 가지고 싸우려고 할 때 성령님이 우리를 도우신다.

6절에서 하나님의 명령을 다시 살펴보자.

"또 레바논에서부터 미스르봇마임까지 산지의 모든 주민 곧 모든 시돈 사람의 땅이라 내가 그들을 이스라엘 자손 앞에서 쫓아내리니 너는 내가 명령한 대로 그 땅을 이스라엘에게 분배하여 기업이 되게 하되"

이 말씀은 여호수아에게 "내 발바닥으로 밟는 땅을 다 너에게 주실 것이다"라는 약속과 버금가는 약속이다. 여호수아가 하나님의 말씀에 믿음으로 반응했듯이 이 약속에 믿음으로 반응하는 사람에게는 하나님의 역사가 일어난다.

말씀에 반응하는 사람

하나님의 말씀이 바르게 선포되고, 그 말씀에 믿음으로 반응하는 사람만 있으면 영적인 지도자는 언제든지 나온다. 모세도 이런 과정에서 나온 인물이고, 여호수아도 그렇게 드러난 인물이다. 실제로 유다 지파에서 그런 인물이 나왔다. 바로 옷니엘이라는 인물이다.

옷니엘은 갈렙의 사위이자 첫 번째 사사가 되는 사람이다.

"갈렙이 말하기를 기럇 세벨을 쳐서 그것을 점령하는 자에게는 내가 내 딸 악사를 아내로 주리라 하였더니 갈렙의 아우 그나스의 아들인 옷니엘이 그것을 점령함으로 갈렙이 자기 딸 악사를 그에게 아내로 주었더라"(수 15:16-17)

갈렙은 45년 전에 여호수아와 함께 믿음의 고백을 했던 사람이다.

197

그리고 45년이 지난, 85세의 나이에도 그 비전을 잃지 않고 헤브론('이 산지를 내게 주소서')을 자기에게 달라고 해서 정복한 사람이다. 갈렙은 헤브론을 점령하고 난 후 믿음의 도전을 한다. 기럇 세벨을 점령하는 사람에게 자기의 딸을 아내로 주겠다는 것이다. 그 도전 앞에 믿음으로 반응한 사람이 바로 옷니엘이다. 믿음으로 도전하는 사람과 믿음으로 반응하는 사람이 있으니까 그곳에서 영적인 지도자가 나오는 것이다.

그런데 대부분의 지파 속에서는 이런 영적인 지도자들이 나오지 못했다. 왜 그럴까? 믿음의 도전을 하는 사람이 없어서이다. 가나안 땅이 주는 풍요로움에 안주해 버렸기 때문이다. 먹고사는 것이 가장 중요한 일이 되어 버려서 하나님의 말씀을 상실했기 때문이다.

이스라엘 백성들의 최종 목표는 가나안 땅에 정착해서 먹고 사는 것이 아니었다. 가나안 땅에 정착하는 것은 하나님의 언약을 이루기 위한 첫 발판에 불과하다. 가나안 땅의 풍요로움을 발판 삼아 진짜 하나님의 일을 해야 했다. 우리 이민자들에게 미국 땅에서 정착하고 먹고사는 것이 최종 목표가 되면 안된다. 이 땅에서 하나님 나라와 복음을 위해서 살아가는 것이 목표가 되어야 한다. 이 목표를 상실하면 먹고사는 것에만 묶여 있다가 늙고 병들어서 인생을 마감하게 된다.

하나님의 말씀이 바르게 선포되고, 하나님의 말씀에 믿음으로 반응하는 사람이 있으면 하나님의 역사는 지금도 현실이 된다. 하나님이 우리 교회에 주시는 메시지가 이것이다. 복음을 깨달은 우리가, 말씀의 능력을 아는 우리가 복음과 말씀의 능력으로 영혼을 구원하는 삶을 살라는 것이다. 현실의 문제를 말씀과 기도로 이기는 삶을 살라는 것이다.

이스라엘 지파들에게 땅을 분배해 주면서 믿음으로 정복할 사람들이 일어났듯, 우리 속에 수많은 영적인 사람들이 일어나야 한다. 말씀의 사람, 기도의 사람이 일어나야 한다. 방황하는 사람들에게 복음으로 답을 줄 수 있는 사람들이 일어나야 한다. 댈러스와 미국을 넘어서 영적인 흐름을 주도해 가는 교회가 되기 위해서 기도의 용사가 필요하다.

구체적으로 기도하라.

하나님 내가 복음을 전할 일이 생기도록 해주세요.
내가 복음으로 살릴 영혼을 붙여주세요.
하나님 내가 하나님이 기뻐하는 일을 하고 싶습니다.
그 일을 내게 주십시오.

영혼 살리는 것이 나의 소원이 되고, 하나님을 기쁘시게 하는 것이 나의 바람이 되면 하나님은 반드시 나를 통해서 그 일을 하게 하신다. 한 영혼을 주님 앞으로 인도하는 소원을 가지고 살아가라.

3. 믿음의 선한 영향력
여호수아 14장 1~15절

김위찬 교수가 쓴 『블루오션 전략(*Blue Ocean Strategy*)』이라는 책이 있다. 그 책에 보면 레드오션(Red Ocean)과 블루오션(Blue Ocean)이라는 경제용어가 나온다. 레드오션은 한정된 시장 안에서 여러 개의 기업들이 경쟁을 할 때 생기는 현상이다. 다른 기업을 누르고 살아남기 위해서 과다한 경쟁을 하다보니 출혈이 생기고 그것 때문에 시장이 핏빛으로 물든다고 해서 레드오션이라고 부른다. 이것과는 반대로 다른 기업과 경쟁하는데 에너지를 쏟지 않고 새로운 시장을 개척하고, 신제품을 개발해서 무한한 이익을 창출하는 것을 블루오션이라고 부른다.

레드오션의 핵심은 '경쟁'이다. 어떻게 해야 상대를 누리고 이기는 가이다. 다른 사람을 짓밟아야 내가 살아남는 것이다. 반면 블루오션의 핵심은 '창조'이다. 다른 사람과 경쟁하고, 죽이는 것이 아니라 자기를 개발시켜서 새로운 가치를 창출해내는 것이다.

믿음은 블루오션의 통로

이 레드오션은 경제에서만 존재하는 것이 아니라 우리 삶 속에서도 존재한다. 우리가 살아가고 있는 삶의 현장은 기본적으로 레드오션이다. 기업, 직장, 학교도 모두가 살아남기 위해서 경쟁해야 하는 레드오션이다. 심지어 교회 안에서까지 레드오션이 형성되고 있다. 어떻게 해야 이 레드오션에서 블루오션으로 갈 수 있는가? 그 통로는 바로 믿음이다.

이스라엘 백성들이 가나안 땅을 정복하기 시작했을 때는 모두가 블루오션이었다.

"내가 모세에게 말한 바와 같이 너희 발바닥으로 밟는 곳은 모두 내가 너희에게 주었노니 곧 광야와 이 레바논에서부터 큰 강 곧 유브라데 강까지 헷 족속의 온 땅과 또 해 지는 쪽 대해까지 너희의 영토가 되리라"(수 1:3-4)

12지파는 가나안 땅을 놓고 서로 경쟁할 이유가 없었다. 가서 정복하면 된다. 목표를 이루기 위해서 서로 협력하고 희생하는 것을 마다하지 않았다. 12지파가 똘똘 뭉쳐서 함께 싸웠다. 그 결과, 요단강을 건넜고, 여리고성을 무너뜨렸다. 가나안 땅에 살고 있던 강력한 31명의 왕을 다 물리쳤고, 가나안 땅의 대부분이 이스라엘 백성들의 수중에 들어왔다.

드디어 목표를 다 이루고 정복한 땅을 분배할 시간이 찾아왔다. 바로 이 순간이 블루오션이 레드오션으로 바뀌는 순간이다. 정복한 땅 중에는 산지도 있고, 평지도 있었다. 성곽이 있는 도시도 있고, 허허벌판인 곳도 있었다. 비옥한 땅, 척박한 땅도 있었다. 12지파는 각자 좋은 땅을 분배받고 싶어서 조바심이 생겼다. 조금이라도 더 많은 땅을 차지하고 싶고, 조금이라도 더 비옥한 땅을 얻으려고 남모르게 신경전을 벌이고 있었다. 말은 하지 않았지만, 속으로는 누가 좋은 땅을 먼저 선점하지 않을까 걱정이 이만저만이 아니었다.

이스라엘 백성들이 땅 분배 문제에 이렇게 신경을 곤두세우는 데는 그만한 이유가 있었다. 요단강을 건너기 전에 큰 사건이 한 번 있었기 때문이다. 민수기 32장에 보면 이스라엘이 요단강을 건너기 전에 모압 평야를 점령했다(헤스본 왕 시혼, 바산 왕 옥의 땅). 그곳은 물이 많아서 풀이 잘 자라고 땅이 비옥한 곳이었다. 그 땅을 점령하자마자 르우벤과 갓 지파, 므낫세 지파의 절반이 모세에게 찾아와서 그 땅을 자기들에게 먼저 분배해 달라고 요구했다. 가축들이 많았던 이 지파들이 그 비옥한 땅을 보자 탐이 났던 것이다(3절).

12지파는 정복 전쟁을 시작할 때 굳은 맹세를 하고 시작했다. 요단강 동쪽뿐만 아니라 요단강을 건너서 서쪽에 있는 땅까지 다 점령하고 난 뒤에 땅을 공정하게 분배하기로 약속을 했다. 그런데 이 두 지파 반이 약속을 어기고 전쟁이 끝나지도 않았는데 좋은 땅을 먼저 차지하려고 했다. 나머지 지파가 얼마나 화가 났겠는가? 남은 지파의 배신감은 이만저만이 아니었을 것이다. 누구는 좋은 땅인지 몰라서 바보처럼 가만히 있었던 것이 아니다. 너무 화가 난 나머지 지파들이 이 두 지파 반에 대해서 전쟁도 불사할 분위기였다. 요단강을 건너기도 전에 내부 분열이 일어날 위기에 처했다.

분위기가 이렇게 되자 이 두 지파 반에서 절충안을 내놓았다. 첫 번째는 요단강 동쪽 편에 자기들이 정착하게 해 주면 자기들은 앞으로 정복하게 되는 요단강 서쪽 편에 땅이 아무리 크고 좋아도 하나도 가지지 않겠다는 것이다. 두 번째는 요단 동편 땅에 아내들과 자식들 그리고 가축들이 살 수 있도록 성을 짓고 난 뒤에는 모든 남자들이 무장을 하고 선봉에 서서 싸우겠다는 것이다. 나머지 지파들이 땅을 분배받을 때까지 자기들은 집으로 돌아가지 않고 나머지 지파들을 위해서 선봉에 서서 싸움을 하겠다는 것이다.

다행히 모세와 다른 지파 족장들이 이 절충안을 받아들이면서 땅분배에 대한 분란이 일단락되었다. 하지만 나머지 지파들의 마음속에는 이미 땅 분배에 대한 안 좋은 기억이 생겼고 트라우마로 자리잡았다.

그 일이 있은 지 몇 년이 지나고 난 뒤 이스라엘 12지파는 다시 땅을 분배하는 시점에 와 있다. 모든 지파는 또 어느 지파가 선수를 치지 않을까 신경이 바짝 곤두세워졌다. 아니나 다를까 걱정했던 일이 현실로 드러났다. 본문 6절을 보자.

"그 때에 유다 자손이 길갈에 있는 여호수아에게 나아오고 그니스 사람 여분네의 아들 갈렙이 여호수아에게 말하되 여호와께서 가데스 바네아에서 나와 당신에게 대하여 하나님의 사람 모세에게 이르신 일을 당신이 아시는 바라"

유다 지파가 갈렙을 앞세워서 여호수아에게 땅을 청탁하러 간 것이다. 모두 서로의 눈치만 보고 있는데 유다 지파가 먼저 선수를 친 거다. 이 소식은 순식간에 이스라엘 각 지파의 족장들에게 퍼졌다.

나머지 지파들은 그 소식에 화가 나긴 했지만 아무도 이의를 제기할 수는 없었다. 왜냐하면 갈렙은 제일 처음으로 땅을 요구할 수 있는 파워를 가진 사람이었기 때문이었다. 첫 번째 이유로 갈렙은 이스라엘 족장들 가운데 가장 연장자이면서 레전드 오브 레전드(Legend of Legend)였다. 여호수아와 동년배로 이집트를 탈출해서 나온 사람들 가운데 여호수아와 함께 유일하게 가나안 땅에 들어온 사람이었다. 두 번째는 45년 전 가나안 땅을 정탐할 때 12명의 정탐꾼 중에 여호수아와 함께 유일하게 그 땅을 점령할 수 있다고 믿음으로 고백한 사람이었다. 세 번째 이유는 갈렙이 속한 유다 지파는 이스라엘 중에서도 가장 유력한 지파였기 때문이다.

다른 모든 지파들은 갈렙이 있는 유다 지파라면 충분히 그럴 자격이 있다고 생각했기에 아무도 말을 하지 못했다. 그런 인물을 가지고 있는 유다 지파를 부러워할 뿐이었다. 유다 지파에게 가장 좋은 땅을 빼앗기는 것이 배 아프지만, 모두들 다음은 자기들 차례라고 벼르고 있었다.

창조적인 생각을 하는 사람

그런데 갈렙이 자기에게 달라고 한 지역은 어떤 지역인가? 헤브론이라는 지역이다. 헤브론은 비옥한 평야 지대가 아니었다. 해발 800미터가 넘는 산악지대였다. 그리고 헤브론은 가장 점령하기 어려운 지역이었다. 난공불락의 견고한 성이 있고, 특히 아낙 자손, 거인들이 사는 곳이었다. 45년 전에 이스라엘 백성들이 가나안 땅을 점령하기를 포기했던 이유가 바로 이 아낙 자손들 때문이었다. 그런데 갈렙이 오늘 자청해서 자기가 그 지역을 점령하겠다고 말한 것이다.

갈렙이야 말로 특권을 요구할 수 있는 사람이었다. 가장 좋고, 가장 비옥하고, 가장 점령하기 쉬운 곳을 선택할 특권이 있는 사람이다. 그렇게 한다고 해서 아무도 이의를 달지 못했을 것이다. 그런데 갈렙은 자신의 특권을 주장하지 않고 모든 지파들이 분배받기를 꺼리고, 피해가고 싶어 하는 가장 어려운 땅을 선택했다. 모든 지파들이 신경을 곤두세우고 있는데 갈렙이 가장 어려운 땅을 선택하니까 이스라엘 전체의 분위기가 싹 바뀌었다. 좋은 땅을 차지하려고 경쟁하던 분위기가 싹 사라졌다. 여호수아와 족장들이 모여서 제비를 뽑아서 분배하는 대로 두 말 없이 순종했다.

다른 사람들은 모두 '어떻게 하면 좋은 땅, 편한 땅을 차지할까?'라고 고민하고 있을 때 갈렙은 제일 어려운 땅을 생각하고 있었다. 생각하는 것이 전혀 다른 사람이다. 하나님이 주신 비전과 믿음을 가지고 창조적인 생각을 하는 사람이 갈렙이다.

여기서 우리는 영향력 있는 한 사람의 행동이 그 공동체를 어떻게 바꾸어 놓을 수 있는지를 보게 된다. 만약 갈렙이 자신의 특권을 이용해서 비옥하고 좋은 땅, 점령하기 쉬운 땅을 달라고 했다면 전혀 다른 그림이 그려졌을 것이다. 너도나도 좋은 땅 쉬운 땅을 먼저 차지하려고 난리가 났을 것이다. 그런데 갈렙 한 사람이 믿음으로 행동하니까 그 공동체 전체가 믿음으로 행동하게 되는 것이다. 갈렙은 자신이 가진 비전과 믿음을 통해서 레드오션을 블루오션으로 만들어 버렸다. 이것을 우리는 선한 영향력이라고 부른다.

하나님이 쓰시는 사람은 바로 이런 사람이다. 모든 사람이 경쟁하면서 공동체를 레드오션으로 만들어갈 때 자신의 비전과 믿음을 통해서 공동체를 블루오션으로 만들어 가는 사람이다.

여러분 한 사람 한 사람이 갈렙 같은 사람이 되길 주님의 이름으로 축복한다. 여러분이 특권을 주장하고 내세우면 교회는 전체가 레드오션으로 바뀔 것이다. 그런데 여러분이 갈렙처럼 창조적인 생각으로 교회를 섬긴다면 우리들의 교회는 무한한 블루오션으로 바뀔 것이다. 그 안에서 수많은 사람이 하나님의 나라를 위해서 마음껏 봉사하는 현장이 될 것이다. 바로 여러분이 갈렙처럼 레드오션을 블루오션으로 바꾸어가는 축복이 있길 바란다.

갈렙은 쉬운 곳을 선택하지 않고 왜 어려운 곳을 선택했을까? 남들이 제일 선택하고 싶은 땅을 선택하지 않고 남들이 제일 선택하기 싫어하는 땅을 선택했을까? 좋은 땅 풍요로운 땅, 정복하기 쉬운 땅을 선택하면 엄청난 이익인데 눈앞에 보이는 이익을 포기하고 어려운 땅을 선택한 이유가 무엇이었을까? 그것이 12절에 나온다.

"그 날에 여호와께서 말씀하신 이 산지를 지금 내게 주소서 당신도 그 날에 들으셨거니와 그 곳에는 아낙 사람이 있고 그 성읍들은 크고 견고할지라도 여호와께서 나와 함께 하시면 내가 여호와께서 말씀하신 대로 그들을 쫓아내리이다 하니"

갈렙은 다른 사람들처럼 현재 눈앞에 보이는 이익을 따라서 선택한 것이 아니었다. 하나님의 약속을 따라서 선택했다. 더 정확히 말하면 갈렙은 땅을 선택한 것이 아니라 하나님의 약속을 선택한 것이다. 눈앞에 보이는 땅은 한순간이지만 하나님과의 약속은 영원하다는 것을 알았기 때문이다. 갈렙은 순간을 선택하지 않고 영원을 선택했다.

당장 눈앞에 있는 이익을 포기하고 보이지 않는 하나님의 약속을 따라서 선택하기란 쉬운 일은 아니다. 더욱이 하나님이 주신 그 약속이 까마득히 옛날이라면 말이다. 10절을 보자.

"이제 보소서 여호와께서 이 말씀을 모세에게 이르신 때로부터 이스라엘이 광야에서 방황한 이 사십오 년 동안을 여호와께서 말씀하신 대로 나를 생존하게 하셨나이다 오늘 내가 팔십오 세로되"

땅이 아니라 하나님을 선택

하나님이 45년 전에 말씀하신 것이다. 갈렙은 하나님이 자기에게 45년 전에 말씀해 주신 것을 지금 실행에 옮기려고 하는 것이다. 갈렙의 나이가 젊은 것도 아니다. 85세. 45년 전에 약속했던 것이고, 지금 갈렙이 85세면 이제 그 약속과 상관없이 좀 더 편한 것을 선택해도 되지 않을까? 눈앞에 보이는 더 좋은 땅을 선택해도 좋을 나이가 아닌가? 그저 늙은 노인의 고집일까?

갈렙이 한 말속에 그 해답이 있다. 10b절을 보자.

"이스라엘이 광야에서 방황한 이 사십오 년 동안을 여호와께서 말씀하
신 대로 나를 생존하게 하셨나이다"

갈렙은 지난 45년 광야 시절을 지나며 하나님이 모든 것을 지켜주
셨음을 너무 잘 알고 있었다. 하나님이 신실하게 약속을 이행하셨다는
것 말이다. 그리고 살려 주신 이유가 그 땅을 차지하라는 것이고 그렇
기에 건강을 지켜주셨음을 믿었다.

오늘 갈렙은 좋은 땅과 나쁜 땅을 놓고 고민한 것이 아니다. 어려운
땅과 쉬운 땅을 놓고 고민한 것이 아니다. 땅을 선택하느냐, 하나님의
약속을 선택하느냐를 놓고 고민을 한 것이다. 갈렙은 눈에 보이는 땅
을 선택한 것이 아니라 보이지 않는 하나님을 선택했다.

갈렙은 좋은 땅이 자기를 지켜주지 않는다는 것을 알았다. 물질이
자기를 지켜주지 않는다는 것을 알았다는 의미이다. 45년 동안 자기
를 지켜주셨던 하나님이, 45년 동안 자기와의 약속을 지키시고 신실
하게 지켜주셨던 하나님이 앞으로도 지켜줄 것이라고 확신했기 때문
이다. 갈렙은 45년 전에 가나안 땅을 정탐하면서 했던 믿음의 고백을
자신의 삶으로 증거하고 살았다.

"갈렙이 모세 앞에서 백성을 조용하게 하고 이르되 우리가 곧 올라가서
그 땅을 취하자 능히 이기리라 하나" (민 13:30)

결국 믿음의 고백대로 아낙 자손을 물리쳤고, 하나님이 약속하신
땅을 차지했다. 믿음의 고백에는 믿음의 역사가 기다리고 있다.

그럼 갈렙이 헤브론을 점령한 뒤의 결과를 살펴보자. 이스라엘 역사 속에서 헤브론이 중심이 되었다. 후에 다윗이 왕이 된 곳이 어디인지 아는가? 헤브론이다. 물론 나중에 통일 왕국이 되어서 예루살렘으로 옮기지만 유다 역사 속에서 헤브론은 아주 중요한 위치를 차지했다. 갈렙이 그 땅을 점령하기 전까지 누가 그곳이 그런 곳이 되리라고 생각했겠는가? 그리고 헤브론을 선택한 갈렙이 속한 유다 지파는 다윗 왕을 시작으로 왕가를 이루어낸 지파가 되었다. 북왕국 이스라엘은 왕의 혈통이 수십 번 바뀌었지만 유다 왕국은 한 번도 혈통이 바뀌지 않게 하나님이 지켜주셨다. 우리는 모두 갈렙 같은 사람들이다. 믿음으로 선한 영향력을 발휘하는 삶을 살길 축복한다.

그런데 하나님을 잘 섬기고, 교회를 잘 섬기고 싶은데 우리 자체 문제가 너무 많다. 우리 인생의 걱정만 해도 넘쳐난다. 미래 걱정, 자녀들 걱정, 경제적 걱정이 가장 많을 때다. 그런데 갈렙은 가장 걱정이 많을 때 하나님 앞에 가장 강력한 믿음의 고백을 했다.

"여호와께서 우리를 기뻐하시면 우리를 그 땅으로 인도하여 들이시고 그 땅을 우리에게 주시리라 이는 과연 젖과 꿀이 흐르는 땅이니라 다만 여호와를 거역하지는 말라 또 그 땅 백성을 두려워하지 말라 그들은 우리의 먹이라 그들의 보호자는 그들에게서 떠났고 여호와는 우리와 함께 하시느니라 그들을 두려워하지 말라 하나" (민 14:8-9)

사업이 걱정되는가? 가정의 미래가 걱정되는가? 자신의 미래가 걱정되는가? 그렇다면 과감히 하나님을 선택하라. 더 이상 걱정에 집착하지 말고 송두리째 하나님께 맡겨 버리라. 그러면 하나님이 믿음의 고백을 지켜주실 것이다. 하나님은 자신 앞에서 믿음으로 고백한 사람들의 고백을 헛되이 만들지 않으시는 분이다.

앞에 놓인 문제를 다른 사람들과 다름없는 시선으로 보지 말라. 그렇게 반응하지 말라. 하나님이 주신 비전과 하나님을 믿는 믿음으로 다르게 보고, 다르게 생각하고, 다르게 행동하라. 하나님을 향한 믿음이 우리 앞에 놓인 레드오션을 블루오션으로 바꾸는 열쇠가 될 것이다.

4. 입고 싶은 옷, 어울리는 옷
여호수아 16장 1~4절; 17장 14~18절

옷을 잘 입는 사람들을 패셔니스타(Fashionista)라고 부른다. 반면에
옷을 잘 못 입는 사람들을 패션 테러리스트(Fashion Terrorist)라고 부른
다. 자기가 입고 싶은 옷을 입는 사람들은 패션 테러리스트가 될 확률
이 높다. 패셔니스타가 되려면 자기가 입고 싶은 옷이 아니라 어울리
는 옷을 입어야 한다. 그럼 자기에게 어울리는 색깔과 스타일이 뭔지
알아야 한다. 나의 경우는 전혀 그런 것을 몰라서 패션 테러리스트로
살았다가 아내로 인해 구원받았다.

우리 신앙에도 이런 현상들이 많이 나타난다. 이스라엘 백성들이
가나안 땅을 점령하고 난 뒤에 땅 분배가 한창 진행되고 있었다. 그런
데 요셉 지파는 자기들이 분배받은 땅이 마음에 들지 않았다. 14절을
보자.

"요셉 자손이 여호수아에게 말하여 이르되 여호와께서 지금까지 내게
복을 주시므로 내가 큰 민족이 되었거늘 당신이 나의 기업을 위하여 한
제비, 한 분깃으로만 내게 주심은 어찌함이니이까 하니"

요셉 지파의 불만

요셉 지파가 생각할 때 자기들은 지파의 크기에 비해서 땅을 너무 작게 분배받았다고 느꼈다. 누구나 불공정한 대우를 받으면 속상하게 된다. 속상할 때는 공감해 주고, 위로를 해줘야 그 사람이 마음이 풀린다. 그런데 여호수아는 요셉 지파가 속상한 일을 당했다는 것을 인정해 주지 않았다. 15절을 보자.

"여호수아가 그들에게 이르되 네가 큰 민족이 되므로 에브라임 산지가
네게 너무 좁을진대 브리스 족속과 르바임 족속의 땅 삼림에 올라가서
스스로 개척하라 하니라"

여호수아가 요셉 지파에게 땅이 작다고 느끼면 산지를 개척하라고 한다. 그러자 요셉 지파는 자기들이 처한 상황을 이야기하면서 그것이 쉽지 않다고 말을 했다. 16절을 보자.

"요셉 자손이 이르되 그 산지는 우리에게 넉넉하지도 못하고 골짜기 땅
에 거주하는 모든 가나안 족속에게는 벧 스안과 그 마을들에 거주하는
자이든지 이스르엘 골짜기에 거주하는 자이든지 다 철 병거가 있나이
다 하니"

적들에게 철 병거가 있어서 산지를 개척하는 것은 말처럼 쉬운 것이 아니라고 이야기했다.

이렇게까지 말을 했는데도 여호수아는 요셉 지파의 말을 공감해 주지도 않았고, 처한 상황을 이해해 주지도 않았다. 오히려 더 강하게 밀어붙였다. 17절과 18절을 보자.

"여호수아가 다시 요셉의 족속 곧 에브라임과 므낫세에게 말하여 이르되 너는 큰 민족이요 큰 권능이 있은즉 한 분깃만 가질 것이 아니라 그 산지도 네 것이 되리니 비록 삼림이라도 네가 개척하라 그 끝까지 네 것이 되리라 가나안 족속이 비록 철 병거를 가졌고 강할지라도 네가 능히 그를 쫓아내리라 하였더라"

요셉 지파는 벽에 대고 이야기하는 느낌이었을 것이다.

여호수아는 이렇게까지 요셉 지파가 하는 말을 받아 주지 않는 이유가 무엇이었을까? 요셉 지파를 차별하는 것 아닌가? 참고로 여호수아는 요셉 지파에 속하는 에브라임 지파 사람이다. 그러니 차별이라고 볼 수 없다.

이 상황을 이해하려면 요셉 지파에 대해서 좀 알아야 한다. 요셉 지파라는 말은 우리에게 익숙하지 않은 말이다. 왜냐하면 가나안 땅을 분배받은 12지파 중에 요셉 지파라는 이름이 없기 때문이다. 요셉의 아들이었던 에브라임과 므낫세 두 지파를 합쳐서 통상적으로 요셉 지파라고 불렀다.

원래 이스라엘의 12지파는 야곱이 낳은 12명의 아들들이 각각 지파의 우두머리가 되어서 12지파를 구성했다. 그런데 하나님이 제사장의 역할을 하기 위해서 레위 지파를 따로 구별해서 떼면서 그 한 자리가 비게 되었다. 그 빈자리를 채우기 위해서 요셉의 두 아들이었던 에브라임과 므낫세를 넣어서 그 숫자를 채운 것이다. 엄밀히 따지면 에브라임과 므낫세는 12지파에 이름을 올릴 수 없는 서열이었다.

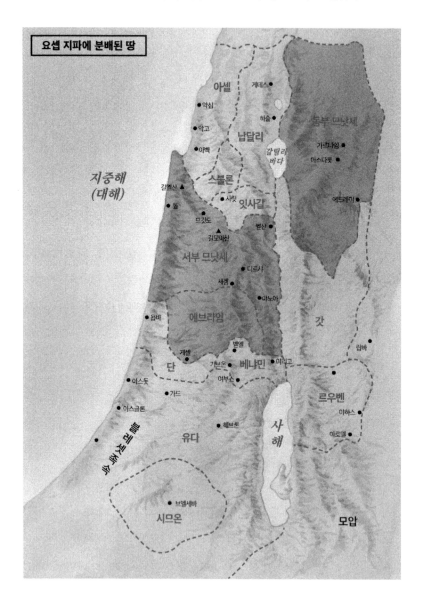

요셉 지파에 분배된 땅

그리고 에브라임과 므낫세는 요셉이 이집트에서 낳은 아들들이다. 어머니가 이집트인이라는 약점도 안고 있다. 그런데 하나님의 은혜로 12지파에 들어왔다. 그리고 하나님은 요셉 때문에 이 두 아들을 엄청 축복하셨다. 말하자면 부모 덕을 많이 본 지파이다. 그럼 이들에게는 누구보다 감사한 마음이 있어야 했다.

이런 사실을 염두에 두고 요셉 지파가 하는 말을 다시 들어보자. 14절을 보자.

"요셉 자손이 여호수아에게 말하여 이르되 여호와께서 지금까지 내게 복을 주시므로 내가 큰 민족이 되었거늘 당신이 나의 기업을 위하여 한 제비, 한 분깃으로만 내게 주심은 어찌함이니이까 하니"

요셉 지파는 큰 민족인 것이 사실이다. 유다 지파의 인구 수는 76,500명이었다. 그런데 요셉 지파는 에브라임 지파와 므낫세 지파를 합하면 85,000명이었다. 하나님은 이들을 확실히 축복해 주셨다.

그런데 그들의 말투 속에서 뭐가 느껴지는가? 자기들의 기득권을 주장하는 특권의식이 느껴진다. 하나님이 복을 주셔서 큰 민족이 되었으면 더 큰 믿음의 도전을 해야 하는 것이 맞다. 그런데 자기들의 영향력을 이용해서 대우받기를 원하는 마음을 드러낸 것이다.

요셉 지파의 말대로 자신들이 분배받은 땅이 정말 작았던 것일까? 여호수아 16장 1~4절에 보면 요셉 지파에게 분배된 땅이 나온다. 지도를 보면 알겠지만 엄청나게 큰 땅을 분배받았다. 그리고 가나안 땅 중에서 가장 중심부에 있는 땅을 대부분 다 차지했다. 우리가 잘 아는 세겜, 길갈, 실로, 벧엘 등 중요한 땅들이 다 요셉지파에게 분배되었다.

그런데 왜 요셉 지파는 자기들에게 분배된 땅이 작다고 불평했을까? 요셉 자손들의 말에서 그 이유를 찾을 수 있다. 16절을 보자.

"요셉 자손이 이르되 그 산지는 우리에게 넉넉하지도 못하고 골짜기 땅에 거주하는 모든 가나안 족속에게는 벧 스안과 그 마을들에 거주하는 자이든지 이스르엘 골짜기에 거주하는 자이든지 다 철 병거가 있나이다 하니"

큰 지파에 어울리는 옷

자신들이 분배받은 땅이 작은 것이 아니라 자기들이 차지한 땅이 작았던 것이다. 자기가 분배받은 땅을 점령하면 충분히 많은 땅을 차지할 수 있는데, 철 병거를 가진 적들이 무서워서 점령하지 못한 것이다. 힘들이지 않아도 되고, 믿음의 도전을 하지 않아도 차지할 수 있는 편하고 쉬운 땅을 더 달라고 하는 것이다.

요셉 지파가 진짜 큰 지파이고, 하나님이 복을 받은 지파라면 자기들의 크기와 영향력에 어울리는 옷을 입어야 한다. 그런데 요셉 지파는 자기들에게 어울리는 옷이 아니라 자기들이 입고 싶은 옷을 고집하고 있다. 그래서 여호수아가 요셉 지파에게 너희 지파의 크기와 영향력에 맞는 옷을 입으라고 도전하는 것이다. 17절과 18절을 보자.

"여호수아가 다시 요셉의 족속 곧 에브라임과 므낫세에게 말하여 이르되 너는 큰 민족이요 큰 권능이 있은즉 한 분깃만 가질 것이 아니라 그 산지도 네 것이 되리니 비록 삼림이라도 네가 개척하라 그 끝까지 네 것이 되리라 가나안 족속이 비록 철 병거를 가졌고 강할지라도 네가 능히 그를 쫓아내리라 하였더라"

사람들에게 필요한 것은 인정과 위로 그리고 적절한 칭찬이다. 사람이 아무리 가난해도 가난 때문에 죽지는 않는다고 한다. 또 자기가 하는 일이 너무 힘들어서 죽는 사람도 없다고 한다. 반면 적절한 인정과 칭찬을 받지 못하면 죽는다고 한다.

요셉 지파도 자기들을 인정하고 칭찬해 달라고 하는 것이다. 자기들이 하나님의 축복을 받아서 큰 지파가 된 것을 인정해 주고 칭찬해 달라는 것이다. 이런 요셉 지파에게 어떤 인정과 칭찬을 해 주어야 맞는 것일까? 이들이 원하는 대로 정복하기 쉬운 땅을 주는 것이 인정해 주는 것일까? 그렇게 살아도 하나님이 너를 여전히 사랑해 주시고 복 주신다고 말해 줘야 할까?

요셉 족속이 여러분의 자녀들이라면 어떤 말로 인정하고 칭찬하고 격려하겠는가? 어떤 말을 해줘야 진정 아들을 사랑하는 아버지의 마음이 전달될까? 여호수아는 요셉 지파에게 아버지 같은 사람이다. 오늘 여호수아는 아버지의 마음을 가지고 요셉 자손들을 인정하고, 칭찬하고, 위로하고 있다.

인정에는 두 가지가 있다. 권리에 대한 인정, 능력에 대한 인정이다. 여호수아는 이 두 가지를 다 했다. 첫 번째, "너는 큰 민족이요, 큰 권능이 있은즉"(17절) 여호수아가 요셉 자손들에게 당신들은 큰 민족이라는 것을 인정해 주었다. 두 번째, "가나안 족속이 비록 철 병거를 가졌고 강할지라도 네가 능히 그를 쫓아내리라"(18절) 요셉 지파의 능력을 칭찬했다.

지금 여호수아는 요셉 자손들에게 최고의 인정과 칭찬을 하고 있다. 하지만 이런 인정과 칭찬이 요셉 지파에는 제대로 효과를 보지 못했다. 요셉 자손들이 듣고 싶었던 이야기가 아니었기 때문이다. 자기들에게 어울리는 옷을 입지 않고, 자기들이 입고 싶은 옷을 입으려고 고집했기 때문이다.

요셉 지파는 원래 이런 지파가 아니었다. 그랬다면 하나님의 축복도 받지 못했을 것이다. 요셉 지파는 하나님의 약속을 믿고 믿음으로 도전하고 싸운 지파였다. 믿음으로 도전하는 야성이 있었다.

"여호와께서 지금까지 내게 복을 주시므로 내가 큰 민족이 되었거늘"(14절)

야성에서 영성으로

말에서 그것을 느낄 수 있다. 요셉 지파는 야성을 가지고 하나님의 약속이 말씀을 붙들고 싸워서 하나님께 복을 받고, 큰 지파가 되었다. 문제는 축복을 받은 그 이후이다. 더 이상 도전하고 하나님을 뜻을 성취하는 것에 그 야성을 사용하지 않았다. 오히려 자기들을 인정해 주지 않고 대접해 주지 않는 것에 야성이 나왔다. 섭섭하고, 분노하고 거칠어졌다. 믿음으로 통제되지 않는 야성은 우리 인생을 망치고 다른

218

사람들도 해치게 된다.

하지만 이 야성이 통제되고, 훈련되어서 영성으로 바뀌면 사람을 살리는 가장 강력한 파워가 된다. 우리의 고집도 마찬가지다. 야성으로 그대로 드러나면 사람을 죽인다. 한번 미워하면 죽을 때까지 미워한다. 요셉 자손은 자신들을 대접해 주지 않는 것에 분노하기보다는 왜 자기 지파들의 모습이 그렇게 되었는지에 대해 고민하고 분노해야 한다. 요셉 자손은 자신의 권리를 인정해 주지 않는 것에 속상해하는 것이 아니라 자신의 지파의 미래가 막혀 버린 것에 대해서 슬퍼해야 했다. 이것이 야성을 넘어서 영성으로 가는 길이다.

우리는 사람들이 왜 나를 대접해 주지 않는지에 집중하기보다 왜 나는 저런 사람을 품지 못하는가를 속상해해야 한다. 다른 사람이 내게 관심 가져 주고 챙겨 주지 않은 것을 속상해하기보다 내가 다른 사람에게 관심을 가지지 못하고 챙기지 못하는 것을 속상해해야 한다. 이기적인 내 모습을 보고 속상하고, 속 좁은 내 모습을 보고 속상해해야 한다. 그리고 하나님께 기도하면서 부족한 나를 고쳐 달라고 기도해야 한다. 이런 과정을 거쳐야 우리의 야성이 죽고 영성이 개발된다. 나를 통해서 한 영혼이라도 살아나게 된다. 그렇지 않으면 죽을 때까지 불평하고 속 좁게 굴고 사람들을 힘들게 하면서 살게 될 것이다. 실제로 요셉 지파(에브라임 지파)가 계속해서 다른 지파를 해치는 모습을 보게 된다.

"에브라임 사람들이 기드온에게 이르되 네가 미디안과 싸우러 갈 때에 우리를 부르지 아니하였으니 우리를 이같이 대접함은 어찌 됨이냐 하

고 그와 크게 다투는지라"(삿 8:1)

"에브라임 사람들이 모여 북쪽으로 가서 입다에게 이르되 네가 암몬 자
손과 싸우러 건너갈 때에 어찌하여 우리를 불러 너와 함께 가게 하지
아니하였느냐 우리가 반드시 너와 네 집을 불사르리라 하니"(삿 12:1)

에브라임 지파는 다른 지파를 도울 충분한 힘이 있었다. 그런데 지
파들이 도와 달라고 부탁할 때는 나 몰라라 하고 있다가 싸움에서 이
겨서 전리품을 나눌 때가 되면 나타나서 왜 나를 안 불렀냐고 시비를
걸었던 적이 한두 번이 아니었다. 자기가 가진 힘을 어디에 사용해야
하는지 망각하는 추태이다.

우리가 하나님의 앞에 쓰임 받기 위해서는 내가 입고 싶은 옷을 벗
고, 내게 어울리는 옷을 입어야 한다. 내 이기심의 옷을 벗고, 그리스
도로 옷 입어야 한다. 우리 안에 있는 야성들을 길들여서 영성으로 자
리 잡게 해야 한다. 통제되지 않는 야생마를 길들여서 최고의 말인 종
마를 만들듯이 우리의 야성을 길들여서 최고의 영성으로 길러내야 한
다. 험담하는 나를 길들여서 칭찬하는 사람으로 만들라. 남들을 미워
하는 나를 길들여서 사랑하고 위로하는 나로 만들라. 내 것만 챙기는
나를 길들여서 다른 사람을 돌아보는 나로 만들라. 나의 욕구를 위해
서 미친 듯이 달리는 야생마 같은 나를 길들여서 하나님을 위해서 삶
을 드리는 인생이 되어야 한다.

진정한 기쁨은 다른 사람에게 좋은 소리 듣고, 칭찬 듣고, 대우받는
것이 아니다. 하나님 앞에서 변화되어 가는 나의 모습을 보는 것이 진

짜 기쁨이다. 이것이 가능하게 되려면 우리 속사람이 강건해져야 한다. 이것을 가능하게 하는 것은 오직 말씀과 복음밖에 없다. 내 육신의 귀로 들리는 사람들의 소리를 통해서는 속사람이 강건케 되지 않는다. 귀에 듣기에 좋은 소리는 우리를 더 자기중심적으로 만들고, 욕구 중심적으로 만든다.

"그의 영광의 풍성함을 따라 그의 성령으로 말미암아 너희 속사람을 능력으로 강건하게 하시오며 믿음으로 말미암아 그리스도께서 너희 마음에 계시게 하시옵고 너희가 사랑 가운데서 뿌리가 박히고 터가 굳어져서 능히 모든 성도와 함께 지식에 넘치는 그리스도의 사랑을 알고 그 너비와 길이와 높이와 깊이가 어떠함을 깨달아 하나님의 모든 충만하신 것으로 너희에게 충만하게 하시기를 구하노라"(엡 3:16-19)

복음과 말씀을 계속해서 듣고 적용하면서 우리의 속사람을 강하게 해야 한다. 우리 마음에 예수님을 주인으로 삼고 내게 말씀하시는 말씀을 계속해서 들어야 한다. 그 말씀이 우리 속에 가치관으로 자리 잡고, 능력으로 자리 잡아서 모든 문제와 사건을 복음과 말씀으로 반응하게 되어야 한다.

하나님의 말씀과 복음 앞에 자신의 내어놓고 하나님이 고치시고 치료하시길 기도하자. 하나님은 반드시 우리를 고치신다. 내가 입고 싶은 것을 주장하면서 사는 인생이 아니라 하나님이 입혀 주시는 옷을 입고 능력으로 사는 인생이 되어야 한다.

5. 인생을 그리는 화가
여호수아 18장 1~10절

화가는 캔버스 위에 그림을 그리기 전에 이미 머릿속에 완성된 그림을 가지고 있다. 그림을 그리기 시작하는 단계에는 화가의 손끝에서 어떤 그림이 완성될지 알 수가 없다. 시간이 갈수록 그림의 윤곽이 드러나고, 화가가 완성하려고 하는 그림의 모습이 드러난다. 마침내 그림이 완성되면 화가의 의도를 알게 된다.

하나님은 이스라엘 백성들이 가나안 땅에 들어가기 전에 이미 완성된 그림을 가지고 계셨다.

"여호와께서 모세에게 말씀하여 이르시되 너는 이스라엘 자손에게 명령하여 그들에게 이르라 너희가 가나안 땅에 들어가는 때에 그 땅은 너희의 기업이 되리니 곧 가나안 사방 지경이라" (민 34:1-2)

하나님은 이스라엘 백성들이 차지할 가나안 땅의 동서남북 경계를 이미 정해 놓으셨다. 12지파에게 그 땅을 차지하게 하면서 하나님의 그림을 완성하려고 하셨다. 하나님이 구상한 대로 그림이 완성되었다면 이스라엘 백성들은 하나님이 주신 가나안 땅에서 하나님의 소유가 되고, 거룩한 나라가 되어서 제사장 나라의 역할을 하고 살았을 것이다. 세상을 축복하는 영향력 있는 나라로 살아갔을 것이다. 그런데 이스라엘 백성들은 하나님이 구상해 놓으신 그림을 실제로 다 펼쳐내지 못했다. 왜냐하면 이스라엘 백성들이 하나님으로부터 듣지 않고 자기 생각에 옳은 대로 살았기 때문이다. 자기가 그린 그림대로 살았기 때문이다.

내가 교회의 아이들을 볼 때마다 축복하는 말이 있다. "너 앞으로 큰 인물 되겠다." 특정한 아이들에게만 그런 이야기를 하는 것이 아니다. 만나는 모든 아이에게 그런 이야기를 한다. 하나님의 말씀을 잘 듣고 믿음으로 인생을 그리면 반드시 하나님이 사용하시는 큰 인물이 되기 때문이다. 가정 배경, 가진 능력은 아무런 문제가 되지 않는다. 하나님의 말씀을 따라서 살면 반드시 큰 인물이 된다.

인생의 그림을 크게 그려라

우리가 큰 인물이라고 말할 때 무엇을 기준으로 그런 말을 사용할까? 그 사람이 그리고 있는 자기 인생의 그림 크기다. 자기 인생의 그림을 가정 안에서만 그리면 자기 가족밖에 모르는 사람이 된다. 자기 인생의 그림을 나라와 함께 그리면 나라의 인물이 된다. 세계와 함께 그리면 세계적인 인물이 된다. 이것도 대단하다. 그런데 그것보다 훨씬 더 큰 인물이 있다. 하나님과 함께 자기 인생의 그림을 그리는 사람이다. 그 사람은 하나님의 사람이 된다. 그리스도인의 목표는 세계적 거물이 되는 것이 아니라 하나님의 사람이 되는 것이다.

가나안 땅의 중요한 부분을 점령한 이스라엘 백성들은 12지파가 함께 모여서 땅 분배를 했다. 하지만 이것은 단순히 정복한 땅을 나누어 가지는 땅 나누기를 하는 자리가 아니었다. 하나님이 그려 놓으신 큰 그림, 즉 비전을 선포(Casting)하는 자리였다.

하나님이 주신 비전이 선포되자 각 지파별로 반응이 다르게 나왔다. 갈렙이 속한 유다 지파는 하나님의 말씀이 떨어지기가 무섭게 헤브론 땅을 책임지겠다고 했다. 갈렙의 나이가 85세이고, 그곳에 거인들인 아낙 자손이 있지만, 하나님이 우리에게 주셨기 때문에 우리가 능히 정복할 수 있다는 믿음을 선포한 것이다. 하나님의 비전이 선포될 때 갈렙의 머릿속에는 이미 내가 무엇을 해야 할지 그림이 그려진 것이다. 하나님께서 이런 갈렙의 모습에 흥분하셨을 것 같다. 갈렙의 나이가 85세임을 감안할 때 하나님께서 왜 갈렙을 사용하시는지 짐작케 된다.

하나님이 우리 교회에 주신 비전이 있다. 100만 불을 선교지로 흘려보내고, 200개 나라에 선교팀을 보내는 것이다(1+2 Project). 기도하는 120명의 기도의 용사들이 세워져서 흑암의 권세를 꺾고 영적인 흐름을 주도하는 영적인 제사장 역할을 하는 교회가 되는 것이다. 여호수아 프로젝트가 이루어져서 댈러스에 부흥의 불을 지피는 것이다. 이 비전이 우리 인생의 그림이 되면 하나님이 우리 인생을 통해서 그 일을 이루신다.

하나님의 비전이 여호수아를 통해서 선포되었을 때 갈렙 같은 사람들만 있었던 것은 아니다. 자기의 힘과 영향력으로 기득권 유지에 힘을 쓰는 요셉 지파도 있다. 자신을 희생해서 다른 지파를 돕기보다 자기 것을 챙기는 것에 더 관심이 있었던 사람들이다. 충분한 힘이 있음에도 불구하고 선한 영향력을 발휘하지 못한 사람들이다.

오늘 이야기 속에는 세 번째 부류의 사람들이 나온다. 2절과 3절을 보자.

"그러나 이스라엘 자손 중에 그 기업의 분배를 받지 못한 자가 아직도 일곱 지파라 여호수아가 이스라엘 자손에게 이르되 너희가 너희 조상의 하나님 여호와께서 너희에게 주신 땅을 점령하러 가기를 어느 때까지 지체하겠느냐"

7개 지파는 자기들에게 주어진 땅을 정복하러 가지 않고 머뭇거린다. 2절에 보면 땅을 분배받지 못했다고 나와서 오해를 할 수 있는데, 분배를 못 받은 것이 아니라 분배를 받았는데 점령하러 가지 않았다는 의미이다. 그러니까 3절에 여호수아가 "여호와께서 너희에게 주신 땅을 점령하러 가기를 어느 때까지 지체하겠느냐"라고 한 것이다.

7개 지파는 왜 땅을 분배받고도 점령하러 가지 않았을까? 1절을 보면 그 내용이 나온다.

익숙함과 두려움 뒤에 숨지 마라

"이스라엘 자손의 온 회중이 실로에 모여서 거기에 회막을 세웠으며 그 땅은 그들 앞에서 돌아와 정복되었더라" (수 18:1)

이스라엘이 가나안 땅을 점령할 때 베이스 캠프는 길갈이라는 곳이었다. 이곳에서 1차 땅 분배가 이루어졌다. 지금은 시간이 지나서 자리를 옮겨서 실로에 성막을 세우고 하나님의 법궤를 그곳에 모셨다. 이곳은 에브라임 지파에게 주어진 땅이었다. 그런데 7개 지파는 그때까지 자기들에게 할당된 땅을 정복하러 가지 않고 실로에 머물러 있었다. "여호와께서 너희에게 주신 땅을 취하러 가기를 어느 때까지 지체하겠느냐"(3절)는 여호수아의 말로 미루어 볼 때 이스라엘 백성들은 실로에서 흩어지지 않고 꽤 오랫동안 머물러 있었던 것 같다.

7개 지파가 땅을 차지하러 가지 않고 머물러 있었던 이유를 두 가지로 살펴볼 수 있을 것 같다. 첫 번째는 익숙함이다. 이대로도 좋은데 왜 흩어지라고 하는가? 어렵게 개척하지 않고 싸우지도 않고 다 함께 모여서 편안하게 잘 살면 된다고 생각했던 것으로 보인다. 7개 지파는 익숙함과 편안함에 사로잡혀서 자신들이 살아야 할 사명을 잃어버린 것이다.

우리가 가장 경계해야 하는 것 중에 하나도 바로 이 익숙함과 편안함이다. 우리끼리 좋은데 왜 힘들게 지역 봉사를 하고 선교해야 하는가? 딱 지금 편안하고 익숙한데 왜 불편함을 감수해야 하는가? 새로운 사람들이 와서 내가 누리고 있는 이 좋은 분위기가 깨지지 않았으면 좋겠다라는 생각이 교회를 지배하면 그때부터 그 교회는 사명을 잃고 휘청거리기 시작한다. 고인물이 썩는 건 시간문제다. 계속 물을 퍼내고 흘려보내야 썩지 않고 맑은 물이 나온다.

우리는 편안함과 익숙함을 추구하기보다는 계속해서 새로운 사람을 껴안는 열린 교회를 만들어야 한다. 삶이 무너지고 인생이 깨진 사람들, 영적으로 눌린 사람들, 회복되어야 할 인생이 우리 주변에 너무 많다. 이들이 와서 말씀과 복음으로 회복되어서 하나님 나라를 위해서 살아갈 수 있도록 하는 것이 우리의 사명이다.

7개 지파가 머물러 있었던 두 번째 이유는 두려움 때문이라고 말할 수 있다. 지금까지 이스라엘 백성들은 함께 싸웠다. 유능한 여호수아가 있었고, 많은 백성이 함께 있어서 아무리 강력한 적도 두렵지 않았다. 그런데 지금은 각 지파가 독자적으로 전쟁을 치러야 했다. 각 지파별로 전쟁을 치러야 한다는 것은 부담이었고, 두려움이었다. 지금 이스라엘 백성들은 익숙함과 두려움에 발목을 잡혀서 하나님이 주신 비전에 반응하지 못하고 실로 땅에 눌러앉아 있었다.

우리의 모습 속에는 7지파가 가진 익숙함과 두려움의 모습은 없는지 늘 살펴보아야 한다. 문제 앞에서 낙심하고 주저앉아 있지 않은지, 믿음으로 살아야 하는 것은 아는데 현실이라는 문제로 우왕좌왕하지는 않는지 살펴야 한다. 믿음의 결단을 하려고 해도 익숙함과 두려움 때문에 결단을 못하고 있지는 않은가?

7개 지파를 향해서 여호수아가 내놓은 대책이 있다. 그 내용이 4~10절에 기록되어 있다. 여호수아는 각 지파에 세 사람씩 대표를 뽑게 했다. 그리고 앉아 있지 말고 가서 정복할 땅을 다 돌아보고 그들 각자의 손으로 직접 그 지도를 그려오라고 했다. 여호수아가 각 지파 대표들에게 정복할 땅의 지도를 직접 그려오라고 한 이유는 무엇일까?

첫 번째는 "내가 그들을 보내리니 그들은 일어나서 그 땅에 두루 다니며"(4절) 머리로만 생각하지 말고 가서 그 땅을 직접 눈으로 보고, 발로 밟아 보라는 것이다. 앉아서 생각만 하고 있으면 자기 생각만 강화되고 두려워질 뿐이다. 자아는 한없이 작아지고 무기력함에 자기를 가두게 된다. 그런데 믿음으로 직접 부딪혀 보면 그 안에 길이 보이기 시작한다.

아무리 힘들게 보이는 길이라도 그 길을 출발한 사람은 그 여행을 마무리하게 된다. 그런데 생각만 하면서 출발하지 않는 사람은 절대로 그 여행을 마무리할 수 없다. 어려운 일이 닥칠 때 나 자신에게 격려하면서 하는 이야기가 있다. "하나님을 붙들고 한 걸음을 옮기면 한 걸음이 줄어든다." 우리에게 주어진 고통의 시간이 백 걸음이라면 한 걸음을 옮기면 적어도 한 걸음은 줄어드는 것이다. 그렇게 백 걸음만 걸으면 그 고통을 이겨내게 된다.

내가 이것을 배운 것은 군대 시절이었다. 내가 군 생활을 했던 부대는 산악부대였는데, 좋은 길 다 놔두고 산길로만 다녔다. 신병훈련을 마치고 부대 배치를 받자마자 훈련을 따라나섰다. 이등병이 뭘 알겠는가? 20~30킬로그램 정도 되는 군장을 메고, M60 기관총을 군장 위에 얹고 행군하는데, 특히 밤 산길은 너무 힘이 들었다. 100킬로를 행군해야 한다는 중압감이 공포심으로 나를 덮쳤다. 한밤중에 좁고 험한 산길을 걷는 내내 고민했다. 그냥 쓰러질까? 계속 걸어갈까? 한 발을 옮길 때마다 그 생각을 하고 걸었다. 그러다 보니 어느덧 1차 목적지에 도착하게 되었다. 그때 내 마음속에 "그래. 걷다 보니 쉴 때도 오는구나!"라는 생각이 들었다. 그때부터 한 걸음 옮길 때마다 한 걸음이 줄어들었구나! 라는 생각으로 걸었다. 그 생각으로 걷다 보니 어느새 훈련이 다 끝났고, 100킬로를 완주했다.

아무리 어려워도 하나님과 함께 믿음으로 한 걸음을 옮겨라. 그럼 한 걸음이 줄어들고, 하나님과 함께 옮긴 그 한 걸음이 어려움을 이기고 하나님이 주시려고 하는 목적지로 나아가게 할 것이다.

구체적인 그림을 그려라

두 번째는 구체적으로 계획을 세우라는 말이다. '그냥 되겠지'라고 막연하게 생각하지 말고 실행에 옮길 수 있도록 구체적으로 준비하라는 말이다. 막연하게 생각한 계획들은 실행에 옮길 수 없지만, 구체적으로 세운 계획은 반드시 이루어지게 된다. 정말 그 일을 하고 싶은 마음이 있는 사람들은 적극적으로 계획을 세운다. 수동적일 수 없다.

우리 인생의 그림을 그릴 때 중요한 것이 있다. 인생의 그림은 반드시 하나님과 함께 그려야 한다는 것이다. 갈렙은 자신의 그림을 그린 것이 아니고 하나님이 주신 비전을 따라서 자신의 인생의 그림을 그렸다. 그러니까 85세의 나이에도 헤브론을 점령하고 하나님의 주신 비전을 이루었던 것이다.

우리가 우리의 인생을 하나님과 함께 그려 나가야 하는 이유가 여기에 있다. 내가 그린 그림은 내가 이루어야 한다. 하지만 하나님이 주신 그림은 하나님이 이루시는 것이다. 사업가들은 그림을 그리는 사람들이다. 아무것도 없는데 아이디어 하나로 엄청난 그림을 그려내는 사람들이 사업가들이다. 그런데 사업가들이 혼자 그림을 그리면 그것은 아무리 잘 그려도 몽상이다. 그런데 그 그림을 투자자와 함께 그리면 그 그림은 이루어지는 것이다. 사업가가 그리는 그림에는 반드시 투자자가 있어야 한다.

이렇듯 우리의 인생의 그림을 하나님과 함께 그리면 하나님이 우리 인생의 투자자가 되시는 것이다. 그 그림의 주인이 하나님이시기 때문이다. 하나님이 그린 그림은 하나님이 직접 하나하나 이루신다. 모세의 그림을 그리고, 여호수아의 그림을 그리고 투자하신 하나님께서 우리의 인생도 그리고 투자하실 수 있지 않겠는가?

여러분의 인생의 그림에는 무엇이 들어가 있는가? 여러분의 인생의 그림에 영혼 살리는 그림이 들어가 있는가? 하나님 나라를 위해서 사는 그림이 있는가? 여러분의 인생에 하나님이 투자자가 되시는 하나님의 그림을 그려 넣으시기 바란다. 1+2 프로젝트도 넣고, 120명의 기도 용사의 그림도 넣으라. 그럼 그 그림의 주인이 하나님이 되셔서 여러분의 인생의 그림을 이루어 주실 것이다.

'하나님 내 인생은 왜 이리 작습니까? 내 인생은 왜 이리 고난이 많습니까? 왜 이리 우울하기만 합니까? 왜 나는 이렇게 힘들어야 합니까? 왜 내 인생은 고통스럽기만 합니까?' 하나님이 여러분에게 그렇게 하신 적이 없다. 오히려 우리가 하나님이 그려주신 그림을 따라가지 않고 우리 스스로 인생의 그림을 그리기 때문에 오는 문제다. 익숙함과 두려움으로 우리가 직면한 문제를 믿음으로 싸우지 않기 때문에 오는 것들이다. 예수님은 십자가에서 이미 다 이루셨고, 승리를 선언하셨다. 하나님은 우리에게 죄와 사탄의 권세와 싸워 이길 수 있는 예수님의 이름의 권세를 주셨다. 어려움 중에도 붙들고 싸울 수 있는 약속의 말씀을 주셨다. 하나님의 도우심을 간구할 수 있는 기도의 능력을 주셨다.

우리는 하나님이 주신 이런 권세와 무기를 가지고 싸우며 살아가면 된다. 두려움에 지지 말고 구체적인 계획을 가지고 주님께서 인도하시는 대로 한 발자국씩 움직이면 된다. 믿음으로 한 걸음 디딘 만큼 문제 해결은 한 걸음 더 다가오는 것이다. 두려워 말고 믿음의 한 발자국을 내딛어라.

5 부

하나님의 길은 끝이 없다

골란[Golan] | '추방', '포로'란 뜻. 갈릴리 호수 동쪽 27㎞ 지점, 곧 요단 강 동쪽 바산 지방에 있던 므낫세 반 지파의 성읍이며 전략 요충지. 후에 레위 지파의 게르손 자손에게 할당되었다 (신 4:43). 여섯 개의 도피성 중 하나이기도 하다. 현재 이스라엘 공군 기지가 있다.

1. 하나님의 도시 계획
여호수아 20장 1~9절

집을 짓거나 구입할 때 사람들마다 중요하게 생각하는 기준이 다르다. 어떤 사람은 부엌이 크고 넓어야 한다. 주로 주부들이다. 어떤 사람은 거실 공간이 넓고 편해야 한다. 사람들과 교제하길 원하는 사람들이다. 어떤 사람은 안방과 욕실이 크고 좋아야 한다. 집에서 편안하게 쉬고 싶은 사람들이다.

여호수아서는 가나안 땅을 정복하고 분배하는 이야기다. 그런데 단순히 땅을 정복하는 이야기만은 아니다. 하나님의 도시 계획이다. 우상 숭배로 더럽혀진 땅에 이스라엘 백성들을 이주시켜서 거룩한 땅으로 바꾸려고 하는 프로젝트다. 궁극적인 목표는 제사장 나라를 건설하는 것이다. 하나님은 이것을 적어도 700년 이전에 아브라함과 함께 계획하셨다.

"네 자손은 사대 만에 이 땅으로 돌아오리니 이는 아모리 족속의 죄악이 아직 가득 차지 아니함이니라 하시더니" (창 15:16)

234

이건 하나님이 아브라함에게 주신 약속의 내용이다. 아모리 족속의 죄악이 아직 차지 않아서 그들을 쫓아내지 않는데, 그들의 죄악이 차면 가나안 땅에서 쫓아내고 아브라함의 후손을 다시 가나안 땅으로 불러오겠다는 말이다. 결국 아모리 족속의 죄악이 찼을 때 하나님이 그들을 쫓아내고 이스라엘 백성들을 그 땅에 심으신 것이다.

"너희는 이 모든 일로 스스로 더럽히지 말라 내가 너희 앞에서 쫓아내는 족속들이 이 모든 일로 말미암아 더러워졌고 그 땅도 더러워졌으므로 내가 그 악으로 말미암아 벌하고 그 땅도 스스로 그 주민을 토하여 내느니라"(레 18:24-25)

복 주시는 원리

여기서 하나님이 일하시는 방식을 좀 이해해야 한다. 하나님은 즉흥적으로 일을 하시는 분이 아니시다. 오래전부터 계획하시고, 그 계획대로 일을 진행하시기 때문에 하나님의 계획은 반드시 이루어진다. 하나님은 우리를 창세 전에 택하셨다고 한다. 예수님의 십자가를 통한 구원 계획은 아담의 타락 이후부터 시작하셨다. 이스라엘 백성들을 바벨론에 포로로 보낼 때 이미 포로에게 돌아올 것을 계획하고 계셨다. 이 모든 계획들이 하나님의 전능하신 능력으로 다 실행되었다.

그래서 우리가 하나님의 일하시는 원리와 복 주시는 원리를 아는 것이 중요하다. 그 원리를 따라서 살면 반드시 하나님의 역사가 우리 삶을 통해서 나타난다. 이것이 우리가 이 땅에서 누릴 수 있는 가장 큰 축복이다. 이것이 하나님과 동행, 형통, 하나님의 함께 하심이다. 무조건 복을 달라고 구한다고 복을 받는 것이 아니다. 하나님이 일하시는 영적인 원리를 알고 그대로 살아갈 때 복을 누리게 된다. 그 중요한 원

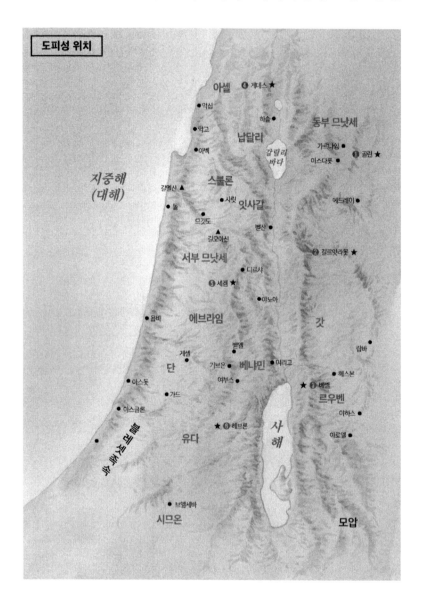

도피성 위치

지중해
(대해)

아셀
④ 게데스 ★
악십
하솔
동부 므낫세
학고
납달리
가르나임
① 골란 ★
아벡
갈릴리
바다
아스다롯

갈멜산 ▲
스불론
에드레이
돌
사릿
잇사갈
므깃도
겔산
김오아신 ▲
② 길르앗라못 ★
서부 므낫세
디르사
② 세겜 ★
아노아

갓
에브라임
벧엘
랍바
욥바
게셀
기브온
베냐민
여리고
단
여부스
헤스본
아스돗
★ **③ 베셀**
가드
르우벤
아스글론
마하스
★ **⑥ 헤브론**
아로엘

유다
사해
블레셋족속

브엘세바
시므온
모압

리가 오늘 말씀에 나온다.

하나님은 가나안 땅을 제사장 나라로 만들려고 하셨다. 하나님이 가나안 땅에 도시 계획을 세우실 때 가장 중요한 콘셉트가 있었다. 바로 도피성이다. 2절과 3절을 보자.

"이스라엘 자손에게 말하여 이르기를 내가 모세를 통하여 너희에게 말한 도피성들을 너희를 위해 정하여 부지중에 실수로 사람을 죽인 자를 그리로 도망하게 하라 이는 너희를 위해 피의 보복자를 피할 곳이니라"

도피성은 부지 중에(실수로) 사람들을 죽인 사람들의 생명을 보존하기 위해서 만든 성읍이다.

7절과 8절에 보면 도피성들의 위치가 나온다.

"이에 그들이 납달리의 산지 갈릴리 게데스와 에브라임 산지의 세겜과 유다 산지의 기럇 아르바 곧 헤브론과 여리고 동쪽 요단 저쪽 르우벤 지파 중에서 평지 광야의 베셀과 갓 지파 중에서 길르앗 라못과 므낫세 지파 중에서 바산 골란을 구별하였으니"

요단강 동쪽에 3개(바산골란, 길르앗 라못, 베셀)와 요단강 서쪽에 3개(갈릴리 게세스, 세겜, 헤브론)를 합쳐서 모두 6개이다. 이 여섯 개 도시는 그냥 선택된 것이 아니라 엄격한 기준을 가지고 선택되었다. 지도를 보면 알겠지만, 북쪽, 중앙, 남쪽으로 나누어서 지역을 안배했다. 그 지역에서 가장 높은 곳, 가장 잘 보이는 곳, 가장 중심이 되는 곳에 도피성을 세웠다. 도피성으로 가는 길을 대로로 닦아서 가다가 길을 잃는 것을 방지했다. 가나안 땅 가장 구석에서도 30마일 이상 떨어지지 않도록 도피성을 정했다. 하루 동안 이동할 수 있는 거리였다. 도망가다가

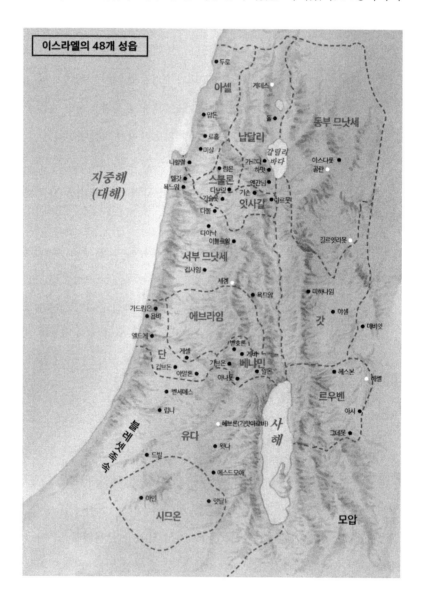

이스라엘의 48개 성읍

두로

아셀

게데스

놀

동부 므낫세

암돈

르흡

납달리

미살

갈릴리 바다

가르다 하맛

이스다롯 골란

지중해
(대해)

나할랄

람몬

헬갓

스불론

욕느암

디므나

엔간님

기손

나라

다볼

잇사갈

야르못

디아낙

이블르암

길르앗라못

서부 므낫세

깁사임

세겜

욕므암

마하나임

가드림몬

욥바

에브라임

갓

야셀

엘드게

멥바앗

단

게셀

벧호른

게바

깁브돈

아얄론

기브온

베냐민

아낫돗

암돈

헤스본

베셀

벧세메스

르우벤

립나

헤브론(기럇아르바)

야셀

사해

유다

얏다

그데못

드빌

에스드모아

아인

맛단

시므온

모압

238

중간에 붙잡혀서 죽는 일이 없도록 한 것이다.

여기서 중요한 것이 또 하나 있다. 도피성 6개가 모두 레위인들에게 속한 성읍인데 하나님이 가나안 땅을 점령하고 48개의 성읍을 레위인들에게 주셨다.

"너희가 레위인에게 줄 성읍은 살인자들이 피하게 할 도피성으로 여섯 성읍이요 그 외에 사십이 성읍이라" (민 35:6)

12개 지파가 각각 중요한 4개 성읍을 레위인들에게 내어 준 것이다. 그들은 48개 성읍에서 제사를 드리고, 절기를 지키고, 하나님의 말씀대로 판결하는 역할을 했다. 하나님의 말씀의 원리가 전체 땅을 지배하는 구조로 만든 것이다. 레위인의 48개 성읍이 차로 보면 엔진이고, 컴퓨터나 휴대폰으로 치자면 OS(operating system)이다. 레위인들의 48개 성읍이 가나안 땅 전체를 지키고 보호하는 가장 중요하고 핵심적인 역할을 한다.

레위인 48개 성읍을 중심으로 12지파를 배치했다. 엔진이 건강하게 잘 돌아가야 차가 잘 작동하듯이 48개 성읍에서 레위인들이 제사를 집례하고, 절기를 지키고, 말씀으로 판결하는 일을 충실하게 해야 이스라엘 백성들 전체가 하나님의 축복 속에 건강하게 살아간다. 그리고 레위인들이 이 역할을 충실하게 할 수 있기 위해서는 12개 지파가 십일조를 잘 드리고, 제사와 절기를 충실하게 지켜야 한다. 서로가 서로의 영적인 삶과 육적인 삶을 책임지는 구조를 만들어 놓은 것이다.

이것이 하나님이 축복하시는 영적인 원리다. 아브라함과 이삭이 이 원리를 따라서 살았다.

"그 밤에 여호와께서 그에게 나타나 이르시되 나는 네 아버지 아브라함
의 하나님이니 두려워하지 말라 내 종 아브라함을 위하여 내가 너와 함
께 있어 네게 복을 주어 네 자손이 번성하게 하리라 하신지라 이삭이
그 곳에 제단을 쌓고, 여호와의 이름을 부르며 거기 장막을 쳤더니 이
삭의 종들이 거기서도 우물을 팠더라" (창 26:24-25)

제단을 쌓고, 장막을 치고, 우물을 팠다. 미국 선교사들이 한국에 왔
을 때도 이 원리를 따랐다. 교회를 세우고, 학교와 병원을 세웠다. 이
원리 속에서 교회 중심, 말씀 중심, 목회자 중심이라는 원리가 나온 것
이다.

하나님의 도시 계획에서 가장 중요한 부분은 도피성이다. 3절에 보
면 도피성을 세운 이유가 나온다.

"부지중에 실수로 사람을 죽인 자를 그리로 도망하게 하라 이는 너희를
위해 피의 보복자를 피할 곳이니라"

하나님의 속 깊은 사랑

도피성은 실수로 살인을 저지른 사람들이 도망쳐 와서 보호받는 곳
이다. 고의가 아니라 실수라는 부분이 중요하다. 잘해 보려고 했는데
능력이 없어서, 힘이 약해서 혹은 결심이 약해서 무너진 인생을 말한

다. 실패한 인생이다. 상처 입은 인생이다. 눌리고 쪼들린 인생이다. 이런 사람들이 도망쳐 와서 보호받는 곳이 바로 도피성이다.

하나님은 겉으로는 강력하고 단호하게 말씀하셨다. 땅을 정복하라. 율법을 지켜라. 게으르지 말아라. 내 명령을 지키면 축복을 받을 것이고, 그렇지 않으면 저주를 받게 될 것이다. 하나님은 분명한 기준을 제시하고 축복과 저주에 대해서 단호하게 보답할 것이라고 말씀하셨다. 그런데 정작 하나님이 도시를 계획하실 때 율법으로 정죄하고 심판하는 살벌한 도시가 아니라 은혜와 용서가 중심이 되는 도시를 만드신 것이다.

하나님이 왜 이렇게 하셨을까? 하나님은 우리를 아신다. 이스라엘 백성들은 가나안 땅에 들어가서 새로운 삶을 살고 싶었다. 하나님이 말씀하시는 대로 살면 얼마나 큰 축복을 받고 얼마나 행복한 삶을 살게 되는지 너무도 잘 알았다. 그래서 그렇게 살겠다는 맹세까지 했다. 그리심산과 에발산에서는 하나님의 말씀대로 살지 않으면 저주받겠다고 맹세했다.

그러나 사탄은 우는 사자처럼 계속해서 유혹하고 넘어뜨리려고 한다. 잘해보려고 하는데도 실수하고, 실패하고, 유혹에 넘어진다. 이것이 인간의 약함이다. 하나님은 실패하고 유혹에 넘어간 인간을 처벌하고 영원히 멸망시키지 않으셨다. 되레 도피성을 만들어 살길을 열어놓으셨다. 앞에서는 강력하고 무섭게 말씀하시면서도 뒤로는 도피성을 두셨다. 이것이 아버지 하나님의 마음이다.

하나님을 겉으로만 알면 두렵고 무서운 하나님이다. 그런데 하나님을 진짜로 알면 사랑의 하나님이다. '겉바속촉(It's crispy on the outside, soft on the inside),' 하나님이 만드시는 제사장 나라의 가장 중심에 은혜를 상징하는 도피성을 두게 하셨다는 것만 봐도 알 수 있지 않은가? 사람들이 들어가면 죽는 가장 거룩하고 무서운 장소인 지성소의 가장 중심에는 은혜를 주시는 시은소(시은좌)가 자리하고 있다. 율법으로 하나님을 대하면 온 우주를 통틀어 가장 무서운 분이시다. 하지만 하나님을 사랑하려고 하면 가장 따뜻하고, 사랑 그 자체이신 하나님의 마음이 보인다. 그래서 하나님은 우리에게 마음과 뜻과 힘을 다하여 하나님을 사랑하라고 하셨다.

도피성에는 놀라운 비밀이 숨겨져 있다. 6절을 보자.

"그 살인자는 회중 앞에 서서 재판을 받기까지 또는 그 당시 대제사장이 죽기까지 그 성읍에 거주하다가 그 후에 그 살인자는 그 성읍 곧 자기가 도망하여 나온 자기 성읍 자기 집으로 돌아갈지니라 하라 하시니라"

도피성으로 피한 사람은 목숨을 건지지만 집으로 돌아갈 순 없다. 도피성을 나가면 죽게 된다. 도피성을 나가서 집으로 돌아갈 수 있는 경우는 단 한 경우밖에 없다. 대제사장이 죽으면 집으로 돌아갈 수 있다.

도피성은 단순히 허물을 덮어주고, 실수를 용서해 주는 곳이 아니었다. 도피성은 그 사람을 온전히 회복시키는 곳이기도 하다 용서만이 목적이라면 재판을 통해 고의성이 없음을 증명하고 내보내면 된다. 그런데 대제사장이 죽을 때까지 도피성 밖으로 나가지 못하게 하셨다. 사람은 용서해 주는 것만으로 회복이 안 되기 때문이다. 잠시 잠깐 감사할 뿐 다시 옛날로 돌아가 버리게 된다. 회복된 삶을 살 힘이 없기 때문이다. 광야 40년, 사사기 400년이 수도 없이 보여준 사실이다. 사람이 회복되기 위해서는 진정한 회개와 더불어 회복된 삶을 살 영적인 힘이 길러져야 한다.

도피성에 있으면서 이들이 어떻게 회복이 되었을까? 우리는 대제사장이 죽기까지 나갈 수 없다는 도피성의 법에 주목해 봐야 한다. 그 이유는 대제사장의 죽음을 대속 죽음으로 여겼기 때문이다(NAC). 이는 예수님이 우리의 대제사장이 되어 우리의 죄를 지고 십자가에서 죽임을 당했을 때 우리의 죄의 문제가 해결된다는 의미이다. 우리의 죄는 다른 것으로는 안 되고 오직 예수 그리스도의 십자가 피로만 씻을 수 있다는 말이다.

예수님의 십자가 외에 인간의 죄와 죽음의 문제를 해결할 다른 길이 없다. 사탄의 권세와 저주와 재앙을 이길 방법이 없다. 지옥의 권세를 이길 힘이 없다. 돈, 종교적 수련으로 해결할 수 없다. 절대 할 수 없다. 오직 십자가의 피밖에는 다른 길이 없다. 오직 예수님 외에는 다른 길이 없다. 구약시대에 이것을 알려주는 것이 바로 동물의 피제사였다.

도피성은 레위인이 제사를 드리는 성소가 있는 성읍이다. 제사장과 레위인은 매일 동물을 잡아서 하나님께 제사를 드렸다. 나가면 죽으니까 나가지도 못하고 도피성에서 매일 제사를 드리고, 하나님의 말씀을 듣는 것이다. 지금으로 말하면 매일 복음을 듣고, 예배 드리고, 말씀

읽고, 기도했다는 것이다. 회복이 안 일어날 수 없는 환경이다.

사람을 살리는 가장 강력한 힘은 바른 복음이 선포되는 예배에서 나온다. 뜨겁게 찬양하고, 말씀을 아멘으로 받고, 말씀의 약속을 붙잡고 기도하면 치료가 일어난다. 성령님이 우리 마음에 역사하시면 치료가 일어난다. 참된 예배를 통해서 우리의 과거와 현재와 미래가 치료된다. 이것이 예배의 비밀이다. 십자가와 부활의 복음이 제대로 선포되고 영적인 예배가 살아 있다면 그곳에 죄와 사탄의 권세가 무너지고 반드시 치료와 회복이 일어난다. 그 예배를 드리는 곳이 교회다. 오늘날 교회가 도피성이다.

도피성을 견고히 세우라

하나님이 도시 계획을 이렇게 세웠다면 사탄은 어디를 공격하겠는가? 바로 이 도피성을 무너지게 한다. 예배를 무너뜨리고 복음이 선포되지 못하게 한다. 말씀을 바르게 선포하는 영적인 지도자를 흔들고 공격한다.

실제로 이스라엘 백성들이 가나안 땅에 들어갔을 때 사탄이 가장 먼저 공격한 것이 도피성과 예배 성소였다. 우상 숭배로 제사를 무너뜨렸다. 십일조를 내지 않으면서 제사장과 레위인들이 제사를 드리지 못하게 만들었다. 하나님을 섬기는 예배 제단이 우상 숭배로 대치되고, 제사장들은 먹고살기 위해서 제단을 버리고 도망가버렸다. 이 모든 것이 돈과 물질을 중심에 둔 결과이다.

오늘날도 돈과 물질 때문에 예배가 뒤로 밀린다. 세상의 문화가 들어와서 참된 복음, 바른 말씀을 밀어내려고 하다. 예배가 하나님이 중심이 아니라 사람 중심으로 바뀌어 간다. 이런 예배 속에는 치료와 회복의 능력이 있을 수가 없다. 통회하고 자복하는 것 같은데 성령의 역사가 일어나지 않는다. 사탄의 영적인 공격을 이길 수 없다.

지금 사람들은 진정한 도피성을 잃어가고 있다. 예배를 드리고 채워지지 않은 마음을 다른 것으로 채운다. 외도하고, 술로 마음을 달래고, 마약, 도박에서 위로를 얻고 그것으로 도피성을 삼는다. 이것은 생수의 근원 되신 하나님을 버리고 스스로 웅덩이는 파는 것이다. 그런데 그것은 물을 가둘 수 없는 터진 웅덩이다(렘 2:13). 우리 교회가 도피성이 되어야 한다. 그 해답은 예수가 그리스도됨을 선포하는 복음 외에는 없다. 예수 그리스도가 해답이 되는 교회가 되어야 한다. 자기 생각을 강화하는 예배를 드리지 말고, 하나님을 사랑하는 예배, 하나님께 듣는 예배를 드려라. 하나님을 만나는 예배를 드려라. 여러분이 먼저 예수 그리스도로 해답을 찾으라. 그리고 여러분이 해답을 주는 도피성이 되어야 한다. 가정에서, 친구들 속에서, 직장 안에서, 사업의 현장에서 도피성이 되어서 살아가라.

2. 약속을 지킨 사랑
여호수아 22장 1~9절

여호수아서에서 가장 감동적인 한 장면을 꼽으라면 오늘 말씀이다. 물론 여호수아서에는 이것보다 훨씬 더 놀라운 기적들이 많이 일어났다. 요단강물이 멈춘 사건, 여리고성 함락, 태양이 멈춘 일, 갈렙의 헤브론 점령하는 이야기는 정말 놀라운 일들이다. 오늘 나눌 말씀은 강렬한 기적은 없다.

하지만 가장 평범하면서도 진한 감동을 주는 이야기다. 강력한 기적보다는 이런 평범하고 일상적인 이야기가 우리의 삶에 가깝다. 우리가 이런 모습으로 살면 하나님께 인정을 받고 사람들에게 사랑과 존경을 받는 삶을 살게 될 것이다. 우리들의 교회는 하나님이 기뻐하시는 가장 영적이고 멋진 교회가 될 것이다.

가나안 땅 정복이 마무리되었을 때 이스라엘 백성들이 실로에 다 함께 모였다. 그리고 르우벤과 갓과 므낫세 반 지파를 불러서 축복하는 시간을 가졌다. 1절과 2절을 보자.

"그 때에 여호수아가 르우벤 사람과 갓 사람과 므낫세 반 지파를 불러서 그들에게 이르되 여호와의 종 모세가 너희에게 명령한 것을 너희가 다 지키며 또 내가 너희에게 명령한 모든 일에 너희가 내 말을 순종하여"

약속을 지키는 아름다움

여호수아가 온 이스라엘 사람들이 보는 앞에서 이 두 지파 반에게 말했다. "모세가 명령한 것과 내가 명령한 것을 다 지켰다." 다른 말로 하면 그들이 약속한 것을 다 지켰다는 말이다. 얼마나 큰 격려와 칭찬인가?

세상에서 가장 아름다운 모습은 약속을 지키는 것이다. 부모가 자녀에게 자녀가 부모에게, 남편이 아내에게 아내가 남편에게, 목사가 성도에게 성도가 목사에게, 친구가 친구에게 약속을 지키는 것보다 더 아름다운 것은 없다. 모든 범죄와 사기는 약속한 것을 지키지 않는 것에서 발생한다. 약속을 할 때는 모든 좋을 것을 다 줄 것처럼 속이고, 원하는 것을 다 챙기고 나면 말을 바꾸고, 도망가고, 신의를 지키지 않는다. 인간의 근본적인 불행도 하나님과 한 약속을 지키지 않아서 시작된 것이다.

두 지파 반이 지킨 약속의 내용을 살펴보자. 모세가 살아 있었을 때 땅을 요구했던 일로 인해 이들은 나머지 지파들이 가나안에서 땅을 차지할 때까지 모든 전쟁에서 선봉으로 싸우기로 약속했다. 그래서 이 두 지파 반에 속한 4만 명의 남자들은 완전무장을 하고 요단강을 건너 다른 지파들과 함께 싸웠다.

여호수아가 두 지파 반에게 한 말을 들어보면 약속한 것을 지키기가 쉽지 않았던 것을 알 수 있다. 3절을 보자.

> "오늘까지 날이 오래도록 너희가 너희 형제를 떠나지 아니하고 오직 너
> 희의 하나님 여호와께서 명령하신 그 책임을 지키도다"

"날이 오래도록"이라는 표현이 중요하다. 약속을 지키려고 할 때 가장 큰 장애물이 시간이다. 시간이 지나면 처음 가졌던 마음이 희미해지고 꾀가 생긴다. 상황이 다급하고, 정말 가지고 싶은 것이 있을 때는 반드시 지키겠다고 철석같이 약속한다. 물론 그때 한 약속이 진심이긴 하다. 그런데 시간이 지나면 다급했던 마음도 사라지고 정말 가지고 싶었던 것을 가져보니 별것 아니게 느껴진다. 받은 것에 대한 감사는 사라지고 의무와 책임만 남는다고 생각한다.

가나안 땅 정복 전쟁은 7년이나 걸렸다. 두 지파 반은 전쟁할 때마다 가장 위험한 선봉에 서서 싸웠다. 전쟁을 하면서 동료가 죽거나 부상당하기도 했을 것이다. 언제까지 이렇게 해야 하나라는 생각도 있었을 것이다. '왜 우리 지파만 이렇게까지 해야 하는가'라는 회의감이 들었을 수도 있다. 그럼에도 그 시간 동안 약속을 신실하게 지키는 것을 포기하지 않았다. 이것이 아름다운 모습이다. 약속을 지킨다는 것은 반드시 수고와 희생, 신실함이 동반되어야 가능하다.

두 지파 반은 과거에 자기들의 이익을 먼저 생각한 지파들이다. 그런데 이번에는 다른 선택을 했다. 욕심보다 신실함을 택했다. 눈앞에 보이는 이익보다 약속을 지키는 것을 선택했다. 두 지파 반에게 변화가 일어난 것이다. 아홉 개 반 지파가 용서하고 배려한 결과이다. 이것

이 바로 용서의 능력이다. 한번 잘못했다고 정죄하고, 심판해 버리면 회복할 기회를 잃게 된다. 하지만 기회를 주면 만회할 수 있다.

용서를 받았다면 회복하라

우리는 모두 예수님의 용서로 두 번째 기회를 얻은 사람들이다. 은혜를 받았다면, 용서를 받았다면 회복하는 선택을 해야 한다. 용서는 회복을 위해서 필요한 것이다. 그러니 욕심 때문에 신실함을 포기하지 말라. 눈앞에 보이는 이익 때문에 약속을 지키는 것을 포기하지 말라.

"많은 재물보다 명예를 택할 것이요 은이나 금보다 은총을 더욱 택할 것이니라" (잠 22:1)

여기서 우리가 살펴봐야 하는 것이 있는데 이 두 지파 반의 충성, 책임을 완수한 것에 대해서 인정한 사람들이다. 여호수아와 나머지 지파들은 이들을 인정해 줬다. 많은 사람이 스스로 자신의 공로를 칭찬한다. 얼마나 많은 일을 했는지, 얼마나 큰일을 했는지, 하나님을 얼마나 사랑하는지 자기 입으로 말한다. 알고 있는가? 자기 입으로 말한 것은 하나님이 카운트하지 않으신다. 뿐만 아니라 사람들도 신뢰하지 않는다.

"그 날에 많은 사람이 나더러 이르되 주여 주여 우리가 주의 이름으로 선지자 노릇 하며 주의 이름으로 귀신을 쫓아 내며 주의 이름으로 많은 권능을 행하지 아니하였나이까 하리니 그 때에 내가 그들에게 밝히 말하되 내가 너희를 도무지 알지 못하니 불법을 행하는 자들아 내게서 떠나가라 하리라" (마 7:22-23)

자기 스스로 엄청난 일을 했다고 자랑한다. 얼마나 자부심이 있었으면 그렇게 말하겠는가? 그런데 반전은 예수님은 "내가 너를 도무지 알지 못한다" "불법을 행하는 자들아 내게서 떠나라"라고 하셨다. 우리가 스스로 한 자랑이 하나님 앞에서 얼마나 부끄러운 말이 될지 두렵다.

우리가 아무리 많은 일을 해도 내가 스스로 말하는 것은 의미가 없다. 하나님이 인정해 주셔야 진짜다. 사람들이 말해줘야 의미가 있다. 여호수아가 두 지파 반을 돌려보내면서 두 가지를 했다. 첫 번째 정말 중요한 신앙의 조언을 했다. 5절을 보자.

"오직 여호와의 종 모세가 너희에게 명령한 명령과 율법을 반드시 행하여 너희의 하나님 여호와를 사랑하고 그의 모든 길로 행하며 그의 계명을 지켜 그에게 친근히 하고 너희의 마음을 다하며 성품을 다하여 그를 섬길지니라 하고"

두 지파 반은 이뤄야 할 목표가 있었고, 그 목표를 이루었다. 이제 그들은 집으로 돌아간다. 이때부터가 더 중요하다. "하나님을 사랑하고 계명을 지키는 것이다. 마음과 성품을 다해서 하나님을 섬기는 것이다."

우리는 일이 주어지면 열심히 한다. 그 일을 할 때는 정말 신앙이 있는 것처럼 보인다. 그런데 일 없이 예배를 드리면 불안해서 견디질 못한다. 마치 믿음이 없고, 신앙이 없는 것처럼 생각한다. 일을 하라고 하면 잘하는데 하나님을 사랑하라고 하면 어떻게 사랑할지 모른다. 자기가 하는 것을 사람들에게 보여줘야 하고, 사람들의 인정을 받아야 하고, 내가 한 것에 대해서 칭찬을 들어야 존재감을 느낀다. 이것은 하나님을 사랑하는 것이 아니라 자기를 사랑하는 것이다. 하나님과 교제하고, 사랑하는 것을 먼저 배우라. 하나님을 사랑해서 섬김과 봉사를 하라. 믿음의 섬김은 내가 하고 싶은 일이 아니라 필요한 곳에서 섬김을 하는 것이다.

여호수아와 이스라엘 백성들은 두 지파 반을 떠나보낼 때 빈손으로 보내지 않았다. 8절을 보자.

> "말하여 이르되 너희는 많은 재산과 심히 많은 가축과 은과 금과 구리와 쇠와 심히 많은 의복을 가지고 너희의 장막으로 돌아가서 너희의 원수들에게서 탈취한 것을 너희의 형제와 나눌지니라 하매"

두 지파 반이 선봉에서 싸우는 것은 당연히 해야 하는 일이었다. 땅을 먼저 분배받는 이익을 얻은 대가로 한 약속한 것이다. 이들이 한 수고와 희생의 대가는 이미 지불되었고, 당연히 해야 하는 일이었다. 하지만 이스라엘 백성들은 빈손으로 보내지 않고 탈취물과 전리품을 후하게 주어서 가져가게 했다. 이것이 진정한 사랑이고 축복하는 모습이다.

우리가 하는 섬김과 봉사는 구원받은 우리가 당연히 해야 하는 것이다. 우리가 뭔가를 했다고 하나님께 더 요구할 것이 없다.

"너희 중 누구에게 밭을 갈거나 양을 치거나 하는 종이 있어 밭에서 돌아오면 그더러 곧 와 앉아서 먹으라 말할 자가 있느냐 도리어 그더러 내 먹을 것을 준비하고 띠를 띠고 내가 먹고 마시는 동안에 수종 들고 너는 그 후에 먹고 마시라 하지 않겠느냐 명한 대로 하였다고 종에게 감사하겠느냐 이와 같이 너희도 명령 받은 것을 다 행한 후에 이르기를 우리는 무익한 종이라 우리가 하여야 할 일을 한 것뿐이라 할지니라"
(눅 17:7-10)

우리가 아무리 봉사하고 섬긴들 우리가 받은 구원의 은혜를 갚을 수 없다. 우리는 섬긴 후에 "우리는 무익한 종이라 우리가 하여야 할 일을 한 것뿐이다"라고 해야 한다. 그런데 하나님은 그런 우리에게 더 큰 은혜를 주신다.

오늘 우리는 두 지파 반과 나머지 지파 사이에 일어난 신앙의 가장 아름다운 모습을 보았다. 아홉 개 반 지파가 기회를 주었을 때 자기를 먼저 생각했던 두 지파 반이 형제를 위해서 싸우고, 약속을 지키는 가장 아름다운 모습을 보여주었다. 나머지 아홉 개 반 지파는 이들의 수고를 인정하고 칭찬하고 축복해 주었다. 그리고 신앙으로 격려하고 자기들의 것을 나누어 주었다.

이 말씀이 생각이 난다.

"서로 돌아보아 사랑과 선행을 격려하며 모이기를 폐하는 어떤 사람들의 습관과 같이 하지 말고 오직 권하여 그 날이 가까움을 볼수록 더욱 그리하자"(히 10:24~25)

예수 그리스도를 믿는 성도들이 서로를 돌아보고, 사랑과 선행을 격려하고, 믿음의 길을 함께 걸어갈 때 하나님의 나라가 임한다.

3. 오해에서 이해로

여호수아 22장 10~34절

두 개 반 지파는 자신들이 약속한 것을 성실하게 지켰다. 형제 지파 들이 가나안 땅을 다 차지할 때까지 그들을 떠나지 않았다. 약속한 대 로 모든 전쟁의 선봉에 서서 형제들을 위해서 싸웠다. 이제 이별의 시 간이 되었다. 7년 간 생사고락을 함께했던 이스라엘 백성들은 실로에 서 눈물의 작별을 했다. 떠나는 두 개 반 지파는 자기들을 먼저 배려해 준 것에 대한 감사를 표현했다. 아홉 개 반 지파는 두 개 반 지파가 어 려운 시간 동안 약속을 신실하게 지켜준 것에 대해서 감사했다. 얼마 나 아름다운 형제애의 모습인가?

그런데 두 개 반 지파가 요단강 동쪽으로 돌아가자마자 아홉 개 반 지파가 갑자기 두 개 반 지파를 향해서 전쟁을 선언했다. 12절을 보자.

"이스라엘 자손이 이를 듣자 곧 이스라엘 자손의 온 회중이 실로에 모 여서 그들과 싸우러 가려 하니라"

그동안 대체 어떤 일이 있었길래 서로를 향해서 감사하고 축복했던 관계가 전쟁을 불사하겠다는 관계가 된 걸까?

254

그 이유가 10절과 11절이다.

"르우벤 자손과 갓 자손과 므낫세 반 지파가 가나안 땅 요단 언덕 가에
이르자 거기서 요단 가에 제단을 쌓았는데 보기에 큰 제단이었더라 이
스라엘 자손이 들은즉 이르기를 르우벤 자손과 갓 자손과 므낫세 반 지
파가 가나안 땅의 맨 앞쪽 요단 언덕 가 이스라엘 자손에게 속한 쪽에
제단을 쌓았다 하는지라"

두 개 반 지파가 자기들 땅으로 돌아가서는 요단강 동쪽 편 언덕에
큰 제단을 하나 쌓았다(장소에 대한 여러 가지 주장이 있지만 문맥상으로 보면
동쪽이 맞다고 본다). 그곳에 눈에 보이는 엄청나게 큰 제단을 쌓았다. 이
것이 문제가 된 것이다.

하나님은 제단을 아무 곳에나 세우지 못하게 했다. 제단은 하나님
이 정해주신 장소에만 세울 수 있었다.

"너는 삼가서 네게 보이는 아무 곳에서나 번제를 드리지 말고 오직 너
희의 한 지파 중에 여호와께서 택하실 그 곳에서 번제를 드리고 또 내
가 네게 명령하는 모든 것을 거기서 행할지니라"(신 12:13-14)

오해를 풀어라

하나님이 정해진 장소에만 제단을 세우게 한 것은 우상 숭배를 막
기 위한 조치였다. 하나님은 가나안 땅에 있던 우상의 제단을 다 헐고

하나님이 정해 준 장소에만 제단을 세워서 하나님이 지시하신 방식으로 제사를 드리게 하셨다. 주로 레위인의 성읍이 있는 곳에 하나님이 제단을 쌓게 했다. 요단강 둑은 하나님이 제단을 만들도록 허락한 장소가 아니었다.

두 개 반 지파가 요단강 둑에 제단을 쌓았을 때 아홉 개 반 지파들이 이것을 하나님의 명령을 정면으로 거부한 것이라고 본 것이다. 하나님을 섬기지 않고 우상 숭배를 하겠다는 신호로 본 것이다. 그래서 전쟁도 불사하겠다고 한 것이다.

우상 숭배는 이스라엘 백성들에게 치명적인 재앙과 저주를 임하게 했다. 17~18절을 보자.

> "브올의 죄악으로 말미암아 여호와의 회중에 재앙이 내렸으나 오늘까지 우리가 그 죄에서 정결함을 받지 못하였거늘 그 죄악이 우리에게 부족하여서 오늘 너희가 돌이켜 여호와를 따르지 아니하려고 하느냐 너희가 오늘 여호와를 배역하면 내일은 그가 이스라엘 온 회중에게 진노하시리라" (수 22:17-18)

이스라엘 백성들이 바알을 섬기는 축제에 참여해서 우상을 숭배했던 결과로 염병이 임해서 2만4천 명이 죽었다(민 25장). 바알브올 사건이다. 이 사건이 있은 지 10년도 지나지 않았다. 여리고성을 점령할 때 아간의 범죄로 아이성 전투에서 패배하고 36명이 죽었다(20절). 이런 경험을 한 아홉 개 반 지파는 두 개 반 지파의 행동 때문에 자기들이 또 큰 재앙과 저주를 당할 수 있다고 생각해서 전쟁을 해서라도 우상 숭배를 못하게 하려고 했던 것이다.

결론적으로 보면 이것은 아홉 개 반 지파들의 오해였다. 두 개 반 지파는 하나님을 더 잘 섬기려는 선한 의도로 제단을 쌓았다. 그런데 오해가 생기니까 이렇게 무서운 일이 일어난다. 이렇듯 갈등은 주로 오해로부터 시작된다. 아담과 하와의 범죄도 하나님에 대한 오해로부터 시작되었다. 아담과 하와는 하나님이 선악과를 따먹지 말라고 한 명령을 오해했다. 하나님은 선악과를 따먹으면 하나님과 관계가 끊어지고, 죽게 되니까 먹지 말라고 한 것이다. 에덴동산에서 누리던 모든 것을 한꺼번에 잃어버리니까 선악과를 먹지 말라고 한 것이다. 이것은 아담과 하와를 지키기 위한 명령이었다.

그런데 아담과 하와는 하나님이 선악과를 족쇄로 삼아서 자기들을 종과 노예로 삼으려고 한다고 오해했다. 자기들이 하나님처럼 되는 것이 싫어서 선악과를 따먹지 말라고 했다고 오해했다. 사탄(뱀)이 심은 대로 오해했다. "선악과를 따먹어 절대로 죽지 않는다. 오히려 선악과를 따먹으면 하나님처럼 된다. 하나님이 너희들을 속였다."

성경은 마귀가 지금도 우리 가운데 활동하고 있다고 말하고 있다. 나는 목회를 하면서 중간에 이간질하는 한 사람 때문에 얼마나 많은 사람이 오해를 하고 관계가 깨어지는지 보았다. 마귀는 모든 관계 속에 오해를 심고 분열을 일으키고, 갈등이 일어나게 한다. 부부간에 오해하게 한다. 부모 자녀 사이에 오해를 하고 대화하지 못하게 한다. 성도들 사이에 오해하게 해서 성도의 교제를 하지 못하게 한다. 관계를 통해서 얻을 수 있는 유익을 다 빼앗아 버린다.

마귀(또는 사탄) 이야기를 하면 생소하게 느끼거나 불편해하는 사람들도 있을 것이다. 그런데 우리가 신앙생활을 하면서 마귀의 존재를 모르고, 또 마귀가 어떻게 활동하는지 모르면 속수무책일 수밖에 없다. 이는 모든 것을 다 마귀에게 책임을 전가하라는 말이 아니다. 모든 문제를 다 마귀가 일으켰다고 하면 안 된다. 모든 병을 다 마귀의 짓이라고 몰아가면 안 된다. 예컨대 감기도, 코로나도, 정신병도, 우울증도 다 마귀 짓이라고 하면 안 된다. 분별을 해야 한다.

예수님도 병자들을 치료할 때 병의 원인을 따라서 치료하는 방식을 달리하셨다. 손을 얹어서 치료하기도 하시고, 병을 꾸짖기도 하시고, 귀신을 쫓아내기도 하시고, 죄 용서를 받았다고도 하시기도 했다.

원인을 알아야 치료할 수 있다

불을 보면 전기 합선으로 자연적으로 불이 났는지, 담배를 피우거나 불을 잘못 다뤄서 실수로 불이 났는지, 아니면 보험금을 타기 위해서나 범죄 사실을 숨기기 위해서 고의로 불을 냈는지 원인을 파악해야 한다. 화재가 난 후 그 원인을 찾을 때 가장 중요하게 보는 것이 있다. 바로 발화점을 찾는 것이다. 어디서부터 불이 시작되었는지를 알아보는 것이다. 집이 다 타서 재가 되어도 발화점은 남는다. 발화점을 확인해서 자연 발화인지 방화인지 밝혀지게 된다. 방화 때문에 불이 났다면 방화범을 잡아야 한다.

그럼 우리가 겪는 문제가 자연적인 것인지, 마귀가 조종하고 있는 것인지 어떻게 알 수 있나? 예수님이 귀신 들린 병자를 치료하는 방식을 보면 된다.

> "예수께서 무리가 달려와 모이는 것을 보시고 그 더러운 귀신을 꾸짖어 이르시되 말 못하고 못 듣는 귀신아 내가 네게 명하노니 그 아이에게서 나오고 다시 들어가지 말라 하시매 귀신이 소리 지르며 아이로 심히 경련을 일으키게 하고 나가니 그 아이가 죽은 것 같이 되어 많은 사람이 말하기를 죽었다 하나"(막 9:25-26)

말 못하고 듣지 못하는 아이를 보고 예수님이 말 못하고 못 듣는 귀신에게 떠나라고 명령했더니 귀신이 경련을 일으키고 아이에게서 떠나갔다. 그 후 아이는 말을 하고 들을 수 있었다. 여기서 우리가 알 수 있는 것은 무엇인가? 이 아이의 병의 원인은 귀신이었다는 것이다. 만약, 그 원인이 귀신이 아니었다면 예수님이 명령하셨을 때 반응이 없었을 것이다.

이 원리를 우리 상황에도 똑같이 적용하면 된다. 몸이 아픈데 그것이 마귀가 준 것인지, 몸에 문제가 생긴 것인지 알아보려면 어떻게 해야 하는가? 기도하고 치료해야 하는지 약을 먹고 치료해야 하는지 알려면 어떻게 해야 하는가? 예수 그리스도의 이름으로 대적기도를 해보면 드러난다. 귀신이 한 짓이라면 반응이 있을 것이다. 그럼 예수님의 이름으로 기도하고 쫓아내면 된다. 반응이 없다면 약 먹고 병원 가서 치료 받으면 된다.

두려움, 답답함, 우울함, 걱정, 염려, 무기력, 미움, 증오가 마귀가 주는 것인지 아닌지 논쟁할 필요가 없다. 예수님의 이름으로 대적하고 기도해 보면 된다. 마귀가 저지른 일이라면 반응이 올 것이다. 마귀가 저지른 일이 아니라면 아무런 반응이 없을 것이다. 그럼 운동하고 비타민 먹고, 게으르지 말고 열심히 살면 된다.

요즘 독감은 코로나인지 독감인지 구분이 잘 안 된다. 머리도 아프고, 목도 아프고, 콧물도 나고, 몸이 떨리기도 한다. 이걸 가지고 코로나인지 아닌지 싸울 필요가 없다. 테스트기로 테스트해 보면 된다.

예수 그리스도 이름으로 마귀를 대적하고 기도하는 것을 이상하게 생각하지 말라. 예수님이 그렇게 하셨고, 우리에게 그렇게 하라고 하셨다. 마귀는 우리의 생각과 마음으로 공격하기 때문에 우리 생각으로 구분하기가 쉽지 않다. 한참 서로를 비난하고 정죄하고 해서는 안 될 말까지 쏟아내면서 씻을 수 없는 상처를 준다. 그러는 사이에 사탄이 저지른 일은 싹 덮인다. 예수 그리스도 이름으로 대적하고 기도해야만 그 정체가 드러나게 된다.

모든 문제에 대해서 다 마귀가 했다고 하라는 말이 아니다. 마귀가 얼마나 교묘하게 우리 마음과 생각을 통해서 속이고 있는지 확인하라는 것이다. 속아서 겪지 않아도 되는 불행을 겪지 말고, 하나님을 더욱 의지하고 이기라는 말이다.

아홉 개 반 지파는 두 개 반 지파를 오해해서 전쟁을 불사할 만큼 분노했다. 그런데 오해하게 하는 것에 속지 않았다. 잘 분별해서 더 유익한 결과를 얻었다. 그 방법이 오늘 말씀에 나온다. 14절과 15절을 보자.

"이스라엘 각 지파에서 한 지도자씩 열 지도자들을 그와 함께 하게 하니 그들은 각기 그들의 조상들의 가문의 수령으로서 이스라엘 중에서 천부장들이라. 그들이 길르앗 땅에 이르러 르우벤 자손과 갓 자손과 므낫세 반 지파에게 나아가서 그들에게 말하여 이르되"

이스라엘 백성들은 분노해서 군대부터 보내지 않았다. 대표들을 보냈다. 그리고 두 개 반 지파에게 사실을 확인하고, 의도를 물었다. 이것이 중요하다. 추측하지 말라. 넘겨짚지 말라. 다른 사람에게 가서 묻지 말라. 그럼 그 사이에서 마귀가 틈타는 것이다. 당사자에게 가서 물어보라. 그럼 의도가 드러난다.

하나님은 선악과를 따먹은 아담과 하와에게 바로 죽음을 선고하지 않으셨다. 아담과 하와를 만나러 찾아가셨다. 의도를 물었다. 하나님이 아담에게 질문했을 때 아담의 대답 속에 반역의 의도가 드러났다. 아담과 하와에게는 하나님처럼 되고 싶은 의도가 있었다. 그런데 그 의도를 숨기고 핑계를 대고 책임을 전가했다. 그래서 하나님이 심판하신 것이다.

오늘 이스라엘 대표들이 물으니까 의도가 드러났다. 두 개 반 지파가 쌓은 제단은 번제나 소제 화목제 등 실제로 제사를 드리기 위해서 세운 것이 아니었다. 다시 말하면 하나님이 말씀하지 않은 다른 제사를 드림으로 하나님을 거역하거나 죄를 짓기 위함이 아니었다. 두 개 반 지파가 쌓은 제단은 실로에 있는 제단과 똑같은 모형으로 제단을 만든 것이다. 그 이유를 설명한다.

"너희의 자손이 우리 자손에게 말하여 이르기를 너희가 이스라엘 하나님 여호와와 무슨 상관이 있느냐 … 너희의 자손이 우리 자손에게 여호

261

와 경외하기를 그치게 할까 하여 … 너희 자손들이 후일에 우리 자손들에게 이르기를 너희는 여호와께 받을 분깃이 없다 하지 못하게 하려 함이라"(24b, 25b, 27b절)

실로에 있는 똑같은 제단의 모형을 만들어서 '우리도 하나님을 섬기는 백성이다. 우리도 언약 백성이다'라는 것을 증거하게 하기 위함이라는 것이다. 28절을 보자.

"우리가 말하였거니와 만일 그들이 후일에 우리에게나 우리 후대에게 이같이 말하면 우리가 말하기를 우리 조상이 지은 여호와의 제단 모형을 보라 이는 번제를 위한 것도 아니요 다른 제사를 위한 것도 아니라 오직 우리와 너희 사이에 증거만 되게 할 뿐이라"

이 얼마나 아름다운 모습인가? 오해가 풀리고 난 뒤에 아홉 개 반 지파의 반응을 보자. 33절이다.

"그 일이 이스라엘 자손을 즐겁게 한지라 이스라엘 자손이 하나님을 찬송하고 르우벤 자손과 갓 자손이 거주하는 땅에 가서 싸워 그것을 멸하자 하는 말을 다시는 하지 아니하였더라"

오해를 푸는 방법

오해할 때는 분노해서 죽일 듯이 달려들었는데, 오해가 풀어지니까 두 개 반 지파의 모습이 너무 은혜롭고 감사하고 도전이 되었다. 그래서 오해하는 마음이 생기면 두 가지를 해야 한다.

첫 번째, 다른 사람의 말을 듣지 말고 당사자의 말을 들어야 한다. 당사자의 의도와 진심을 확인할 때까지 결론을 내리지 말라. 아홉 개 반 지파가 소문을 들었을 때는 오해를 했다(이스라엘 자손이 들은즉-11절). 그런데 당사자에에게 물으니까 이해가 되었다. 이해가 될 뿐 아니라 기쁨이 넘쳤다.

두 번째, 하나님께 물어라. 사탄은 오해하게 하고 반면 성령님은 이해하게 하신다. 사탄은 미워하게 하고 성령님은 사랑하게 하신다. 사탄은 정죄하게 하고 성령님은 용서하게 하신다. 그럼 누구에게 물어야 하는가? 이 사건을 통해서 내가 보지 못하고 있는 것이 무엇이 있는지 보여달라고 하라. 그럼 성령님이 숨겨진 것을 드러내신다.

사탄이 가장 큰 오해를 하게 하는 분이 누굴까? 바로 하나님이다. 하나님과 오해된 채로 지내지 말라. 예배가 막히고, 기도가 막히고, 말씀이 막히고 있으면 회복할 방법이 없다. 사람들과 오해가 생기면 하나님이 풀어 주실 수 있다. 그런데 하나님과 오해가 생기면 풀어 줄 수 있는 사람이 없다. 하나님과 막힌 것이 있다면 기를 쓰고 회복하라. 그것이 우리의 살길이다. 사람들과의 오해가 풀어지는 것은 물론이거니와 하나님과 오해가 풀어져서 하나님이 주시는 풍성한 은혜를 누리는 성도가 되시길 축복한다.

4. 능력을 잃지 않는 삶
여호수아 23장 1~16절

　사람들은 기본적으로 목표 지향적이다. 눈에 보이는 목표를 정해주면 더 열심히 한다. 무한정 시간을 주는 것보다 한정된 시간을 정해주는 것이 목표를 성취할 확률이 높다. 일년 안에 20파운드 빼라는 것보다 한 달 안에 20파운드 빼라는 것이 성공할 가능성이 더 높다. 자발적으로 하라고 편안하게 해 주는 것보다 상과 벌을 확실히 해서 부담을 줄 때 더 잘한다.

　목표 지향적인 삶을 살면 눈에 보이는 성과가 두드러지게 나타난다. 그런데 문제는 목표를 이룬 다음에 위기가 찾아온다는 것이다. 두 가지 현상이 일어난다. 첫 번째는 더 큰 목표를 세우지 않으면 삶의 의미를 상실한다. '더 멀리, 더 높이, 더 많이'를 외친다. 두 번째는 이룬 목표에 만족해서 더 이상의 도전을 하기 싫어한다. 현실에 안주하는 삶의 모습이 나타난다.

　이스라엘 백성들은 가나안 땅 정복이라는 큰 목표를 이루었다. 그 다음의 모습이 말씀에 나온다. 1절을 보자.

　"여호와께서 주위의 모든 원수들로부터 이스라엘을 쉬게 하신 지 오랜 후에 여호수아가 나이 많아 늙은지라"

이 말씀을 통해서 우리는 세 가지 정보를 얻을 수 있다. 첫 번째 주위의 모든 원수로부터 쉬게 하셨다. 주위의 적들과 힘겹게 전쟁하지 않아도 편안하게 살 수 있는 상태가 되었다. 두 번째 편안한 시간이 오래 지속되었다. 편안한 삶에 익숙해졌다는 말이다. 세 번째, 여호수아가 나이 많아 늙었다. 영적 지도자의 부재가 다가오고 있었다. 이것은 영적인 위기가 찾아왔다는 말이다.

이스라엘 백성이 목표를 이루고 난 뒤에 문제가 생겨버렸다. 4절과 5절을 보자.

"보라 내가 요단에서부터 해 지는 쪽 대해까지의 남아 있는 나라들과 이미 멸한 모든 나라를 내가 너희를 위하여 제비 뽑아 너희의 지파에게 기업이 되게 하였느니라 너희의 하나님 여호와 그가 너희 앞에서 그들을 쫓아내사 너희 목전에서 그들을 떠나게 하시리니 너희의 하나님 여호와께서 너희에게 말씀하신 대로 너희가 그 땅을 차지할 것이라"

12지파에게 분배된 땅 안에는 아직 점령하지 못한 적들이 여전히 남아 있었다. 적과의 동거를 하는 상황이었다. 이들은 각 지파들이 계속해서 싸워서 점령해야 할 적들이었다.

그런데 이스라엘 백성들은 땅을 분배받은 지 오랜 시간이 지났는데도 적들과 싸울 생각을 하지 않았다. 자신들이 이룬 목표에 만족해 버린 것이다. 더 이상 싸우는 것도 싫고, 불편한 것도 싫고, 위험을 감수하면서 전쟁하는 것이 싫어졌다는 것이다. 주변 이방 족속들과 타협해서 적당히 편하게 살고 싶다는 마음이 간절해졌다.

이스라엘 백성들은 가나안 땅을 차지하는 목표는 이루었는데, 가나안 땅을 차지한 목적은 상실해 버린 것이다. 하나님이 가나안 땅을 주신 이유는 들어가서 육신적으로 편안하게 살고, 풍요롭고 살고, 즐기면서 살라고 하신 것이 아니었다. 가나안 땅은 그런 삶에 어울리지 않는 곳이다. 풍요롭고 평화로운 삶을 살려면 이집트 땅이 더 어울린다.

"네가 들어가 차지하려 하는 땅은 네가 나온 애굽 땅과 같지 아니하니 거기에서는 너희가 파종한 후에 발로 물 대기를 채소밭에 댐과 같이 하였거니와 너희가 건너가서 차지할 땅은 산과 골짜기가 있어서 하늘에서 내리는 비를 흡수하는 땅이요 네 하나님 여호와께서 돌보아 주시는 땅이라 연초부터 연말까지 네 하나님 여호와의 눈이 항상 그 위에 있느니라"(신 11:10-12)

이집트 땅과 같지 않은 가나안 땅

하나님의 첫마디가 가나안 땅은 이집트 땅과 같지 않다라는 것이다. 이집트는 모든 것이 풍족한 땅이다. 나일강이 정기적으로 범람해서 주변 땅을 옥토로 만들고, 물이 넘쳐나서 수로만 만들어 주면 언제나 물을 공급할 수 있었다. 나일강의 풍부한 물은 곡식과 과일을 풍성하게 생산해 냈다. 강과 바다가 만나는 곳이어서 모든 수자원들이 넘쳐나는 곳이었다.

그런데 가나안 땅은 이집트와는 정반대인 땅이다. 비가 내리면 땅 속으로 사라져서 늘 물이 부족한 땅이다. 하나님이 적절하게 비와 이슬을 내려주지 않으면 흉년이 들어서 먹을 것을 얻을 수 없는 땅이다. 양대 문명의 중간에 끼어 있어서 항상 전쟁을 겪을 수밖에 없는 땅이었다.

이런 가나안 땅에 들어가면서 풍족하게 살고, 편안하게 살겠다는 목표를 가지고 사는 것은 어리석은 선택이다. 이렇게 살려면 이집트에서 살아야 한다.

가나안 땅은 하나님을 의지하고 살아야 할 땅이다. 하나님의 능력을 체험하고 살아야 할 땅이다. 가나안 땅에서 삶의 목표는 이집트에서와 같을 수 없다.

만일 내가 목사가 되어서 돈을 많이 벌어서 부자가 되는 것을 목표로 삼으면 되겠는가? 돈을 많이 버는 것이 목표라면 사업가가 되어야 한다. 자녀들에게 돈으로 해줄 수 있는 좋은 것을 다 해 주는 것이 목표라면 목사가 되면 안 된다. 돈 버는 사람이 되어야 한다. 목사는 하나님이 주시는 영적인 부요함을 바라고 사는 사람이다. 말씀의 능력을 사모하고 사는 사람이다. 성도는 세상으로부터 얻을 수 있는 것보다 하나님으로부터 받을 수 있는 복이 훨씬 더 크다는 것을 믿고 사모하는 사람이다. 예수 그리스도를 통해서 주어지는 하늘 나라의 축복을 기대하고 사는 사람들이다.

하나님이 이스라엘 백성들에게 가나안 땅을 차지하게 하신 목적이 있다.

"세계가 다 내게 속하였나니 너희가 내 말을 잘 듣고 내 언약을 지키면 너희는 모든 민족 중에서 내 소유가 되겠고 너희가 내게 대하여 제사장 나라가 되며 거룩한 백성이 되리라 너는 이 말을 이스라엘 자손에게 전할지니라"(출 19:5-6)

하나님의 목적은 가나안 땅 자체가 아니었다. 하나님은 땅을 주시면서 이스라엘 백성들이 세계를 살리는 제사장으로, 세계를 통치하는 하나님의 백성으로 살게 하셨다. 가나안 땅은 이스라엘 백성들이 하나님의 백성으로 살아가는 데 필요해서 덤으로 주신 것이다.

이스라엘 백성들이 가나안 땅을 정복하는 목표가 이루어져야 하나님의 백성으로 살 수 있는 것이 아니다. 시내산에 있을 때도 하나님의 백성으로 살아가고, 광야를 살아갈 때도 하나님의 백성이었고, 가나안 땅을 정복한 후에는 말할 것도 없이 하나님의 백성으로 살아가는 것이 목적이다. 가나안 땅을 정복하든 못하든 하나님의 백성으로서의 정체성을 가지고 살아가는 것이다.

요즘 시대로 표현하면 몇만 달러 이상 벌어야 하나님의 백성으로 살 수 있는 것이 아니다. 자녀들이 축복을 받아 다 잘 되어야만 하나님의 백성으로 살아갈 수 있는 것도 아니다. 누가 보더라도 건강해야 하나님의 백성으로 살아갈 수 있는 것도 아니다. 약해도, 부족해도, 아파도, 고난 속에 있어도 하나님의 백성으로 살아갈 수 있고, 하나님의 백성으로 살아가는 것이 하나님이 우리를 부르신 목적이다. 하나님의 축복은 우리가 설정한 어느 기준에 도달하는 것이 아니다. 어떤 상황에 처하든지 최고의 하나님의 백성으로 살아가는 것이 진정한 하나님의 축복이다.

이스라엘 백성들은 가나안 땅을 정복하는 목표는 이루었는데, 하나님의 소유, 제사장 나라, 거룩한 백성으로 살아가는 목적은 상실해 버렸다. 목적을 상실하니까 목표가 변해 버렸다. 7절과 12절이다.

"너희 중에 남아 있는 이 민족들 중에 들어 가지 말라 그들의 신들의 이름을 부르지 말라 그것들을 가리켜 맹세하지 말라 또 그것을 섬겨서 그것들에게 절하지 말라 … 너희가 만일 돌아서서 너희 중에 남아 있는 이 민족들을 가까이 하여 더불어 혼인하며 서로 왕래하면"

목적을 상실한 이스라엘 백성

처음에는 어떻게 하면 가나안 땅의 부족들을 몰아내고 하나님의 나라를 이룰 수 있을까 고민했다. 그런데 가나안 땅을 정복하고 난 뒤에는 어떻게 하면 가나안 땅에서 편안하게 살까로 변했다. 정복하고 쫓아내고 싶었던 적들이 이제 따라가고 싶은 대상이 되었다.

가나안 땅에 들어간 이스라엘 백성들의 목표가 달라져 버리니까 전혀 함께 할 수 없는 두 가지를 연결하려고 했다. 하나님의 백성으로 사는 것과 이방 문화를 따라 사는 것은 맞지 않는다. 하나님의 백성으로 사는 것과 이방 여인과 결혼하는 것을 맞지 않는다. 그런데 가나안 땅에서 편안하게 사는 것이 목표가 되니까 어울리지 않는 이 두 가지를 연결해 버렸다. 혼합주의가 일어난 것이다.

2023년 짐 데이비스(Jim Davis)와 마이크 그래함(Michael Graham) 등이 집필한 『탈기독교시대 교회(The Great Dechurching)』라는 책에 보면 지난 25년 동안 미국에서 신앙생활하다가 교회를 떠난 사람들이 4천만 명이 된다고 한다. 한국 말로 하면 '가나안 성도'라고 불리는 사람들이다. 4천만 명이면 미국 성인 숫자의 15퍼센트 정도 되는 엄청난 숫자다. 더 놀라운 것은 이들이 교회를 이탈한 이유이다. '기독교 문화는 좋지만 일요일엔 교회 가고 싶지 않다, 그 시간에 가족끼리 오붓하게 지내고 싶다, 예수님은 믿지만 교회 생활(예배, 성도의 교제, 섬김, 봉사)하는 것은 귀찮다' 등이 그 이유였다.

신앙생활의 목표가 하나님을 예배하고 영혼 구원하는 것이 아니라 자기 행복을 위한 것으로 바뀌었기 때문에 이런 생각이 가능한 것이다. 신앙생활을 한다고 하면서 하나님도 자기의 욕구와 행복을 침해하지 못하게 한다. 주일날은 주의 날이 아니라 나의 행복을 위한 날인 것이다. 그래서 주말에는 여행을 가야 하니까 목요일 저녁을 주일 예배처럼 드리는 경우들도 이미 등장했다.

하나님의 소유, 제사장 나라, 거룩한 백성으로 살아갈 목적을 상실한 이스라엘 백성들은 믿음의 능력을 다 잃어버렸다. 9절과 10절을 보자.

"이는 여호와께서 강대한 나라들을 너희의 앞에서 쫓아내셨으므로 오늘까지 너희에게 맞선 자가 하나도 없었느니라 너희 중 한 사람이 천 명을 쫓으리니 이는 너희의 하나님 여호와 그가 너희에게 말씀하신 것 같이 너희를 위하여 싸우심이라"

세상 방식은 눈에 보인다. 세상 방식은 계산이 된다. 그래서 세상 방식에서 가장 중요한 것이 사람과 돈이다. 돈이 많은 사람이 이기고, 사람이 많은 쪽이 이긴다.

그런데 하나님의 능력은 돈과 사람의 많음으로 이기는 것이 아니다. 한 사람이 천 명을 상대해서 이기는 것이다. 다윗이 골리앗을 이기는 것이다. 약한 자가 강한 자를 이기고 비천한 자가 권세 있는 자를 이기는 것이다. 하나님의 능력이 함께 하기 때문이다. 출애굽해서 가나안 땅을 정복할 때까지 모든 것이 다 이렇게 되었다. 이스라엘 백성들이 가는 곳마다 적들이 두려워 떨었다.

그런데 이스라엘 백성들이 가나안 땅에 와서 이 능력을 잃어버렸다. 하나님이 함께하심의 능력을 잊었기 때문이다. 하나님을 예배하는 것의 능력을 모르기 때문이다. 하나님의 말씀의 능력을 모르기 때문이다. 하나님의 소유, 제사장 나라, 거룩한 백성으로 살아가는 것이 얼마나 큰 특권이고 능력인지 모르기 때문이다.

기도의 능력을 모르는 사람에게 기도하라고 해도 못한다. 복음의 능력을 모르는 사람에게 복음의 능력으로 살라고 해도 못 산다. 예수 그리스도의 이름을 능력을 모르는 사람에게 모든 문제에 예수가 그리스도됨을 선포하라고 해도 못한다. 기도의 능력, 예배의 능력, 복음의 능력, 예수 그리스도의 이름의 능력을 알면 사용하지 않고 살지 못한다.

이스라엘 백성들은 가나안 땅을 정복해서 가진 것이 많아지고 삶이 더 풍족해졌다. 그런데 하나님이 주시는 능력은 잃어버렸다. 더 이상 원수들이 두려워 떨지 않는 존재가 되고 말았다. 가나안 땅을 점령할 때는 주변 나라들이 두려워 떨었는데, 이제 주변 나라들이 우습게 여기는 존재가 되어 버렸다.

목적 지향적 삶

구원받은 우리는 세상의 목표를 위해서 살아가는 사람들이 아니다. 하나님이 부르신 목적대로 사는 사람들이다. 우리는 하나님의 자녀로 부름받았다. 영혼 구원을 위해서 부름을 받았다. 예수가 그리스도 됨을 선포하고 영적인 전쟁을 하는 영적인 군사로 부름을 받았다.

목적 지향적으로 산다는 것은 목적을 위협하는 것을 제거하면서 사는 것이다. 아무리 좋아 보여도 목적을 위협하는 것이라면 제거해야 한다. 왜 가나안 땅을 정복한 이스라엘 백성들이 남은 적들까지 다 몰아내야 하는가? 더 큰 땅을 차지하고, 더 편하게 살기 위한 것이 아니다. 하나님의 백성으로 살아가는 목적을 방해하는 대적이기 때문이다. 왜 우리가 스스로 절제해야 하는가? 그리스도인으로 살아가는 것을 방해하기 때문이다.

더 큰 목표를 이루기 위해서 살면 안 된다. 하나의 목표를 세우고 그것을 이루면 더 큰 목표를 잡아서 '더더더'를 외치고 사는 것이 아니다. 그렇다고 하나의 목표를 성취했다고 해서 안주하고 나태하게 사는 것도 우리가 살아갈 삶의 모습은 아니다. 하나님의 말씀의 능력을 믿고 말씀대로 살아가는 모습이 우리의 모습이 되어야 한다. 14~15절을 보자.

"보라 나는 오늘 온 세상이 가는 길로 가려니와 너희의 하나님 여호와께서 너희에게 대하여 말씀하신 모든 선한 말씀이 하나도 틀리지 아니하고 다 너희에게 응하여 그 중에 하나도 어김이 없음을 너희 모든 사람은 마음과 뜻으로 아는 바라 너희의 하나님 여호와께서 너희에게 말씀하신 모든 선한 말씀이 너희에게 임한 것 같이 여호와께서 모든 불길한 말씀도 너희에게 임하게 하사 너희의 하나님 여호와께서 너희에게 주신 이 아름다운 땅에서 너희를 멸절하기까지 하실 것이라"

그리스도인들은 자기 생각대로 살면 망한다. 우리의 목표대로 살면 힘을 다 잃어버린다. 가진 것은 많아지고, 숫자는 많아지고, 삶의 모습은 더 풍성해질지 모르지만, 하나님의 능력, 진짜 능력은 정말로 잃어버리게 된다. 영혼을 구원하는 능력은 잃어버린다. 기도의 능력은 잃어버린다. 예배의 능력은 잃어버린다. 마귀를 대적하고, 마귀에게 눌린 영혼들을 살려내는 능력은 다 잃어버린다. 세상과 마귀가 두려워하지 않은 성도들과 교회가 되어 버린다. 이는 마치 머리카락이 잘린 삼손과도 같은 모습이다.

능력은 육신의 편안함보다는 불편함 가운데 나온다. 불편함을 제거하면 육신의 욕구만 더 부각된다. 새벽기도하는 불편함을 가지고 살길 바란다. 금요일이 되면 기도하러 나오는 불편함을 제거하지 않고 살길 바란다.

그래서 예배의 능력, 기도의 능력을 회복하고 살길 바란다. 한 사람이 천 명을 대적하는 기도의 능력을 체험하고 살길 바란다. 마귀를 대적하고 영혼 구원하는 삶을 살길 바란다.

5. 약속은 지켜져야 한다
여호수아 24장 1, 14~31절

　　자신의 죽음을 예감한 여호수아는 마지막 고별사를 하기 위해서 이스라엘 모든 지파들을 세겜 땅으로 불러 모았다. 이것은 이스라엘 백성들이 실로에 다 모여서 땅을 분배하고 난 후 약 15~20년 만에 처음으로 모이는 모임이었다(연도 추정이 어려움). 이들이 다 같이 모일 일이 없었다는 것은 전쟁의 위험 없이 편안하게 잘 살았다는 의미이기도 하다.

　　그런데 정말 이스라엘 백성들에게 아무런 일도 일어나지 않았을까? 겉으로는 아무런 일도 일어나지 않은 것처럼 보이지만, 내부적으로는 엄청난 일이 벌어지고 있었다. 여호수아 24장 23절을 보자.

> "여호수아가 이르되 그러면 이제 너희 중에 있는 이방 신들을 치워 버리고 너희의 마음을 이스라엘의 하나님 여호와께로 향하라 하니 너희 중에 있는 이방신들을 치워 버리고"

　　이러한 표현으로 봐서 이스라엘 백성들은 우상 숭배의 위험에 노출되어 우상을 숭배하는 사람들도 있었던 것 같다. 전쟁이 끝나고 편안

274

한 삶이 오래되면서 신앙에 문제가 생겼다. 하나님을 왕으로 섬기기 위해서 가나안 땅에 왔는데 정작 우상을 왕으로 섬기고 있는 모양이 되었다.

평안 속에 위기의 그림자

우상 숭배는 도덕적으로 나태한 삶과 신앙적으로 타락한 삶의 결과로 나타난 모습이다. 지금 이스라엘이 위기라는 것이다. 그런데 백성들은 이 위기를 보지 못하고 있다. 겉으로는 이보다 더 좋을 수 없는 평안함이 지속되고 있으니 아무런 것도 보이지 않고 위기를 느끼지 못하고 있는 것이다.

그런데 평안한 삶 속에서 위기의 그림자를 보고 있는 사람이 여호수아였다. 영적 지도자는 현실만 보는 사람이 아니다. 앞으로 다가올 시대의 흐름을 읽어가는 것 또한 지도자가 해야 할 몫이다. 그리고 그 흐름을 바꾸기 위해서 조치를 취하는 사람이 지도자다. 지도자뿐만 아니라 우리 성도들도 영적인 흐름을 읽는 눈을 가져야 한다. 내 인생의 흐름, 우리 가정의 영적인 흐름, 자녀들의 영적인 흐름을 읽어내고, 기도로 준비해야 한다. 문제가 터진 후에 복구하려면 치러야 할 대가가 너무 크고 힘들다.

여호수아의 고별사는 자기 임무를 끝내고 하는 일반적인 고별사가 아니다. 이스라엘 백성들의 영적인 흐름을 정확히 꿰뚫어 보고 있는 영적 리더가 마지막으로 선포하는 메시지다. 여호수아가 죽기 전에 이스라엘 백성들을 비상소집을 해서 영적인 자극을 주고, 방향을 바로

잡아 주고 있는 것이다.

여호수아는 세 가지를 했다. 첫 번째는 한자리에 모이게 했다. 함께 모인다는 것은 항상 중요하다. 함께 모이기만 해도 은혜가 된다. 혼자 기도하는 것보다 10명이 기도하는 것이 은혜가 되고, 10명이 기도하는 것보다 100명 1,000명이 모여서 기도하는 것이 더 힘이 있고 은혜가 넘친다. 모이면 서로의 모습에 도전과 충격을 받게 되고, 자기의 부족한 모습을 되돌아보게 된다.

여기서 주목해야 하는 것이 모임의 장소다. 여호수아는 세겜으로 모든 백성을 다 불러모았다. 모이기에 편한 장소를 택하려면 길갈이 가장 좋다. 길갈은 요단강에 가까워서 동쪽 편에 있는 지파들이 오기에 편한 장소다. 가나안 땅을 정복하는 내내 전쟁의 베이스캠프로 사용했던 곳이기도 하다. 이스라엘의 현재 중심지에 모이고 싶다면 실로가 적당하다. 하나님의 법궤가 있고, 성소가 있는 곳이고 이스라엘 백성들이 마지막으로 모여서 땅 분배를 하고 헤어진 곳도 실로다.

그런데 여호수아가 이스라엘 백성들 전체를 모을 장소로 선택한 곳은 세겜이라는 땅이었다. 세겜은 자만심 때문에 아이성 전투에서 패배하고 난 뒤에 영적인 하프타임을 가지러 간 곳이다. 그리심산과 에발산에 나누어 서서 하나님과의 언약을 갱신한 곳이 세겜이다. 세겜은 하나님을 만나고, 하나님의 은혜를 경험하고, 하나님 안에서 다시 회복한 곳이다.

여호수아는 하나님의 은혜를 잊어버리고 영적으로 나태해진 이스라엘 백성들을 이끌고 하나님을 만나서 은혜받으며 감격했던 그 장소로 데리고 간 것이다. 1절을 보자.

> "여호수아가 이스라엘 모든 지파를 세겜에 모으고 이스라엘 장로들과
> 그들의 수령들과 재판장들과 관리들을 부르매 그들이 하나님 앞에 나
> 와 선지라"

"하나님 앞에 나와 선지라" 여호수아가 은혜를 받은 곳, 언약을 갱신한 곳으로 이스라엘 백성들을 이끌고 가서 하나님 앞에 서게 했다. 은혜를 잃어버렸는가? 받았던 곳으로 되돌아가라. 거기서부터 시작하라.

두 번째는 자신의 존재를 확인하게 했다. 여호수아는 고별사를 아브라함의 아버지 데라가 갈대아 우르에서 우상을 숭배하는 것에서부터 시작했다(수 24:2-13). 여호수아는 왜 까마득한 조상인 데라의 이야기부터 시작하는 것인가? 너희들의 존재를 알리라는 것이다. 갈대아 우르에서 방황하던 너희를, 이집트에서 노예로 살던 너희들을 하나님이 어떻게 축복해 주셨는지 망각하지 말고 기억하라는 말이다.

어려웠던 시간이 지나고 삶이 편안해지면 하나님이 하신 일이 잊힌다. 기억이 왜곡되기도 하고 내가 고생하고 열심히 했기 때문에 이러한 편안함이 온 것이라고 생각한다. 이때 여호수아가 정곡을 찔렀다. 그들이 누리고 있는 것은 이스라엘 백성들이 노력해서 얻은 것이 아니라는 말이다. 12절과 13절을 보자.

"내가 왕벌을 너희 앞에 보내어 그 아모리 족속의 두 왕을 너희 앞에서 쫓아내게 하였나니 너희의 칼이나 너희의 활로써 이같이 한 것이 아니며 내가 또 너희가 수고하지 아니한 땅과 너희가 건설하지 아니한 성읍들을 너희에게 주었더니 너희가 그 가운데에 거주하며 너희는 또 너희가 심지 아니한 포도원과 감람원의 열매를 먹는다 하셨느니라"

요단강, 여리고성, 태양과 달을 멈춘 일 등 이 모든 것을 하신 분이 누구신가? 하나님이시다. 하나님이 하신 일이다.

이것을 한 번 더 강조하기 위해서 20절의 이야기를 한다.

"만일 너희가 여호와를 버리고 이방 신들을 섬기면 너희에게 복을 내리신 후에라도 돌이켜 너희에게 재앙을 내리시고 너희를 멸하시리라 하니"

과거를 기억하라

지금 당신들이 누리고 있는 것이 영원하다고 생각하지 말라는 말이다. 하나님이 주셨기 때문에 하나님이 언제든지 다시 거두어 가실 수 있다는 의미이다.

우리가 하나님의 은혜 가운데 산다는 것은 우리의 과거를 기억하는 것이다. 우리가 지나온 과거를 자세히 들여다보면 그 모든 것이 하나님의 은혜가 아니고서는 있을 수 없었다는 것을 금방 알게 된다. 우리가 하나님의 은혜를 깊이 느끼고 살고 싶다면 과거로 돌아가서 내가 어려울 때 도와주셨던 하나님, 나의 인생 여정에서 함께 하셨던 하나님을 기억하라.

세 번째는 하나님 앞에서 다시 결단하게 했다. 여호수아는 이스라엘 백성들에게 강력하게 결단하게 했다. 15절을 보자.

"만일 여호와를 섬기는 것이 너희에게 좋지 않게 보이거든 너희 조상들이 강 저쪽에서 섬기던 신들이든지 또는 너희가 거주하는 땅에 있는 아모리 족속의 신들이든지 너희가 섬길 자를 오늘 택하라 오직 나와 내집은 여호와를 섬기겠노라 하니"

이것은 너희들이 원하는 대로 다 우상 숭배를 하라는 말인가? 아니다. 오직 여호와 하나님 만을 섬기기로 확실하게 결단하라는 말이다.

여호수아는 이스라엘 백성들로 하여금 세 번이나 결단을 반복하게 했다. 16절을 보자.

"백성이 대답하여 이르되 우리가 결단코 여호와를 버리고 다른 신들을 섬기기를 하지 아니하오리니"

결단코 하나님만 섬기겠다고 대답하니까 또 하나님을 섬길 수 없다고 이야기한다. 19절을 보자.

"여호수아가 백성에게 이르되 너희가 여호와를 능히 섬기지 못할 것은 그는 거룩하신 하나님이시요 질투하시는 하나님이시니 너희의 잘못과 죄들을 사하지 아니하실 것임이라"

섬기지 말라는 이야기인가? 아니다. 그들이 말했다고 금방 쉽게 하나님을 섬길 수 있는 것이 아니라는 것을 강조한 말이다. 이스라엘 백성들을 두 번째 결단을 했다. 21절을 보자.

"백성이 여호수아에게 말하되 아니니이다 우리가 여호와를 섬기겠나이다 하는지라"

두 번을 결단하면서 말했는데, 여호수아는 여기서 멈추지 않게 세 번째 결단까지 촉구했다. 24절을 보자.

"백성이 여호수아에게 말하되 우리 하나님 여호와를 우리가 섬기고 그의 목소리를 우리가 청종하리이다 하는지라"

세 번이라는 것은 유대인에게는 변치 못할 약속을 하는 것이다. 여호수아가 이스라엘 백성들을 향해 그토록 강력하게 결단을 요구하는 이유는 이스라엘 백성들의 미래가 눈에 선하게 보였기 때문이다. 이스라엘이 이렇게 살아가다가는 멸망 당할 것이 불 보듯 뻔하기 때문이었다. 여호수아는 이제 곧 죽음을 맞이할 사람이기 때문에 남아 있는 이스라엘 백성들이 변치 않고 약속을 지키게 다짐하고, 또 다짐하게 했던 것이다.

이스라엘이 당면한 시급한 문제가 한두 가지가 아닌데 고별사로 신앙에 대한 문제만 강조한 여호수아의 뜻은 무엇이었을까? 유랑 민족이 아니라 정착했으니 국제정세도 고려해야 한다. 그 땅을 다시 빼앗으려고 호시탐탐 노리는 적들이 사방에 남아 있다. 가나안 땅을 얻기 위해서 치른 이스라엘의 전쟁만 몇 번인지 모른다. 얼마나 힘들게 얻은 땅인지 모른다.

그런데 그 땅을 잘 지켜라, 후손 대대로 물려주라고 하지 않았다. 왜 그렇게 중요한 땅 이야기는 하나도 하지 않고 신앙만 굳게 지키라고 하는 것인가? 그것은 땅은 우리가 지키는 것이 아니라 하나님이 지키시는 것이기 때문이었다. 우리가 지킬 것은 땅이 아니라 하나님을 향한 믿음이다. 언약의 말씀을 붙들고 살아가는 것이다.

아브라함을 통해서 죽음의 땅에서 불러내시고, 모세를 통해서 종살이를 하던 사람들을 구원해 내시고, 홍해를 건너고 광야를 지날 때도 하나님은 늘 곁에서 이스라엘 백성들을 지키고 계셨다. 전쟁을 할 때도 하나님은 자기 백성들을 위해서 친히 싸우셨다. 그리고 하나님은 약속하신 가나안 땅에 들어갈 때까지 모든 전쟁을 이기게 하셨다. 즉 이스라엘 백성들이 한 것이 아니라 하나님이 하신 것이다.

우리의 힘으로 지킬 수 있는 것은 없다

우리가 지킬 수 있는 것은 하나도 없다. 가정도 자녀들도 사업도 우리의 건강도 우리가 지키고 싶다고 지켜지는 것이 아니다. 하나님이 지켜주실 때 지켜진다. 이것에 대한 믿음이 분명해야 한다. 그래야 세상에서 종처럼 살다가 인생을 다 허비하고, 하나님 나라를 위해서는 살지 못하고 죽는 비참한 인생을 살지 않게 된다. 이민을 와서 돈 없으면 죽을까 봐 죽도록 돈 벌고, 자녀들이 잘못되면 죽을까 봐 자녀들에게 모든 것을 다 걸고, 다른 사람들보다 뒤처지면 죽을까 봐 정신없이 살다 보면 결국 하나님을 위해서는 아무것도 못하고 죽게 된다. 죽기를 무서워함으로 한평생 죽음에 매여 종노릇 하는 것이다.

"자녀들은 혈과 육에 속하였으매 그도 또한 같은 모양으로 혈과 육을 함께 지니심은 죽음을 통하여 죽음의 세력을 잡은 자 곧 마귀를 멸하시며 또 죽기를 무서워하므로 한평생 매여 종 노릇 하는 모든 자들을 놓아 주려 하심이니"(히 2:14-15)

하나님이 우리를 이런 종노릇에서 놓아주시려고 구원해 주셨다. 수고하고 무거운 짐 진 자들아 다 내게 오라고 하셨다. 무거운 짐을 내려놓고 쉬운 예수님의 멍에를 매고 살라고 하셨다. 먹는 것, 입는 것, 마시는 것을 염려하지 말고 먼저 하나님 나라와 의를 구하라고 하셨다. 말씀대로 살면 하나님이 말씀대로 역사하심을 경험하며 산다.

31절을 보자.

"이스라엘이 여호수아가 사는 날 동안과 여호수아 뒤에 생존한 장로들 곧 여호와께서 이스라엘을 위하여 행하신 모든 일을 아는 자들이 사는 날 동안 여호와를 섬겼더라"

우리가 이렇게 살고, 우리 자녀들이 이렇게 살게 해야 한다. 하나님의 약속을 믿는 사람만이 하나님을 선택하는 삶을 살 수 있다. 우리를 위해서 움직이는 하나님의 손을 볼 수 있는 사람만이 하나님을 선택할 수 있다. 이것이 믿음이다. 영적인 눈을 뜨고 여러분을 위해서 움직이시는 하나님의 손을 보라. 그리고 하나님을 선택하라. 하나님은 지금도 약속의 말씀을 믿는 자들을 위해 그의 약속을 신실하게 지키신다.

두려워 떨고 있는 당신에게

거침없는 인도하심

초판 1쇄 인쇄 2024년 10월 1일
초판 1쇄 발행 2024년 10월 10일

지은이 김귀보
펴낸이 김춘자
펴낸곳 목양북

등록 2024년 3월 22일 제 2024-047호
주소 경기도 용인시 처인구 양지면 학촌로53번길 19
전화 070-7561-5247 팩스 0505-009-9585
이메일 mokyang-book@hanmail.net

Copyright ⓒ 킹덤처치연구소 2024

ISBN 979-11-989353-0-4 (03230)